印·记

二战重要地名录

王胜三 主编

人民出版社

谨 以 此 书

献给在中国人民抗日战争中英勇献身的英烈，以及所有为中国人民抗日战争胜利做出贡献的人们；

献给为世界反法西斯战争浴血奋战的志士，以及所有为人类和平与解放事业奋斗的人们。

引自任仲平《让历史照亮人类的明天——写在中国人民抗日战争暨世界反法西斯战争胜利纪念日》（《人民日报》2014年9月3日）

加强地名文化建设　服务国家重大战略

（丛书序言）

民政部副部长　宫蒲光

文化是一种精神、一种信念，是民族的血脉，是人民的精神家园。当今世界，文化在综合国力竞争中的地位和作用日趋凸显，增强中华文化国际影响力的要求更加紧迫。党的十八大提出了建设社会主义文化强国的战略目标，强调要推动社会主义文化大发展、大繁荣。十八届三中全会强调，要坚持中国特色社会主义文化发展道路，培育和践行社会主义核心价值观。习近平总书记高度重视中华传统文化，在中央城镇化工作会议、中央政治局集体学习以及在调研时多次强调，要保护好历史文化遗产，传承历史文脉。李克强总理在 2015 年的政府工作报告中专门强调要"保护和传承历史、地域文化"，这些充分体现了文化在国家"五位一体"总体布局中的重要位置。

地名是传统文化的见证和载体。地名记录着人类的历史、民族的融合、环境的变化、社会的发展。地名文化内涵丰富，源远流长，既是国家的重要历史遗产，也是五千年中华文脉不可或缺的组成部分，在社会主义文化建设中具有重要地位和作用。在新形势下，加强地名文化建设，既是促进社会主义文化大繁荣、发展社会主义先进文化的重要举措，也是传承和弘扬中华文化、增强国家文化软实力、提高国民对中华文化认同感和自豪感的重要途径。

当前，在党中央、国务院的高度重视下，地名文化工作迎来了繁荣发展的美好春天。地名文化建设是一项基础性、长远性的文化工作，要始终坚持"三项原则"：一要坚持保护传承与创新发展并重。保护传承与创新发展相辅相成，不可偏废，要坚持继承传统与创新发展的有机统一，在继承中创新，在创新中发展。既要在推进地名标准化的过程中做好地名文化遗产保护工作，坚持"地名要保持相对稳定"的原则，慎重更名；又要通过有效措施，深入挖掘符合时代发展要求的文化内容，提高新生地名的文化含量和文化品位，保证中国特色地名文化健康发展。二要坚持社会效益与经济效益双赢。地名文化事业具有很强的公益性，发展地名文化要把社会效益放在首位，特别是对有偿命名问题，要慎重对待，坚守健康文化和社会效益底线，确保地名文化的传承和发展。同时又要适应社会主义市场经济要求，大力发展地名文化产业，努力做到社会效益和经济效益双丰收。三要坚持理论研究与工作实践兼顾。当前，我们正在按照国务院要求开展第二次全国地名普查。各地要抓住普查之机，认真开展地名文化资源调查、挖掘、整理和研究工作，运用多种方式，宣传弘扬好地名文化，真正使地名文化建设接地气、聚人气、见实效；要及时总结地名文化建设实践经验，深入探索地名文化建设规律，充分发挥专家、学者的作用，专题研究地名文化出现的新情况、新问题，为地名文化发展提供理论支撑。

地名文化建设是地名工作的重要组成部分，要紧紧围绕中心、服务大局，重点抓好"三个关键"：一要抓好地名文化服务工作。文化是地名工作的灵魂，服务是地名工作的目的。地名文化建设要紧密围绕国家中心工作和重点任务，积极开展工作，主动作为。要积极研究"丝绸之路"沿途地名文化，强化丝绸之路地名考证、认定和发布工作；要围绕抗日战争胜利纪念日开展红色地名研究、认定等工作。逐步形成百花齐放的良好局面，共同挖掘、传承地名文化，为国家重大战略实施和经济社会发展服好务。二要抓好地名文化遗产保护工作。历史地名往往有着非常厚重的文化积淀，承载着优秀的文化基因。要按照中央提出的"望得见山、看得见水、记得住乡愁"的要求，按照习近平总书记关于解决"热衷于起洋地名、乱改历史地名"问题的重要指示，进一步做好"乡愁"这篇地名文化建设文章，深入开展"大洋古怪重"等地名乱象整治，构筑《地名文化遗产重点保护名录》制度，建立地名文化遗产数据库，健全地名文化评价标准体系，深入推进"千年古县"等地名文化遗产认定工作，使地名文化遗产得到分类、分级和分层保护。三要抓好地名文化发展平台建设。要进一步密切与中央主流媒体合作，着力搭建地名文化发展平台。要积极发挥高等院校、科研机构、社会组织等在推动地名文化建设方面的作用，形成社会各界关心、支持地名文化建设的良好氛围。

近年来，民政部将地名文化放在重要位置，开展了"千年古县"等地名文化遗产认定工作，在编撰图录典志、出版影视媒介等方面积极实践，深入探索，取得了可喜成绩。最近，为进一步推进"一带一路"地名文化建设，隆重纪念中国人民抗日战争胜利暨世界反法西斯战争胜利70周年，地名研究所精心编辑了"一带一路"地名文化系列丛书和红色地名文化系列丛书，这批书籍的出版既是近年来地名研究所科研成果的展示，也是普及地名文化知识、了解地名文化历史和"一带一路"战略的一个窗口。我相信，这批书籍的出版对于弘扬地名文化，加强对党和国家重要战略决策的理解将起到见微知著的促进作用。

出 版 说 明

　　2015 年是中国人民抗日战争暨世界反法西斯战争胜利 70 周年。从九一八事变到七七事变，中国在第二次世界大战中开辟战场最早，作战时间最长。中国共产党领导开辟的敌后战场和国民党指挥的正面战场协力合作，形成了共同抗击日本侵略者的战略局面，有效地牵制和消灭了日本侵略者的精锐力量，对日本侵略者的彻底覆灭起到了决定性作用，为世界反法西斯战争的最终胜利发挥了重要作用。中、美、苏、英等反法西斯同盟国精诚合作、浴血奋战，最终战胜了法西斯轴心国，使世界免于法西斯铁蹄的蹂躏，共同维护了世界的和平、自由、民主和稳定。

　　地名是一种文化现象，是历史进步的活化石，承载着人类的记忆。抗日战争和世界反法西斯战争涉及的一些重要地名，深刻记录了被侵略国的苦难历史和抗击者们的英勇事迹。这些地名是民族屈辱与挫折的时代印迹，更是人民坚贞与不屈的国家记忆，是全世界人民共同的文化遗产。

　　本书收录二战涉及的 120 个重要地名，分为上、下两篇进行介绍，其中上篇包括 70 个中国地名，下篇包括 50 个外国地名。两篇各自按照时间顺序，以地名为切入点叙述战争史实。每一个地名作为一个条目，先叙述该地的地理位置、命名缘由和沿革，再介绍该地在二战中发生的最具代表性的重要事件，力求使读者对这些地名及其涉及的史实有更加全面的了解。本书前有彩页标注地名和相关事件发生（或开始发生）的时间，以便读者更好地了解所收录地名的空间分布和二战的时空进程。需要说明的是，对一些涉及面广、持续时间长的历史事件，我们选择了较大的地名作为统领，如大西洋之于大西洋海战、缅甸之于缅北反击战等；对于需要交代更多背景的事件，也选择收录较大的地名，如巢县之于蒋家河口战斗、镇江之于韦岗之战等。本书所收录地名以事件发生时为准,地名发生变化时,在正文中介绍今地名及其沿革。事件涉及多个行政区域时,以事件发生的首要地点所属行政区域作为统领地名,如涉县之于响堂铺战斗。

在编撰本书时,我们每每被无数先烈们的英勇事迹所感动,心灵一次次受到洗涤。这些先烈不但是历史见证者,更是当之无愧的历史创造者。在崇敬和感恩中,我们经过多次讨论、调整和修改,最终完成书稿。为尊重先烈、重现历史,我们广泛参考、查阅了相关资料,力求内容准确和严谨,但因能力有限,可能仍会有疏漏。特别是因篇幅所限,选择词条时难免挂一漏万,还望广大读者不吝指正。

前事不忘,后事之师。

编著者
2015 年 8 月

目录 CONTENTS

上 篇

◉

目
录

◉

印·记

目
录

下 篇

目
录

印·记

上篇

SHANGPIAN

1928 年 6 月—1932 年 12 月

皇姑屯

皇姑屯，位于辽宁省沈阳市皇姑区。《中外地名大辞典》载："在辽宁省沈阳县西十里。一作黄桂屯。"皇姑区始建于1938年，区内的皇姑屯车站历史悠久。关于"皇姑屯"地名的来历，有多种说法，尚无统一定论。清同治十二年（1873年）成书的《陪都纪略》中称："多罗贝勒芬古墓，在城西十里皇姑屯。"宣统二年（1910年）的《承德县志书》及附录《承德县所属舆图》中有"大黄桂屯、小黄桂屯"的记载，应是"皇姑屯"的别称。宣统二年（1910年）的《承德县警学亩捐收支款目征信录》也仅有"黄桂屯"之名。1917年编纂的《沈阳县志》也承《承德县志书》之说。可以说，"黄桂屯"是"皇姑屯"的别称，两者有时混用。光绪三十年（1904年），京奉铁路建成通车。这条铁路从大、小皇姑屯之间穿过，并在皇姑屯设站。据宣统二年（1910年）的《京奉铁路旅行指南》记载，其站名为"沈阳站"，1912年，改称"皇姑屯站"。民国初年，沈阳县设立区、镇两级行政组织，划皇姑屯周边村屯为"皇姑屯镇"，属第九区管辖。

1928年6月4日，日本军国主义分子在皇姑屯京奉铁路与南满铁路交叉处的"三洞桥",制造了震惊中外的"皇姑屯事件",将张作霖炸死。从此,皇姑屯这个普通地名被载入史册。

张作霖,字雨亭,清同治十三年(1875年)生,辽宁海城人。清光绪二十八年(1902年)被清政府收编,1916年任奉天督军兼省长,1918年任东三省巡阅使,成为奉系军阀首领。张作霖出身绿林,目不识丁,可是深知国家民族大义,对所谓"二十一条中有关南满、东蒙古农工业的中日新约"阳奉阴违,不予执行。日本人虽在北京向袁世凯敲诈成功,但在东北,与张作霖交涉多年,终未能如愿。因此,日本军部特别是日本关东军,坚决主张使用武力来伸张日本的在满权益。日本关东军高级参谋河本大作认为:"一定要杀死头目,除此以外,没有解决满蒙问题的办法。"关东军司令官村冈长太郎决定:"干掉张作霖。"

1928年,国民革命军北伐,奉系接战不利,张作霖决心退出北京。日本对这种局面很不安。6月1日,日使芳泽秘访张作霖,劝他接受日本的条件,如能接受则日方保护张作霖经大连返沈阳,否则便对他不利。这次会见时间很长,站在客厅外面的侍从人员曾听到张作霖大声说:"我姓张的不会卖国,也不怕死。"

6月3日,张作霖离开北京,4日晨5时30分,张作霖专列驶入沈阳皇姑屯南满路与京奉路交叉路桥下。突然一声巨响,吊桥桥板塌下,刚好压在第三、四、五节车厢上。吊桥桥板分为3节,支以石柱,柱外包以钢骨水泥,厚6尺,所以如果不是特殊的爆炸物,不可能产生如此巨大的破坏力;同时火车通过桥下,若非经过精确计算,亦不可能如此准确。

火车被炸后,现场尸骸累累,惨不忍睹,张作霖受重伤。其他车厢均系随行人员,见张出事,乃迅速抢救,在交道口的出事地点实施戒严,不准闲杂人等破坏现场,并用汽车送张作霖返回沈阳。

张因伤重,于上午10时去世。为防止日军乘机举动,奉天当局决定对张作霖之死秘不发丧,只发表公报宣布张大元帅重伤,不公布死讯。

21 日，张学良接任奉天军务督办后，当局公布张作霖死讯。张学良就任奉军代理统帅，调嫡系部队星夜返沈，使关东军再无可乘之机。12 月，张学良发表通电，宣布东三省及热河省服从南京国民政府，史称"东北易帜"。

"皇姑屯事件"逼迫整个奉系反日，因此除了强占东北外，日本军国主义已无他路可走。事件使得张学良"东北易帜"，毅然宣布"遵守三民主义，服从国民政府"，以青天白日旗替换五色旗，维护了国家统一和民族尊严，挫败了日本帝国主义迅速攫取中国东北的阴谋，国民政府也获得了形式上的统一。

柳条湖

柳条湖，位于沈阳市于洪区东北部，皇姑、于洪和大东三地的交界处。柳条湖街北起崇山东路，南至长大铁路线，长 867 米，宽 12 米。其附近区域就是历史上的"柳条湖地区"。旧时此处有一水塘，沼泽密布，柳条丛生，故名。1931 年 9 月 18 日，日本制造了"柳条湖事件"，即震惊世界的九一八事变。

1931 年 9 月 18 日夜，以日本关东军河本末守中尉为首的一个小分队在奉天（今沈阳）北面约 7.5 千米处的柳条湖附近南满铁路段上引爆小型炸药，炸毁了小段铁路。但是令河本中尉感到意外的是，爆炸声虽然震动了北大营守军，却没有任何中国军人出外察看。在附近演习的日军听到爆炸声之后立刻向爆炸地点集合，却没有看到任何中国军人或是平民出现，根本不能乘机制造冲突现场，只好推出两具身穿军服的中国人的尸体，作为中国军队破坏铁路的"证据"。河本无计可施，只好命令部属向北大营开枪射击，并向沈阳城内的日本奉天特务机关辅助官花谷正报告状况。随后，关东军高级参谋坂垣征四郎下令进攻东北军北

上
篇

大营和沈阳城。当时，驻守北大营的东北军第7旅毫无防备，被打得措手不及。而事前张学良曾训令东北军不得抵抗，驻守部队并未作出反击。第7旅三个团中有两个团按指示撤走，只有王铁汉的第620团未及时接到撤退命令，被迫自卫抵抗，最后突围撤走。由于执行不抵抗命令，北大营逾万名守军被只有500多人的日军击溃。随后，沈阳城及东大营驻军亦不战而退，日军顺利占领沈阳。

日军占领沈阳后，在南满铁路沿线又展开了全面攻势，很快占领了营口、田庄台、盖平、海城、辽阳、鞍山、铁岭、开原、四平、本溪、抚顺、沟邦子等重要军事城镇。9月19日，攻克长春，21日，占领吉林。仅仅一周时间，日军就攻占了辽宁、吉林两省的30座城市，并完全控制了12条铁路。随后，日军又迅速把侵略的战火烧向东北全境。仅仅4个多月的时间，128万平方千米、相当于日本国土3.5倍的中国东北全部沦陷，3000多万东北父老成了亡国奴。九一八事变，揭开了日本帝国主义对中国，进而对亚洲及太平洋地区进行全面武装侵略的序幕。

江桥

江桥，位于黑龙江省泰来县江桥蒙古族镇，全称是嫩江哈尔戈木桥，长度约800米，与后建的铁桥长度相当。在哈尔戈大桥南北两端的江桥站和大兴站，如同两把大锁，把守着洮昂铁路（今平齐铁路）通道。据记载，清光绪十九年（1893年）建屯，称哈拉尔戈，蒙古语意为"黑色崖子"。1927年筑洮昂铁路经此建嫩江桥，设江桥站，故名。1956年置江桥乡，1958年改公社，1984年改镇，1990年置江桥蒙古族镇。江桥为黑龙江、吉林两省西路交通咽喉。

1931年11月4日凌晨，日军在飞机、大炮和装甲车掩护下，出动4000多人，向嫩江桥发起进攻。黑龙江省代主席兼军事总指挥马占山率部奋起还击，声震中外的"江桥抗战"全面爆发。马占山亲临前线指挥，中国军队在嫩江桥及其附近的大兴地区，与日军展开了一场殊死拼杀，共击毙日军 1000 余人，是九一八事变以来，日军在中国国土上首次遭受重创。同时，中国军队也付出了沉重代价，伤亡 600 余人。4日下午，日军集中兵力，疯狂进攻。中国军队奋起反击，与敌军展开白刃战。日军飞机、大炮均无计可施，在溃败后撤时，又遭到埋伏在江岸芦苇荡内的中国军队伏击，狼狈逃窜，有的慌不择路跳入江中。日军增派的援兵也被中国骑兵在桥上截断，一部分撤回，另一部分则被中国军队歼灭，留下 400 多具尸体。随后几天，日军调兵遣将，并派日伪军对江桥进行了大规模强攻。江桥守军浴血奋战，打退了敌人多次进攻，因伤亡较重，遂乘夜撤退至三间房坚守。

　　11 月 16—18 日，黑龙江守军在极端困难条件下坚守三天后，由于兵力悬殊，力尽援绝，不得不撤出最后阵地三间房。19 日，在杨家屯全歼追敌 400 余人后，马占山率部有计划地退守克山、拜泉和海伦。

　　江桥一役迅速在全国传开，国内外爱国人士和全国各地学生纷纷通电、汇款支持马占山。一时间，江桥战役和马占山声名远扬。

　　江桥抗战是中国人民抗击日本侵略者的典范。此后，东北爱国军警纷纷建立抗日武装，星火燎原，在不到半年的时间内，义勇军总数便达到 30 余万人。2005 年 8 月 15 日，在齐齐哈尔市"和平广场"建立了大型江桥抗战纪念雕塑，群雕中间策马挥枪的便是爱国抗战将领马占山，群雕上镌刻着他亲笔题写的"还我河山"四个大字。

锦州

　　锦州，辽宁省所辖地级市，位于辽宁省西南部、"辽西走廊"东部，是连接华北和东北两大区域的交通枢纽。战国属燕国。秦代和西汉属辽西郡。东汉属辽东国。魏、晋、北朝属昌黎郡。隋属柳城郡。唐初属营州，后属安东都护府。辽太祖耶律阿保机"以汉俘建锦州"，锦州之名始于此。金、元袭之。明洪武初废锦州，开始筑砖城扩建。据《大明一统志》载："锦川在锦州西，亦曰锦水，州以此得名。"清康熙元年（1662年）置锦县，四年置锦州府。1968年，设立锦州市。锦州是进出东北的交通要塞，扼关内、关外之咽喉。

"起来！不愿做奴隶的人们！把我们的血肉，筑成我们新的长城！中华民族到了最危险的时候，每个人被迫着发出最后的吼声……"一首《义勇军进行曲》，让我们的思绪回到了九一八事变后的东北大地，那里，不甘做亡国奴的中国人民，自发组建了义勇军，点燃了民族自卫抗争的烽火。

1930年，日本帝国主义势力盘踞在东北地区，多方挑衅，制造事端。1931年九一八事变，日本关东军进攻沈阳，辽宁省警务处处长黄显声奉命到达锦州，开始组织抗日。当时东北边防军公署和辽宁省政府公署都搬到锦州重建，但张学良和政府要员都未到锦州，军政事务皆由黄显声一人代理。1931年冬，黄显声成为锦州地区实际的前敌总指挥。面对日军的步步紧逼，黄显声立即组织军队在大凌河一带布防，稳定阵线。当时东北军上下在"不抵抗政策"的约束下，没有做好与日本侵略者大规模作战的准备。张学良希望利用非正规军的警察力量作为两军之间的缓冲，于是委任黄显声担任警务处处长。

黄显声在锦州积极组织抗日力量，招募地方武装。他考虑到锦州前线不易迅速修建防御工事，决定以攻为守，主动攻击来犯日军，遏制敌人的进攻势头。为此，黄显声积极排兵布阵，并将新编部队改称为"辽宁抗日义勇军"，委任项青山为第1路司令，张海天为第2路司令，盖中华为第3路司令。

辽宁抗日义勇军的英勇顽强，激励着广大的抗日民众。1931年11月27日，日军开始了入侵锦州的第一次进攻，在饶阳河附近与东北军发生激战。在民族大义面前，驻守的东北军将"不抵抗政策"抛之脑后，顽强抗击沿铁路进犯的日军，并出动了重型装备，以装甲列车向来犯日军发起猛烈反攻。日军装甲列车与中国装甲列车"中山号"展开对射，结果日军装甲列车中弹不支。独立守备第2大队代理大队长、有"日本军犬部队之父"之称的板仓繁大尉身负重伤，不治身亡。日军败回新民屯，对锦州的第一次入侵失败，这也是正规东北军抗战历史上少有的反击之战。

在日军大举进攻的压力下，1931年年底，张学良借口等待调停，下令东北军主力撤出锦州，并在1932年1月2日完成撤军。而黄显声部下的义勇军和公安队在锦州外围白旗堡、田庄台、盘山、打虎山各地和日军展开血战，并反攻营口，沉重打击了日军的嚣张气焰。1932年1月3日，日军占领锦州。抗日义勇军部队一部分随黄显声入关，一部分留在当地继续和日军作战。"义勇军"这个名字也逐渐成为东北各地抗日军民最为常用的叫法，它不但代表着白山黑水的东北人，也代表了全体中国人英勇顽强、不屈不挠的民族精神。

哈尔滨

哈尔滨，黑龙江省省会，位于东北平原东北部，黑龙江省南部。"哈尔滨"这一地名的来源有多种说法：其一为满语"晒网场"的意思；另一种说法为满语"哈勒费延"之口语，意为"扁"；还有一种说法为蒙古语"平甸"之意。这里是金、清两代王朝的发祥地，金收国元年（1115年），在上京（今哈尔滨阿城区）建都。19世纪末，哈尔滨已出现村屯数十个，居民约3万人，交通、贸易、人口等经济因素开始膨胀，为城市的形成与发展奠定了基础。20世纪初，城市形成雏形，到了20世纪30年代，哈尔滨已经发展成为中国东北的门户，既是中苏共管的中东铁路的枢纽，又是中国人与外国人混杂而居的国际市场，有"东方莫斯科"之称。1932年7月，设立伪满哈尔滨市政筹备所。1933

年7月，设立伪满哈尔滨市（特别市）。1954年6月，哈尔滨市改为地级市，隶属黑龙江省。1994年，哈尔滨市升格为副省级市。1996年8月，撤销松花江地区，将原松花江地区行政区域与哈尔滨市合并，设立新的副省级哈尔滨市。

1932年1月3日，日军占领锦州后，曾经妄图一举拿下哈尔滨，但担心引起苏联的干涉使局面复杂化，便改变了策略。日军先是进攻齐齐哈尔，试探苏联的反应，看到苏联反应并不强烈，便开始放开手脚，加速侵略步伐。由东省特区行政长官张景惠任会长的"东省特区治安维持会"叛国投敌，日军为其提供大批军火，招募伪军警察部队，扩充武装力量。吉林省卫队团长冯占海坚决抗日，率全团3000余人宣布讨伐汉奸张景惠，并联合其他地方抗日力量，组成抗日救国军。这一举动极大地鼓舞了吉林、黑龙江两省人民的抗日斗志。1932年1月，为了消灭哈尔滨的抗日力量，伪吉林省"剿匪"军司令于琛澂率部进攻哈尔滨，并由日军两个少佐督战。在日军飞机、坦克、重炮掩护下，伪军向哈尔滨逼近。27日凌晨，于琛澂率部向上号、三棵树、南岗地区发起进攻，日军派出战机对三棵树、南岗地区狂轰滥炸。负责该地区防御任务的抗日武装顽强抵抗，战斗异常激烈。冯占海等率部很快投入战斗，一边开展政治攻势，一边猛攻，伪军渐渐不支，纷纷败退。期间，日本关东军的一架飞机连同飞行员被击落。伪军团长田德胜率部起义。傍晚时分，伪军彻底被击退。翌日上午，抗日军骑兵旅绕至伪军侧后方发动猛攻，伪军全线溃败，夺路向阿城方向逃窜，骑兵旅长宫长海率骑兵乘胜追击15千米。午后，宫长海率部押着大批俘虏胜利而归。

日本关东军见伪军难以成事，又得到苏联不会干预的情报，遂决定派关东军精锐上阵。1月28日，日军以战机被击落为借口，派遣第3旅团沿哈长铁路北犯哈尔滨，混成第4旅团从齐齐哈尔方向进行夹击。驻守双城的抗日军赵毅部，在得知日军来犯的情报后，精心设计，决定出其不意阻击敌人。30日夜晚，满载日军的两列火车开进双城车站。事前伪政府向日军保证双城驻军已撤走，因此日军放松警戒。就在此时，赵毅率部以迅雷不及掩耳之势，向日军发起突袭，打得敌人措手不及，一片混乱。关东军遂派后续部队迅速增援，赵毅恋战未能及时撤离，遭到日军飞机、大炮、坦克的猛烈轰炸，损失惨重，伤亡团长以下600 余人，被迫放弃双城，退往哈尔滨。日军遭到迎头痛击，十分气恼，对遗留在战场上的中国军队进行了野蛮报复，伤者皆被刺刀刺死，对阵亡尸体剖腹、挖心、剜眼，穷凶极恶。随后，他们在双城等到第 2 师团集结后，开始向哈市推进。

双城重镇失守，哈尔滨南门户洞开。1 月 31 日，为统一指挥抗战，李杜、丁超联合各部队在哈尔滨成立了吉林抗日自卫军总司令部，由李杜任总司令、丁超任护路军总司令。总司令部发表了抗日讨逆宣言，决心一致团结，共赴国难。

2 月 4 日，在伪军的配合下，日军第 2 师团兵分两路，向哈市发起全面进攻。城内炮火连天，弹如雨下。守军将士同仇敌忾，奋勇抗敌，总司令李杜身先士卒，亲临前线指挥作战，带领广大将士，多次击退敌人进攻，时至傍晚，日军仍然被阻击在市区以外。5 日凌晨，日军派出飞机对哈尔滨狂轰滥炸，发起更为猛烈的进攻。中国军队将士继续顽强阻击。中午以后，丁超部的中央阵地率先被敌攻破，其他各部与敌混战，渐渐不支，随后相继撤走。5 日下午，中国军队全线撤至哈尔滨以东地区，后转移至延寿、宾县、巴彦一带继续抗战。日军占领哈尔滨市。

哈尔滨的沦陷，标志着东北三省抗日政权和东北军的瓦解，以东北军为主体的抵抗活动趋于沉寂，代之而起的是各地义勇军风起云涌的抗日斗争。

上海

上海，中央直辖市，简称"沪"或"申"，位于太平洋西岸，亚洲大陆东沿，长江三角洲前缘。唐天宝十年（751年），上海地区属华亭县（今松江区）。宋淳化二年（991年），因松江上游不断淤浅，海岸线东移，大船出入不便，外来船舶只得停泊在松江的一条支流"上海浦"上（今外滩至十六铺附近的黄浦江）。南宋咸淳三年（1267年），在上海浦西岸设置市镇，因上海浦而定名为"上海镇"。元至元二十九年（1292年），上海镇从华亭县划出，设立上海县，为上海建城之始。明嘉靖三十二年（1553年），开始建造上海县城墙，随后城市建设迅速发展，很快成为人烟稠密、商业发达的"东南名邑"。清中期，上海有"江海之通津，东南之都会"的美誉。鸦片战争以后，英、法、美等列强先后在上海设立租界，直至1943年8月被收回。1928年7月，上海特别市宣告成立。1930年5月，上海市改为国民政府行政院辖市。1949年5月，上海解放，改为中央直辖市。因上海简称"沪"，北面又有吴淞江，习惯上将长江口南岸的吴淞与上海市区及其相连的地域称为"淞沪"地区。

一·二八淞沪抗战，是日本侵略者蓄意挑起事端，于1932年1月28日—3月3日在上海与中方发生的军事冲突。九一八事变后，日本帝国主义侵占东北广大领土，并意图在东北扶植傀儡政权。1932年1月，锦州沦陷，日本占领了东北三省的大量土地，觉得在东北建立傀儡政权的时机进一步成熟，便开始策划扶植前清朝皇帝溥仪建立伪满洲国，一方面可以欺骗国际舆论，逃避国际责任；另一方面又可以"以华制华"，减轻中国人民的抗日情绪。但此事遭到以国际联盟为代表的国际社会的普遍反对，为转移国际视线，日本决定在上海这一国际性的大都市制造事端。

1932年1月24日，日本特务机关放火焚烧了日本驻华公使重光葵在上海的住宅，反诬中国人所为，并向上海市当局发出限时通牒，要求28日18时以前对其"道歉、惩凶、赔偿、解散抗日团体"四项无理要求给予答复，否则将采取必要行动。上海市市长吴铁城在国民政府和上海各界的要求下，于28日13时45分回复日本驻上海总领事村井仓松，

印·记

完全接受日方提出的要求，日方表示"满意"。但日方又以保护侨民为由，要中国军队必须撤出闸北，不等中方答复，旋即派盐泽幸一统率的日本海军陆战队向闸北中国驻军发起突然进攻，19路军78师156旅翁照垣部被迫自卫抵抗，淞沪抗战开始。

19路军总部接到日军发动进攻的报告后，总指挥蒋光鼐、军长蔡廷锴等连夜步行赶至前线，并设立临时指挥部，命令后方部队迅速向上海集结。29日天亮以后，日军在装甲车和战机的掩护下，对闸北、南市一带狂轰滥炸，连续发起猛攻。翁照垣部顽强抗击日军的疯狂进攻，组织敢死队以潜伏手段将手榴弹捆在一起对付日军的装甲车，坚守每一寸阵地，并在炮火掩护下择机向日寇实施反击，打退日军的连续进攻。

29日上午10时许，从航母起飞的日机继续狂轰滥炸，上海商务印书馆总厂和东方图书馆被付之一炬，包括众多古籍善本在内的30多万册馆藏图书毁于一旦。上千日军在强大炮火和装甲车掩护下，向上海陆上交通枢纽的上海火车北站发起进攻，中国军队一个连与日军展开激战，终因寡不敌众而撤离。下午17时，第156旅主力加入战斗，进行反击，夺回北站，并乘胜追击，一度攻占日军上海陆战队司令部，迫使日军退至北四川路（今四川北路）以东、靶子路以南地区。在中国军队顽强的阻击反攻下，日军的第一次进攻以失败而告终。

30日，蒋介石表示绝不屈服外辱，组织力量在上海与日军展开激战。1932年2月初，万名日军多次进攻吴淞，均被击退。2月13日，日军久留米混成旅团千余人，在蕴藻浜曹家桥偷渡成功后，在永安纱厂门前被中国军队重兵包围，1600名日军全军覆没。19路军和第5军并肩作战，取得了庙行大捷等胜利，给予日军沉重打击。日军遭受重创，一举占领吴淞的企图遂告破产。之后日军四易主帅，数度增兵，投入兵力超过三个师团7万人。3月1日，日本援军在太仓浏河一带登陆，形势逆转，中国军队被迫后撤。3月3日，日军占领真如、南翔，在英、美、法等国"调停"下，中日双方宣布停战。5月5日，《淞沪停战协定》签署，淞沪抗战结束。

上篇

淞沪会战，是1937年8月13日—11月12日中国军队抗击侵华日军进攻上海的战役，又称"八一三淞沪战役"。1937年7月7日，日本帝国主义发动七七事变，开始全面侵华战争，派兵进攻上海，淞沪会战打响。8月9日，日本海军中尉大山勇夫等两人驾驶军用车辆闯入上海虹桥机场进行挑衅，被驻军保安队当场击毙。事后，上海当局当即与日方交涉，要求以外交方式解决。但日军提出"中方撤退上海保安部队，撤除所有防御工事"等无理要求，并向上海增派军队。在全民抗日浪潮的推动下，10日，国民政府发表了《自卫抗战声明书》，宣告"中国决不放弃领土之任何部分，遇有侵略，惟有实行天赋之自卫权以应之"。8月13日，日军以租界和停泊在黄浦江中的日舰为基地，开始了对上海的大规模进攻。中国军队陆空协同作战，向日本驻沪海军陆战队虹口基地发起围攻，试图赶敌下海，八一三淞沪会战由此拉开帷幕。

会战之初，中国军队占了绝对优势，先后占领了五洲公墓、宝山桥、八字桥等要点。15日，日本为扭转战局颓势，宣布组建上海派遣军，以松井石根大将为司令官，率领两个师团的兵力赶赴上海增援。日军于16日退守以日本海军陆战队司令部为中心的据点——江湾，中日双方在上海一地不断投入军队。在淞沪会战的过程中，涌现出许多可歌可泣的英雄事例，宝山战斗就是其中之一。9月5日，日军在30余艘军舰的掩护下向宝山发起猛攻，奉命坚守宝山的98师第583团3营500余人在营长姚子青率领下顽强抵抗，全体官兵誓与阵地共存亡，一次次打退日军的疯狂进攻。日军穷凶极恶，施放硫磺弹，将城中所有建筑化为瓦砾。7日早上，日军坦克突入城内，姚子青率全营官兵与日军展开巷战，直到打尽最后一颗子弹，全部壮烈牺牲。

10月20日，日军秘密对中国军队实行大包围，依靠强大的火力最终突破中国军队防线。由于日军不断补充兵力，并在杭州湾登陆，中国军队面临被包围的危险。11月8日晚，蒋介石下令全面撤退，所有部队撤出上海战斗，分两路退向南京、苏州—嘉兴以西地区。12日，上海沦陷，淞沪会战结束。

1933 年 1 月—1937 年 6 月

热河

热河，中国旧行政区划省份之一，源自蒙语"哈伦告卢"，意思是热的河流。旧时热河管辖区域大致位于今河北省、辽宁省和内蒙古自治区的交界地带，包括现今河北省的承德地区、内蒙古自治区的赤峰地区和通辽部分地区以及辽宁省的朝阳市、阜新市和葫芦岛市建昌县等地区，省会承德。流经承德的武烈河，上中游地热资源丰富，热河常年有温泉不断注入，除非是特别寒冷的冬天，河水都不会冻结。同时，水汽遇到寒冷空气而凝结成雾，远远望去好像热气腾腾，故称热河。清雍正元年（1723 年），置热河厅，雍正十一年（1733 年），改置承德直隶州。乾隆七年（1742 年），复为热河厅，乾隆四十三年（1778 年），改置承德府。1928 年，改置热河省。1955 年，撤销热河省。

1932 年 3 月，伪满洲国成立，宣称凡长城以北、关外东北四省均为其领土，热河为满洲一部分。于是日本根据《日满议定书》，妄图侵略热河。中国不承认伪满洲国，国民政府通电保卫热河。

热河战役，又叫热河事变、热河抗战。1931 年九一八事变后，日军迅速占据整个东北地区及山海关，加快了进攻热河的步伐。1933 年 1

月 28 日，日本关东军司令武藤信义下达了"关于进攻热河的作战准备命令"，命令日军第 8、第 6 师团迅速向热河边境集结，骑兵第 4 旅团、混成第 14 旅团随时待命出动。2 月 17 日，武藤下达了"进攻热河的作战命令"。21 日，武藤亲自指挥，以汉奸张景惠为"'满洲国'讨热军总司令"，将大本营设在锦州，纠结日伪军 10 万余人，兵分三路，分别从北、东、南攻城略地，然后合围承德。此外，日军第 8 师团一部和驻山海关守备队组成一个支队，由长城古北口出发北上，直犯承德。东北军分三路应对，国民政府军与东北义勇军协同作战，迎击来犯之敌。

北线战场，在师团长坂本政右卫门的指挥下，日军第 6 师团向热北重镇开鲁发起进攻。汤玉麟部崔兴武所部骑兵第 17 旅，寻找种种理由不予抵抗，还不准其他抗日力量进城休整。2 月 22 日，日军加强进攻，派出飞机 10 余架轮番轰炸，并不断炮击城内。义勇军刘振东、李海青、张玉廷等部奋起反抗，但因装备悬殊，各部遭受重大损失，被迫退出阵地，向南转移到赤峰城内，归入孙殿英部序列。23 日，伪满洲国军张海鹏部伙同日军，向开鲁发起进攻。崔兴武率全旅临阵脱逃，日军占领开鲁。随后，日军分兵两路，一路直攻赤峰，一路攻占建平镇，与东线第 8 师团会合。

东线战场，日军第 8 师团第 4 旅团在飞机、铁甲车配合掩护下，与热河省军董福亭旅、东北义勇军耿继周部展开激战。2 月 23 日，董福亭旅第 58 团团长邵本良前线投敌，形势急转直下，北票、南岭两地相继失守。25 日，日军攻占北票和朝阳后，又命第 16 旅团长川原劲率部沿朝阳、凌源、平泉公路快速前进，直攻承德。27 日，下洼镇沦陷，日军进抵老哈河畔，热东防线崩溃。

南线战场，日军第 8 师团与第 7 师团混成第 14 旅团的米山先遣队会合，一同向凌源发起进攻。东北军丁喜春、缪澄流、孙德荃三个旅在日军进攻面前纷纷退却。3 月 2 日，凌源失守。3 日，平泉也被日军占领。南线防守被瓦解。至此，日军突破中国军队防线，从北、东、南三个方向攻入热河腹地，对赤峰形成包围之势。

很快，日军兵临赤峰城下，向东门、北门、西门的中国守军发起猛攻，并用大炮向城内狂轰滥炸。中国军队炮火迟迟不能到位，守军处于劣势，孙殿英亲自登上东门督战。在中国军队顽强抗击下，日军进攻受挫，只好重新调整进攻部署，迂回到头道街大和洋行，将房舍炸开冲入城内。孙殿英登上东门城楼，鼓励全体官兵，誓与赤峰共存亡。县长孙廷弼派赤峰农会会长宋子安恳求孙殿英撤退，保存实力。孙殿英挥泪率军向西屯突围。随后日军攻入城内，东北义勇军各部与日军展开巷战，经一番苦战，最终弹尽粮绝，相继退出，赤峰沦陷。3 月 4 日，承德失守，热河全境沦陷。

古北口

古北口，位于北京市密云县北部。唐代在此设关，称北口。因地处卧虎山下，又名虎北口，后演变为今名。金代于此修建铁门扼守，称"铁门关"。古北口是山海关、居庸关之间的长城要隘，为辽东平原和内蒙古通往中原地区的咽喉，素有"京都门户"之称，乃兵家必争之地。特别是在辽、金、元、明、清五朝，此处大大小小的战役时有发生。古北口一带的长城，由卧虎山长城、蟠龙山长城、金山岭长城和司马台长城组成。

1933 年长城抗战，为古老的长城谱写了新的悲壮篇章。素有"京师锁钥"之称的长城要塞古北口，成为长城抗战的主要战场。1933 年 3 月 10 日—5 月 14 日，古北口抗战在此展开。

古北口抗战属长城抗战的一部分。日军在攻打喜峰口的同时，派出主力第 8 师团全部及骑兵第 3 旅进攻长城要塞古北口。3 月 4 日傍晚，日寇先头部队骑兵侦察小队在距古北口 30 千米外的滦平县青石梁，遭到中国陆军 67 军 107 师张政枋部 621 团的迎头痛击。在敌我装备悬殊的情况下，中国军队不畏顽敌，以血肉之躯与日军展开激战，打掉了日寇 4 辆坦克和 6 辆装甲车，并以伤亡 500 余人的代价，取得毙伤日寇近千名的战绩。随后日军主力赶到，又调来飞机、重炮狂轰滥炸。3 月 6 日，107 师被迫撤至古北口防守。

在全国上下抗战呼声的压力下，蒋介石从南方抽调中央军第 17 军北上，开赴古北口前线。17 军 25 师在赶到古北口后，立即修筑工事，做好迎头痛击来犯之敌的准备。

3 月 8 日晨，日寇在飞机和远程重炮的掩护下，向古北口大举进攻，中国陆军白玉麟部与敌展开激战。该团将士与日军展开殊死战斗，日寇伤亡惨重，中国军队依然牢牢掌控古北口。3 月 9 日，日寇绕过长城，前后夹击据守古北口制高点"将军楼"的 634 团，中国军队腹背受敌，但仍顽强战斗，打得长城上下尸横遍野，十分惨烈。日军在付出了惨重代价后，占领了炮筒子沟口。635 团团长白玉麟带兵前往，经过血战，重新夺回炮筒子沟口。日军随后派出飞机进行轰炸，白玉麟团长不幸为国捐躯。3 月 11 日上午，日军占领"将军楼"。

随后，在防守要地龙儿峪，17 军第 25 师 145 团戴安澜部与日军主力展开激战。团长戴安澜身先士卒，虽身负重伤，仍顽强指挥战斗。师长关麟征在得知战况后，亲自率领特务连和 149 团前往增援，途中与日军展开遭遇战，双方短兵相接，展开肉搏。关麟征率部冲锋，虽被日军手雷炸伤五处，血流不止，仍大呼杀敌。最后，经与日军反复激烈搏斗，日军撤退，龙儿峪阵地战中国军队胜利，暂时稳住了右翼防线。12 日凌晨，日军第 17 联队主力以及第 32 联队第 3 大队开始对 145 团发起猛烈进攻，关麟征急命第 149 团增援。149 团团长王润波与日军肉搏战时被日军炮弹炸伤。此时他拒绝下火线，仍坚持与日军厮杀，最终因失血过多而身亡。中国军队在连续击退日军 3 次大规模进攻后，由于伤亡过大，只得且战且退，撤出古北口。

在战略要地"帽儿山"前沿观察哨驻守的是 145 团的 7 名战士，他们的任务是随时把前线的战况通过电话向师指挥所报告。当中国军队大撤退时，观察哨与师指挥所的电话线已被炸断，没有得到撤退命令。7

名官兵毅然坚守阵地，利用地理优势打退了大批日寇的数次攻击。日军摸不清山上到底有多少军队，不断组织大批军队进行强攻，7名官兵为大部队撤退争取了时间。大部队渐渐远去，但7人已被日军团团围住无法撤退。日寇多次进攻都被打退，只好调来5架飞机对山顶进行地毯式反复轰炸，之后再进攻，但又被顽强的7人打退。随后日军调来10门重炮对山顶再次狂轰，之后再进攻，又被打退。日军气急败坏，不得已组织空军、炮兵、步兵联合进攻。3名战士阵亡，1名战士重伤，腿被炸断。断腿的战士向班长要过机枪，继续向日寇射击，直至战死沙场。另外3名战士直至子弹打光，搬起石块砸向日寇，随后冲入敌群与日寇展开刺刀拼杀，壮烈殉国。此战创造了二战史中绝无仅有的防守战例。日军将领大为惊诧，佩服至极，遂将7勇士安葬山下，立碑署文"支那七勇士之墓"，并列队鞠躬致敬。另外，中国军队360余名阵亡将士遗体合葬于古北口长城脚下，建古北口阵亡将士墓。

古北口之战在长城抗战中作战时间最长、战事最为激烈。参战官兵以民族大义为重，显示了中国军队抵御外辱的能力，表现出来的"长城精神"和民族气概将万古长存。

多伦

多伦，即内蒙古自治区锡林郭勒盟多伦县，位于内蒙古中部，是锡盟连接东北、华北地区的交通枢纽。多伦是蒙古语"多伦淖尔"（又称多伦诺尔）的简称，意为"七星潭"，又称"多伦泊"，因境内曾有7个水泡子而得名。清初设多伦诺尔理事厅，隶属直隶省口北道。康熙二十九年（1690年），康熙帝率军北征得胜。康熙三十年（1691年），康熙帝在多伦与内蒙古48家王爷和外蒙古部落首领会盟，建立大喇嘛教寺院，并委派喇嘛教四大宗教领袖之一的活佛章嘉呼图克图住寺"俾掌黄教"。多伦成为漠南藏传佛教的中心和旅蒙商业贸易集散地，也是塞外交通枢纽和军事要地。1913年2月废厅，改为多伦县。1950年8月，属内蒙古自治区。1958年，划归锡林郭勒盟管辖。

1933年春，日军占领热河省后，便指挥伪军占领了察哈尔、绥远和热河的交通枢纽、塞北重镇多伦。5月26日，在中国共产党的推动下，共产党员吉鸿昌以及冯玉祥、方振武等联络在察哈尔等地要求抗日的部队，在张家口正式成立察哈尔民众抗日同盟军，冯玉祥任同盟军总司令，方振武任前敌总司令，吉鸿昌任前敌总指挥。冯玉祥通电中外，表达抗战的坚定决心："玉祥深念御侮救国……以民众志同道合之战士及民众，结成抗日战线，武装保卫察省，进而收复失地，争取中国之独立自由……"察哈尔民众抗日同盟军成立后，得到中国各界人民的拥护和支持，从东北、热河到察哈尔的抗日力量，云集于冯玉祥麾下，很快，抗日同盟军发展壮大到10万人。

日军将多伦作为进犯察哈尔和绥远两省的战略据点，在这里派驻了由茂木兼之助任旅团长的骑兵第4旅团和部分伪军，并与在长宁驻扎的日军第8师团遥相呼应。另外，还在多伦城内外挖战壕建堡垒，构筑了坚固的防御工事。

7月4日，抗日同盟军先后抵达多伦周边，逐渐对其形成包围之势。5日，吉鸿昌在大榆树沟召开前敌总指挥部会议，决定分兵三路，以张凌云部为左路，以李忠义部为中路，以刘桂堂部为右路，以吉鸿昌、邓文部为总预备队。会后，各路部队向多伦外围指定地域集结。

7月7日拂晓，抗日同盟军开始全力攻击多伦，日伪军则拼死坚守，双方彻夜激战。8日凌晨，抗日同盟军突破日军西部防线。天亮以后，得到飞机大炮支援的日伪军发动反攻，战斗非常激烈。直到下午6时，被重创的日伪军龟缩回多伦城内。9日拂晓，察哈尔民众抗日同盟军继续进攻，日军在城外的重要据点均被攻占。但当各支队发动攻城时，被日军的猛烈火力压了下来，伤亡惨重。随后的两天，抗日同盟军多次冲锋，均未能得手。日机轮番空袭，固守多伦城头的日伪军也以猛烈的炮火紧密配合，抗日同盟军阵地硝烟弥漫，伤亡较重，便暂停进攻，准备再战。

12日凌晨，抗日同盟军向多伦城发起全线总攻，在猛烈的火力掩护下，同盟军邓文部、李忠义部、张凌云部同时发起猛攻。吉鸿昌亲临前线督战，他赤膊上阵，手中提着大刀和手枪率先冲锋，隐伏在战壕内的敢死队一齐跃起，架起云梯直逼城下，一声呼啸跃上城头，一举攻破多伦外围阵地。日伪军被迫退回城内。城里城外炮火连天，呼号之声震动天地。当同盟军敢死队爬上城墙时，化装成一批回民商贩混入城内的警卫营营长马国栋等40余人即在城内鸣枪响应，并高喊"同盟军进城了!"各城门守敌惊慌失措，军心大乱，慌忙丢下碉堡和城头阵地，四下逃窜，同盟军乘势追杀。李海山、刘震玉的东北义勇军骑兵部队首先攻克西门，占领了城西。10时许，同盟军又分别从南、北两门冲进城内。经过3小时巷战，残余日伪军夺路向东北方向逃窜。沦陷72天的多伦，终被抗日同盟军克复。

平房

哈尔滨市平房区，位于哈尔滨市南部，坐落在拉滨铁路线上。哈尔滨市平房区因日本侵略者在修建拉滨铁路时，把靠近平房屯的火车站定名为平房火车站而得名。平房在秦以前为古肃慎族活动区域。南北朝时，肃慎改称勿吉。隋唐时期勿吉改称靺鞨，归属安车骨部。唐初为黑水靺鞨。武周圣历元年（698年）后，为渤海国鄚颉府属地。金代，平房系京畿之地。清康熙元年（1662年），归清宁古塔将军昂邦章京所属。清乾隆二十一年（1756年），境内再度开发，聚集起十几个屯落，称"民屯"或"民人"。清嘉庆十九年（1814年）始，清廷谕准吉林将军奏章，于拉林西北，移驻旗丁，始设双城协领，本区域随之属双城堡协领衙门，统辖于阿勒楚喀副都统。清光绪三十三年（1907年），统辖于清双城府。1953 年，平房设区级建制，划为哈市郊区，命名为平房区。1956 年，改为市辖城市区。

"侵华日军 731 部队遗址"是二战期间侵华日军进行活人解剖、研究细菌武器的大本营，是发动细菌战争的基地。自 1932 年至 1945 年日本投降的 13 年时间里，731 部队在中国多地进行了惨无人道的细菌战，造成了数十万人口的死伤。

1932 年，石井四郎在东北一带选址，1933 年 8 月在哈尔滨市郊的背荫河正式成立"东乡部队"，即臭名昭著的 731 部队，进行人体活体实验。731 部队全称关东军满洲第 731 部队，是日军细菌战制剂工厂的代号，本部设在哈尔滨平房区，占地 300 余亩。为掩人耳目，先后叫过"加茂部队"、"东乡部队"、"关东军防疫给水总部"、"满洲 25202 部队"。部队任务是把生物学和医学转用为武器，并实施国际法上禁止的细菌战。

731 部队以石井四郎中将为部队长。在中国境内有五大部队，即设在哈尔滨平房区的关东军 659 部队，设于长春的关东军 100 部队，设在北京的北支甲 1855 部队，设于南京的荣字 1644 部队，设于广州的波字 8604 部队，拥有从事细菌战研究工作人员 2600 余人。

其中位于平房的本部支队，下辖 8 部：第 1 部，在活体试验者身上研究淋巴腺鼠疫、霍乱、炭疽病、伤寒、肺结核。第 2 部，研究生物武器在战场上的使用，特别是传播细菌和寄生虫的设备研究。第 3 部，生产容纳生物战剂的炮弹。第 4 部，生产各种生物战剂。第 5 部，负责培训从事细菌武器、细菌战的人才。第 6 部，负责器材、设备的供应。第 7 部，负责细菌感染的预防和日本人的医疗。第 8 部，负责整个部队的财务管理、生产计划、人事分配。

1955 年，石井四郎在为其教官清野谦次守灵的那天夜里讲述了自己部队的情况：先是在陆军军医学校设立研究室，再在中国华南以广州为中心，由内而外逐步设立研究所，最终设立了 324 个研究所……对于国内不能做的事情要另外想方设法……去中国就能做了。

这些在"日本国内"不能做而在"中国就能做"的事情主要有：

1. 活体解剖：在无麻醉的情况下解剖活人。受试验者都是中国人，被称为"圆木"（丸太）。

2. 手榴弹试验：用活人实验在不同距离和位置手榴弹爆炸的杀伤力。

3. 冻伤试验：用来测试人在不同温度下抗寒程度。

4. 火焰喷射器实验：将活人关在废弃装甲车内，用火焰喷射器烤之，以测验火焰喷射器威力。

5. 鼠疫实验：将鼠疫杆菌注入人体内，观察其反应。其最突出的"成果"是石井炸弹。石井炸弹为陶瓷外壳，内装携带细菌的跳蚤。

6. 人与马血互换：将身体强壮的活人血液抽去大部，立即输入马匹血液，结果身体排异性明显，被试者全部死亡。

7. 病菌对胎儿的影响：让女性试验者怀孕后感染病菌，待胎儿成形后进行活体解剖，观察胎儿的状态。

8. 人体四肢互换：将两个被试验者分别截肢后通过手术互换四肢，试验失败，接上的四肢没有恢复生命的迹象。

9. 其他人体试验：各种惨无人道的试验，731部队的官兵们所能想到的都竭尽所能做过了，而且他们并没有任何罪恶感……

731部队1940年9—10月曾在浙江宁波一带实施细菌战；1941年11月曾在湖南常德实施细菌战；1942年7—8月曾在浙赣铁路沿线一带地区实施细菌战。

二战结束后，石井四郎通过盟军远东占领军司令麦克阿瑟牵线，用其残杀数以万计的中国人得来的资料数据与美国总统杜鲁门进行了阴谋交易。美国获得了这些数据，731部队的军官则逃避了东京国际法庭的审判。

731部队的罪行在于它用活人做细菌实验，因此它甚至比实施种族灭绝的奥斯维辛集中营的性质更为恶劣。如此惨绝人寰的事实让全世界热爱和平的人们震惊。

瓦窑堡

瓦窑堡，位于陕西省延安市子长县，是县人民政府所在地。元初倚山建堡，临河砌堤，逐渐形成城郭，始称望瑶堡。据清雍正年间编纂的《陕西通志》记载，明代建为方城，已经称作瓦窑堡。后经多次整修，至清雍正年间，瓦窑堡已经成为了陕北一带重要的物资集散地，商贾云集，贸易发达。清同治七年（1868年），回民义军攻占瓦窑堡，堡内断壁残垣，满目疮痍，几近废墟。同治十三年（1874年）重建。1935年11月—1936年6月，瓦窑堡是中国共产党中央机关驻地。

1935年，日本加快了以吞并华北五省为目的的侵略步伐，中国人民掀起了抗日民主运动新高潮。12月17—25日，中共中央在瓦窑堡召开了中央政治局会议，通过了《中共中央关于军事战略问题的决议》、《关于目前政治形势与党的任务决议》等重要文件。

会议主要分析了华北事变后国内阶级关系的新变化，讨论了关于建立抗日民族统一战线、建立抗日联军和国防政府等问题。《关于目前政治形势与党的任务决议》指出，当前时局的基本特点是日本帝国主义"正准备并吞全中国，把全中国从各帝国主义的半殖民地变为日本的殖民地"，民族矛盾已上升为主要矛盾。一切不愿当亡国奴，不愿充当汉奸的中国人的唯一出路，就是"向着日本帝国主义及其走狗汉奸卖国贼展开神圣的民族战争"。党的策略路线是在发动、团结与组织全中国全民族一切革命力量去反对当前主要的敌人，并且提出"左倾关门主义是党内的主要危险"。决议还认为，党应该采取各种适当的方法与方式，去争取团结一切抗日力量，建立抗日民族统一战线。如对小资产阶级的政策、知识分子政策、白军政策、富农政策、民族工商业资本家政策、华侨政策要予以必要的改变，从而全面系统地解决了关于建立抗日民族统一战线的一系列问题，确定了抗日民族统一战线的策略路线。另外，根据毛泽东的报告，会议通过的《中央关于军事战略问题的决议》，提出红军行动的战略方针是，把国内战争同民族战争结合起来，准备直接对日作战和猛烈扩大红军。

12月27日，毛泽东根据会议决议精神，在党的活动分子会议上作了《论反对日本帝国主义的策略》的报告。报告对党的抗日民族统一战线的策略进行了全面、深刻的阐述，提出党的基本策略是组织千千万万的民众，调动浩浩荡荡的革命军，建立起广泛的抗日民族统一战线。因此，必须反对"左"倾关门主义，同时要坚持无产阶级在民族统一战线中的领导权。

瓦窑堡会议解决了遵义会议没有来得及解决的党的政治路线问题，保证了党在新形势下保持清醒的头脑，团结一切可能团结的力量，领导全国人民迎接伟大的抗日战争。同时，瓦窑堡会议为实现由土地革命到抗日战争的伟大战略转折奠定了牢固的基础。

绥远

绥远，中华民国时期的塞北四省之一，简称绥，省会归绥（今呼和浩特市）。呼和浩特中心城区是在清末民初时，由归化城与绥远城合并而成，故旧称归绥。明万历三年（1575年）呼和浩特建成，明廷赐名"归化城"，意为"归顺朝廷，接受教化"。清乾隆四年（1739年），为加强防务，政府在归化城东北五里处修建绥远城，取"绥靖远方"之意，并由八旗军队驻防，设绥远将军驻城主持军务。将军衙署至今犹存，门前照壁书有"屏藩朔漠"四个大字。绥远城俗称"新城"，归化城俗称"旧城"。归化城是典型的商城，绥远城是典型的军事城镇。1954年废绥远省。

绥远抗战，是1936年11—12月间，在国民政府的支持下，中国绥远傅作义部与日本支持的德穆楚克栋鲁普亲王（俗称德王）等蒙古分裂分子之间发生的一场局部战争，最后以中国军队全胜而告终。

侵占中国的内蒙古，是日本政府"满蒙计划"的一部分。自1933年侵占热河和冀东之后，日本就计划建立一个类似伪满洲国的"蒙古国"。1935年7月，关东军《对内蒙措施要领》绝密文件中制定了"扩大和加强内蒙古的亲日满区域，随着华北的进展，而使内蒙脱离中央而独立"的方针。1936年1月，汉奸李守信趁察北空虚，攻占了察北六县。随后，李守信同德王狼狈为奸，成立了"蒙古军司令部"和"蒙古军政府"，公开宣布脱离中国，走上卖国投敌的无耻之路。在察哈尔得手之后，日本便把侵略的矛头指向了绥远。

绥远在内蒙古西部，北与外蒙相连，南临晋、陕两省，东接察哈尔，西界宁夏、甘肃。如果日军控制了绥远，就形成了对华北、西北的包围态势，也具有了入侵华北、西北最为理想的通道。为了侵占绥远，关东军参谋长坂垣征四郎、参谋田中隆吉、天津驻屯军司令官多田骏、北平特务机关长松室孝良、太原特务机关长和知鹰二等人先后到归绥对绥远省主席、国民革命军35军军长傅作义威逼利诱，并声称若不与日本"携手合作"，日本就支持德王以"武力解决"。在遭到傅作义严词拒绝后，日本关东军决定发动对绥远的武装进攻。11月5日，田中隆吉召集德王、李守信布置攻绥计划，决定兵分三路进攻绥远。

当得知德王在日军教唆指挥下，准备分三路大举进犯绥远的消息后，11月8日晚，傅作义秘密召开营以上军官会议，进行抗战军事部署。傅作义对大家说："日寇占我察北，又犯我绥东、绥远，是我全军将士的耻辱。爱国军人守土有责，我们一定要打！……岳武穆38岁壮烈殉国，我已过了38岁，为抗日死而无怨。"针对敌人三路攻势，制定了"以攻为守，主动出击，出其不意，攻其不备，各个击破"的战略。

11月15日，田中隆吉指挥5000余兵力，在飞机大炮的掩护下，分三路向红格尔图镇发起猛攻。红格尔图作为绥远东部的门户，是察北、商都通往百灵庙的重要驿站。傅作义亲临前线指挥，并采取了"集结优势，先击一路，再及其他"的战略方针，命令部队星夜奔袭，出敌不意，抄袭敌后。日伪军猝不及防，于 18 日上午向西北方向溃逃。红格尔图战斗以中国军队全胜告捷。

红格尔图保卫战的胜利，大大鼓舞了绥远抗日军民的信心和勇气。傅作义决定乘胜追击，打掉德王和日本特务机关的据点百灵庙。百灵庙位于绥远西北部，是乌兰察布草原上著名的寺庙，有公路北达外蒙古，东通化德，西南接包头，东南连归绥。如果说绥远是连接中国东北、西北的津梁，而东西策应的根据地就是百灵庙，其地理位置的重要性可见一斑。

当时，百灵庙驻有日伪军 3000 余人，相当于 1 个多师的兵力，囤积着大量武器弹药和粮食，防御工事依险峻山势构筑，坚不可摧。11 月 22 日，傅作义指挥中国军队各部秘密集结百灵庙附近，进入攻击位置，并令绥北防守副总指挥官孙长胜、孙兰峰分别任奇袭百灵庙前敌总、副指挥，采取突袭战术，速战速决。23 日夜，孙长胜和孙兰峰指挥中国军队向百灵庙突然发起猛攻，百灵庙内外杀声一片，日伪军猝不及防，纷纷逃至庙内作殊死顽抗。为了避免黎明后日军飞机的轰炸，孙长胜、孙兰峰下达了黎明前必须拿下百灵庙的死命令，并亲临前线指挥，连续向百灵庙发起十数次冲锋，最终冲进庙内，伪蒙军游击队顾问松秀下山被击毙，其余敌部溃败逃走。第二天上午 9 时，战斗结束，收复百灵庙。12 月 4 日，孙长胜部乘胜收复了另一战略要点大庙子。随后，中国军队又先后收复乌兰花、哈拉伊力根等失地。至此，绥远抗战胜利结束。

绥远抗战的胜利沉重打击了日伪军的嚣张气焰，粉碎了日本帝国主义侵吞绥远的阴谋，全国军民无不扬眉吐气。《大公报》称："绥远抗战之役，不仅取得了中华民族史上光荣地位，且已作为中华民族史上重要的转折点，史迹昭垂，万世不磨。"

西安

西安，陕西省省会，古称长安，地处中国陆地版图中心，关中平原中部，是长三角、珠三角和京津冀通往西北和西南的门户城市与重要交通枢纽，北濒渭河，南依秦岭。西周时称为丰镐，为周文王和周武王分别修建的丰京和镐京的合称，为西安建城之始。武王灭商建立周王朝后，以丰镐为都，为西安作为都城之始。汉高祖七年（前200年），刘邦在长安建立西汉王朝，意为"长治久安"。西汉末年，王莽改长安为常安。隋筑大兴城，即为西安前身。唐更名长安城。之后又不断修建城墙、城楼、兴庆宫等建筑，长安成为国际性大都会。明洪武二年（1369年），置西安府，意为"西方安定"，西安之名始于此。后历为省、路、府、军、州、郡、县治。1928年，民国政府首设西安市。1954年6月，改为地级市，隶陕西省。1994年，西安市升格为副省级市。

1936年12月12日，为了劝谏蒋介石改变"攘外必先安内"的既定国策，停止内战，一致抗日，西北剿匪副总司令、东北军领袖张学良和国民革命军第17路军总指挥、西北军领袖杨虎城在西安华清池发动"兵谏"，扣留了国民政府军事委员会委员长和西北剿匪总司令蒋介石，史称"西安兵谏"，也叫"西安事变"。

1936年12月4日，蒋介石由洛阳飞抵西安，向张学良、杨虎城提出：把东北军和17路军全部投入陕北前线，进行"剿共"；如果不愿意北上"剿共"，东北军须调往福建，17路军调往安徽。张、杨根本不能接受蒋所提出的两种方案，他们既不愿再替蒋介石打内战，也不愿让自己的部队离开根据地，被蒋介石所分化。张学良再三苦谏蒋介石联共抗日，但屡遭拒绝。7日晚，张学良向蒋介石进行了一次"哭谏"，但遭蒋怒骂。

12月9日，西安1万多学生举行示威游行，纪念一二·九运动一周年，要求停止内战、一致抗日，但遭国民党特务警察镇压。广大群众义愤填膺，当即决定前往临潼华清池向蒋介石请愿。蒋闻讯后严令张学良疏散请愿群众，群众如不自行疏散则"格杀勿论"。张学良深为学生们的爱国热情所感动，对游行的群众说："我与你们是站在一条战线上的，你们的要求也就是我的要求，再往前走就要被机关枪扫射，我不忍看到你们遭受伤亡。你们现在回去吧，一星期以内我一定用事实答复你们。"说完后，声泪俱下，痛哭不已。自此，张学良坚定了逼蒋抗日的决心。

12月11日，张学良、杨虎城决定逼蒋抗日，并做了详细的部署：临潼归东北军负责，西安归17路军负责，并由杨虎城的卫士王志屏任西安方面军事总指挥。12月12日早晨5时许，以临潼枪声为信号，各部队同时开始行动，蒋军大部遂被解除武装，西安完全掌控在张、杨军事管制之下。蒋介石闻讯后跳窗逃走，躲进骊山。东北军随即对骊山展开搜寻。当被营长孙铭九率部寻获时，蒋介石赤着脚，光着头，上身穿一件古铜色绸袍，下身穿一件白色睡裤，样子十分狼狈。9时许，蒋被押送至西安，软禁在绥署大楼。张、杨立即通电全国，提出抗日救国八项主张：改组南京政府，容纳各党各派，共同负责救国；停止一切内战；立即释放上海被捕的爱国领袖；释放全国一切政治犯；开放民众爱国运动；保障人民集会结社一切政治自由；确实遵行孙总理遗嘱；立即召开救国会议。同时，张、杨电报陕北中共中央派代表前来共商抗日救国大计。

12月16日，国民政府由政治委员会决议派何应钦为讨逆军总司令，刘峙为讨逆军东路集团军总司令，顾祝同为讨逆军西路集团军总司令，分别集结兵力，由东西双方同时向西安进行施压，准备讨伐张、杨。空军开始轰炸西安邻近城市，并逐渐转向西安。为避免冲突升级，张学良让被拘扣的蒋鼎文先行返回洛阳，周旋国军暂停军事行动。17日，以周恩来为代表的中共中央代表团抵达西安。22日，在澳籍友人端纳全力周旋下，宋美龄、宋子文等也飞抵西安参加调停。23日，在张学良公馆西楼二层，双方开始正式谈判。蒋方由宋子文，西安方面由张学良、杨虎城、周恩来三人出席。经过谈判，蒋介石被迫接受了联共抗日的要求。25日下午，蒋介石乘飞机离开西安，张学良留下手令把东北军交给杨虎城指挥后，亲自陪同蒋飞抵洛阳，但随后即被扣留。

在中共中央和周恩来同志的主导下，西安事变最终以蒋介石接受"停止内战，联共抗日"的主张而和平解决。西安事变的和平解决成为扭转时局的关键，标志着十年内战局面的结束，第二次国共合作的初步形成，抗日民族统一战线初步建立，是国内战争走向抗日民族战争的转折点。中国全民族抗战的序幕由此拉开。

1937 年 7 月—1938 年 10 月

宛平

宛平，自古为京南门户。东汉刘熙所撰《释名》：燕，宛也，宛然以平之意。《今县释名》解释为：北方沙漠平广，此地在涿鹿山南，宛宛然以为国都也。辽开泰元年（1012 年）改幽都县为宛平县。明崇祯十年（1637 年）开始建城，以屯兵守卫北京，十四年（1641 年）建成。宛平城内初建时仅有东、西两门，设有瓮城及城楼，城墙厚实坚固，主要为防卫京师之用。明时称"拱极"城；清时改名为"拱北"城。1928 年，置北平市，宛平县划归河北省，其县署由北京城内迁到拱极城，自此改称宛平城。1952 年 6 月，撤销宛平县，原辖地先后划入今北京市丰台区、门头沟区、房山区、大兴区、海淀区和石景山区。

1937 年 7 月 7 日，宛平城外爆发的震惊中外的卢沟桥事变，是日本帝国主义全面侵华战争的开始，也是中华民族进行全面抗战的起点。

日本在侵占了东三省之后，开始把侵略的魔爪伸向华北。1936 年 8 月 7 日，日本广田内阁召开五相会议，通过了《国策之基准》，具体规定了侵略中国、进犯苏联、待机南进的战略方案。同时，还制定了《对中国实施的策略》和《第二次北支处理纲要》，进一步明确了对华具体策略和措施。从 1936 年 5 月起，日本大举增兵华北，不断制造事端，频繁进行军事演习，战争阴云笼罩华北上空。6 月，日军连续在丰台附近挑起事端，随后借机占领丰台，控制了北平南面。这样，北平的北、东、南三面已经被日军控制：北有关东军一部驻守热河和察东；伪蒙军 8 个师约 4 万人屯兵西北；伪"冀东防共自治政府"及其所统辖的伪保安队约 1.7 万人陈兵东面。这种形势下，宛平城外的卢沟桥就成为北平对外沟通的唯一通道，其战略位置更加重要。

1937 年 7 月 7 日下午，驻丰台日军第 1 联队第 3 大队第 8 中队由大队长清水节郎率领，荷枪实弹在紧靠卢沟桥中国守军驻地的回龙庙到大瓦窑之间的地区集结。晚上 7 时 30 分，开始军事演习。22 时 40 分，日军声称演习地带传来枪声，诡称士兵志村菊次郎"失踪"，强行要求进入中国守军驻地宛平城内搜查，遭到中国驻军第 29 军第 37 师第 110 旅第 219 团团长吉星文的严词拒绝，日军随即包围宛平县城。很快，"失踪"的士兵归队，但日军蛮横无理，坚持要求进城调查该士兵失踪的原因，狼子野心昭然若揭。第 29 军副军长兼北平市市长秦德纯为防止事态扩大，立即派人与日军交涉。但趁双方交涉之际，8 日凌晨，日军一部向驻守龙王庙和铁路桥的中国守军发动攻击，并迅速占领了该地；另一部从东门向宛平县城猛烈炮击，并强占宛平东北沙岗。中国守军忍无可忍，奋起还击，第 29 军司令部命令前线官兵确保卢沟桥和宛平城，"卢沟桥即尔等之坟墓，应与桥共存亡，不得后退"。219 团第 3 营在团长吉星文和营长金振中的指挥下，与来犯之敌展开激战。日军在同一天内，连续向宛平城进攻三次，均被中国军队击退。9 日，中国军队收复了龙王庙和铁路桥。这就是震惊中外的七七卢沟桥事变，也称七七事变。

七七事变爆发后，全国上下反响强烈。7 月 8 日，中国共产党通电全国，呼吁"全中国的同胞们，平津危急！华北危急！中华民族危急！只有全民族实行抗战，才是我们的出路！"并且提出了"不让日本帝国主义占领中国寸土"、"为保卫国土流最后一滴血"的响亮口号。蒋介石也提出了"不屈服，不扩大"和"不求战，必抗战"的方针，并致电宋哲元、秦德纯等人"宛平城应固守勿退"、"卢沟桥、长辛店万不可失守"。17日，蒋介石在庐山发表谈话，声明"卢沟桥事变已到了退让的最后关头"，"再没有妥协的机会，如果放弃尺寸土地与主权，便是中华民族的千古罪人"。中华民族全面抗战正式开始。

庐山

庐山，又名匡山、匡庐，位于江西省九江市，是一座地垒式断块山，山体呈椭圆形，以"雄、奇、险、秀"闻名于世，自古命名的山峰有171座，主峰大汉阳峰海拔1474米。唐代诗人白居易以"匡庐奇秀甲天下"，道出庐山的秀美和品位。庐山名称的由来，一说是因为山岳四围峻拔，中间平凹的形状如箕筐而得名；一说因位于古代"庐子国"境内而得名。

西汉元朔三年（前126年），司马迁"南登庐山"，并将"庐山"载入《史记》。东晋陶渊明、谢灵运等文化名人，在庐山进行了大量的文学艺术创作活动，使庐山成为中国田园诗的诞生地、山水诗的策源地和山水画的发祥地。公元4世纪，高僧慧远在庐山东林寺，首创观像念佛的净土法门，代表了佛教中国化的大趋势。除此之外，庐山还是集佛教、道教、伊斯兰教、基督教和天主教五教于一身的宗教名山。中国古代四大书院之首的庐山白鹿洞书院更是中国理学的创始地。20世纪30年代，地质学家李四光在庐山首先发现中国第四纪冰川遗迹，从而创立了中国第四纪冰川学说。

庐山谈话会，是国民党中央为应对日渐深重的民族危机以及诸多内政问题，以中央政治会议名义召开的各党派及无党派人士谈话会。

1937年5月27日，为了广泛听取意见，国民党决定，以中央政治委员会（中政会）主席汪精卫和国民政府行政院长蒋介石名义，邀请各党派、各民主团体、各界名人前来庐山召开"谈话会"，谈话日期定于7月15日—8月15日，分三期进行。

6月23日，张群以中政会秘书长名义，向全国各界名流正式发出请柬。柬文为："敬启者：庐山夏日，景候清嘉，嘤鸣之求，匪伊朝夕。先生积学盛名，世所共仰。汪蒋二公，拟因暑季畅接光华，奉约高轩，一游牯岭。聆珠玉之谈吐，比金石之攻错。幸纡游山之驾，藉闻匡世之言。扫径以俟，欣仁何如。"被邀者计200余人。

7月16日，第一期谈话会召开，由汪精卫、蒋介石共同主持，举行了两次大会和两个下午的分组会。与会者在大会和分组会上踊跃发言。在17日的第二次大会上，蒋介石发表了著名的"最后关头"抗战宣言，表明了中国政府的对日态度。他要求全国国民认清所谓"最后关头"的意义："如果临到最后关头，便只有拼全民族的生命，以求国家生存；那时节再不容许我们中途妥协，须知中途妥协的条件，便是整个投降、整个灭亡的条件。全国国民最要认清，所谓最后关头的意义，最后关头一至，我们只有牺牲到底，抗战到底，唯有牺牲到底的决心，才能博得最后的胜利。若是彷徨不定，妄想苟安，便会陷民族于万劫不复之地！"蒋介石也表示："卢沟桥事件能否不扩大为中日战争，全系于日本政府的态度，和平希望绝续之关键，全系于日本军队之行动，在和平根本绝望之前一秒钟，我们还是希望和平的，希望由和平的外交方法，求得卢事的解决。但是我们的立场有极明显的四点：1. 任何解决，不得侵害中国主权与领土之完整。2. 冀察行政组织，不容任何不合法之改变。3. 中央政府所派地方官吏，如冀察政务委员会委员长宋哲元等，不能任人要求撤换。4. 第二十九军现在所驻地区，不能受任何约束。"

19日，蒋介石下定决心"应战宣言即发，再不作倭寇回旋之想，一意应战矣"，对讲演稿略加修改后，以《对日一贯的方针和立场》的告民众书形式，由中央社正式公开发表。

20日，蒋介石下山回南京，第二期谈话会由汪精卫主持。与会者对长期抗战的准备提出多方建议，主张要抱定决心抗战到底，不必再希望和平了结；实行战时产业政策；注重战时后方组织，动员后方人员积极备战；实行战时外交，注重国际关系和国际宣传，尽量实行南联英美、北联苏俄；等等。最后还以第二期谈话会同人名义，发出致宋哲元暨29军全体将士电，表示对前方将士守土御寇决心至深钦佩，勖勉同心戮力，抗战到底，绝不任敌人从容践踏而过。原定8月15日前举行的第三期谈话会因抗战军事紧张而取消。

庐山谈话会没有邀请中国共产党代表参加，但蒋介石邀请中共代表周恩来等在第一期谈话会期间，到庐山与国民党进行第二次庐山谈判（第一次国共庐山谈判在6月举行）。周恩来等与蒋介石、宋子文、邵力子、胡适等多有会面和交谈，强调国难当头之时，各党各派尤其要精诚团结，以民族利益为重，摒弃一切前嫌、成见，携手共赴国难。

庐山谈话会的举行和抗战宣言的发表，向世界宣示了中国的抗战决心，拉开了全民族抗战的雄伟大幕。

南苑

南苑，位于北京市丰台区东南部，为元、明、清三代的皇家苑囿。境内湖泊沼泽遍地，草木繁盛，禽兽聚集。元代称"飞放泊"，"飞放"指飞鹰放狗，"泊"指"海子"，明称"南海子"，清称"南苑"，清代皇帝多次到这里打猎和阅兵。当时南苑围有墙垣60千米，设9门，育养禽兽以供狩猎，设立了24个花园供应鲜花和水果。清末南苑荒废，居民渐增，渐渐形成集镇。民国时期，南苑长期作为兵营，中国陆军第29军的军部曾设在南苑。南苑曾设行政区，后于1958年5月撤销，并入北京市丰台区、朝阳区和大兴区。

1937年7月28日，南苑战役打响，大批日军进攻29军驻南苑军部，副军长佟麟阁、师长赵登禹牺牲在南苑。

日军占领卢沟桥后，北平成为了一座孤城。1937 年 7 月 28 日，日军集中兵力从西、东、南三面向南苑发起进攻，并出动飞机配合地面作战，开始围攻北平。南苑位于北平南郊 10 千米处，是进入北平的南大门。战斗打响后，29 军军部移往北平城内，第 132 师师长赵登禹亲临南苑指挥战斗，与不愿随军部迁移的 29 军副军长佟麟阁一起保卫南苑。南苑上空日军飞机低空飞行，对中国军队轮番轰炸；地面日军集中重炮，不断炮击中国军队。中国军队在佟麟阁的带领下，英勇抵抗，与敌肉搏，中国守军伤亡惨重，遂由大红门向红庙撤退，佟麟阁则亲率一支由军官组成的临时战斗部队掩护主力撤离。在撤退中，佟麟阁部与日军遭遇，佟不幸腿部中弹，部下劝其撤退包扎处理，他强忍伤痛说："情况紧急，抗战事大，个人安危事小"，带伤继续与敌战斗。后被敌机发现，被炸殉国，时年 45 岁。佟麟阁将军是抗日战争史上为国捐躯的第一位高级将领。31 日，国民政府发布褒奖令，追封佟麟阁为陆军二级上将。8 月 5 日，《救国时报》载文缅怀佟麟阁将军，称他英勇奋战，光荣地完成了保国卫民的天职，堪称全国军人的模范。

与此同时，赵登禹率部在南苑靶场一带与日军展开激战。当敌人冲到阵地前 200 米时，赵登禹亲自持刀督战，指挥官兵向日寇扫射。随后，他挥舞大刀，身先士卒跳出战壕，与敌军展开肉搏战，将来犯日军击退。在击退日军多次进攻之后，赵登禹奉命率部撤离转移。当部队转移至南苑镇北黄亭子公路时，遭到日军伏击。赵登禹师长中弹后，继续指挥战斗，后被炸断双腿，含泪向传令兵交代："军人战死沙场没什么悲伤的，只是老母年事已高，受不了惊吓。回去告诉她老人家，忠孝不能两全，她儿子为国而死，也算对得起祖宗……"赵登禹最终战死沙场，年仅 39 岁。军长宋哲元得到噩耗后，捶胸顿足，失声痛哭道："断我左臂矣，此仇不共戴天！"冯玉祥更是悲痛不已，挥笔写下了《吊佟赵》，诗言"后死者奋力抗战，都奉你们为榜样"。为纪念二人，北京有佟麟阁路和赵登禹路。

南苑战役是 29 军在平津抗战中最为惨烈的一战，也是平津抗战的转折点。随后，日军占领了西苑、北苑、沙河、清河，控制了北平周围要地。7月30日，日军占领长辛店，至此，北平四郊皆被日军控制，北平沦陷。

洛 川

洛川，隶属陕西省延安市，位于陕西省中部。秦置鄜县，属上郡。新莽改为修令县。东汉废修令县，其辖地并入定阳县，仍属上郡。魏晋、三国时期逐渐为匈奴、氐羌占据，废郡县。西晋、前秦复为鄜县。后秦建初七年（392年），析鄜县北部地区置洛川县，因洛水流经其地故名，为洛川县名之始。北魏太和十五年（491年），改鄜为敷，置敷城郡，属北华州。隋大业元年（605年），恢复洛川县。唐属鄜州。清乾隆三十三年（1768年），洛川县治迁今址。

抗日战争爆发后，日本帝国主义迅速占领平津地区。随后，又在华北的平绥铁路东段和华中的上海地区展开新的攻势。在日军大规模战略进攻面前，国民政府依旧执行"妥协"政策，不愿发动民众和改革政治。在这历史转折的重要关头，中国共产党召开了洛川会议，研究确定了我党新形势下的基本任务和各项具体政策，为中国共产党的发展、壮大和抗战工作指明了方向。

1937年8月22—25日，中共中央在陕北洛川县冯家村召开政治局扩大会议，毛泽东在会上作了关于军事问题、国共两党关系问题和中国共产党在抗日战争时期基本任务的报告，张闻天作了政治形势的补充报告。会议分析了抗日战争全面开始后的新形势，指出国共两党的争论已不是该不该抗战的问题，而是如何争取抗战胜利的问题。

会议通过的《中共中央关于目前形势与党的任务的决定》（以下简称《决定》）指出，中国的抗战是一场艰苦的持久战。争取抗战胜利的关键，在于使已经发动的抗战发展为全面的全民族的抗战。《决定》强调，坚持党对抗日战争的领导和坚持党在统一战线中的独立自主原则。毛泽东在报告中明确提出，统一战线中必须坚持独立自主，对国民党要保持警惕性，红军的活动主要由共产党决定。《决定》号召"共产党员及其所领导的民众和武装力量，应该最积极地站在斗争的最前线，应该使自己成为全国抗战的核心，应该用极大力量发展抗日的群众运动。不放松一刻工夫一个机会去宣传群众，组织群众，武装群众。只要真能组织千百万群众进入民族统一战线，抗日战争的胜利是无疑义的"。

会议还通过了《中国共产党抗日救国十大纲领》。主要内容是：打倒日本帝国主义；全国军事总动员；全国人民总动员；改革政治机构；实行抗日的外交政策；实行为战时服务的财政经济政策；改良人民生活；实行抗日的教育政策；肃清汉奸卖国贼亲日派，巩固后方；实现抗日的民族团结。纲领全面概括了中国共产党在抗日战争时期的基本政治主张，是共产党全面抗战路线的具体化，给全国人民指明了争取抗战胜利的道路。其中，改革政治机构提出，要实行地方自治，铲除贪官污吏，建立廉洁政府。这也是我党历史上第一次提出建立廉洁政府的施政纲领，对于我党的廉洁政治具有重要的意义。

为在新形势下加强党对军队的绝对领导，会议决定成立中共中央革命军事委员会，军委成员由毛泽东、朱德、周恩来、彭德怀、任弼时、叶剑英、张浩、贺龙、刘伯承、徐向前、林彪11人组成。毛泽东为军委主席，朱德、周恩来为军委副主席。会议根据红军担负的创建敌后抗日根据地等战略任务，以及红军必须执行的独立自主的山地游击战的战略方针，明确红军必须实行军事战略转变，即由国内革命战争的正规战，向抗日民族解放战争的游击战转变。红军实行军事战略转变，是客观形势的需要。红军必须把国内革命战争集中使用的正规军，转变为抗日战争分散使用的游击军；把国内革命战争的运动战，转变为抗日战争的游击战，这样才能同敌情、友情、我情以及任务相符合。这一军事战略转变不仅关系着中国共产党和红军的前途，而且极大地关系着整个抗日战争的坚持、发展和胜利，关系着中华民族解放的命运。

洛川会议是中国共产党在抗日战争初期的历史转折关头举行的一次重要会议。这次会议为全国抗战制定了正确路线，确定了统一战线的正确政策，规定了中国共产党领导的人民军队深入敌后的战略任务，确定了正确的战略方针，为争取抗日战争的胜利指明了方向。

平型关

平型关，位于山西省灵丘县白崖台乡。平型关古称瓶形寨，因地形似瓶状而得名，后雅化为平型关，系雁门关所属十八隘口之一。这里北连恒山余脉，南邻五台山，"东控紫荆西辖雁门"，历来为兵家必争之地。明正德六年（1511年）筑关城，嘉靖二十四年（1545年）、万历九年（1581年）两次增修。

平型关大捷，也叫平型关伏击战，是八路军115师在平型关附近伏击日军并取得抗日首胜的战斗。

1937年9月21日，日军第5师团（坂垣师团）第21旅团以忻州大营为目标，沿灵丘到平型关的公路追击后撤的晋绥军第73师。第2战区司令长官阎锡山发电报给八路军（1937年9月14日，朱德、彭德怀发布八路军改为第十八集团军的通令，但此后仍习惯称为"八路军"。本书下同。）："总司令朱德：我决歼平型关之敌，增加8个团兵力，明拂晓可到，希电林师（即八路军115师——编者注）夹击敌之侧背。"

9月23日晚，八路军115师冒雨前往灵丘县白崖台村附近的阵地设伏。24日，部队进入伏击阵地，呈蛇形展开：左侧头部位置是杨得志、陈正湘率领的685团；中间腰部位置是李天佑、杨勇率领的686团；右侧尾部位置的是徐海东率领的687团。他们奉命穿过乔沟，占领了东河南镇以北的高地，以便切断敌人的后路。688团作为预备队，杨成武的独立团和刘云彪的骑兵营分别向平型关东北和正东方向开进，执行打援任务，配合主力作战。

25 日 7 时左右，涞源日军 1 个联队，在向灵丘方向移动中，进入了独立团 1 营 1 连的阵地。1 营营长曾保堂举起驳壳枪，打响了平型关战斗的第一枪。瞬时，机枪、步枪、手榴弹响成一片。同时，日军第 5 师团第 21 旅团大部队进入 115 师伏击地带。指挥作战的 687 团副团长田守尧看见日军辎重队全部通过了蔡家峪，于是果断下令攻击。2 营 8 连连长王化堂大吼一声："打！"全连轻重火力一齐向敌人开火。日军死伤惨重，队形大乱。

这时候，日军辎重队有一半进入小寨村以西的峡沟大约 2 千米。而日军第 6 兵站汽车队的新庄淳中佐的领队车刚从老爷庙驶入沟口，车队的尾部还在辛庄。新庄淳听见前面沟里响枪，赶紧停下来，但已经晚了。此时，686 团 1 营对日军领队车开了火，而 3 营则对日军辎重队的领队车开了火。

至此，从辛庄到蔡家峪，在 10 多千米长的公路上，115 师向两支日军发起了全面攻击。

687 团 2 营率先冲下沟道，与公路上的鬼子展开白刃格斗。日军随即逃离公路，利用在山坡边及修公路时挖土残留的坑坑洼洼里架起了机枪还击。日军挤在狭窄的夹沟里，火力无法发挥作用，便拼死向夹沟南侧坡上多次发起冲击，却被预先埋伏在坡上的 3 营打了下去。忽然，在 3 营阵地的右前方，响起了激烈的机枪声。原来，有一股日军偷偷地爬上一个小山头，在那里架起了一挺机枪，向八路军扫射。危机间，9 连 2 排排长秦二楞带了 10 名战士直扑上去，把敌人的机枪点打掉。

13 时许，八路军基本消灭了日军辎重部队，继续肃清公路上的残敌。直到黄昏时分，才将洼地里的最后一股日军消灭。至此，日军辎重队被全部消灭。

在老爷庙方向，日军汽车队的队首已经进入峡沟内，峡沟东侧的 686 团 1 营居高临下，机枪、步枪、手榴弹一起响起，遭到猛烈袭击的日军乱作一团。此时，老爷庙西侧沟口外的 685 团 1 营则向公路上的日军发起冲锋。被打懵的日军很快醒悟过来，一部分依托公路上的汽车进行阻击，一部分拼命冲向附近的制高点。

公路南端，日军第 91 汽车中队主力企图攻占 1363 高地。685 团副团长陈正湘命令 2 营副营长王丽水率领 5 连、6 连和营机枪排与日军争夺 1363 高地制高点。打到最后，5 连只剩下 30 余名战士，与 6 连协同作战，终于将日军杀退，守住了 1363 高地。

公路北端，日军则抢先占领了老爷庙岭制高点。686 团团长李天佑命令右侧的 3 营冲下公路，攻占老爷庙。3 营反复冲锋，都被老爷庙的日军用机关枪狙击。这时，1 营 3 连绕到老爷庙岭北边一个更高的高地，发起突然冲击，打掉了日军的机枪。3 营乘机发起冲击，终于拿下了老爷庙高地。

15 时，687 团从东侧、685 团从西侧围上来，686 团从老爷庙高地发起攻击，将辛庄至老爷庙一线的日军汽车队残部歼灭。随着战斗接近尾声，林彪把 685 团、686 团的部队逐渐调往关沟、辛庄方向，对增援日军形成包抄态势。增援老爷庙的日军 21 联队第 3 大队仓皇退向东泡池，685 团部队乘胜跟踪追击，一路追敌。入夜，八路军主动撤出战斗。

9 月 26 日，毛泽东致电朱德、彭德怀："庆祝我军的第一个胜利"。同日，蒋介石也致电朱德、彭德怀："25 日一战，歼敌如麻，足证官兵用命，深堪嘉慰。尚希益励所部，继续努力，是所至盼。"

忻口

忻口，位于山西省忻州市北 20 千米，高城乡忻口村北。五台山、云中山矗立东西，山势险峻，中为峡谷，滹沱河、云中河分别自北、西两边汇流于此，然后沿谷南去，再折向东流。峡谷北口宽 200 余米，河谷中有高数十米的土山一座，为晋北锁钥，自古为兵家必争之地。据《魏土地记》记载："汉高祖出平城之围，还军至此，六军忻然，故名。"

太原会战是国民党正面战场第二战区组织的一次以保卫太原为目的的大会战，忻口战役是太原会战的中心战役。战役自 1937 年 10 月 13 日至 11 月 2 日，历时 21 天，是国共两党团结合作，在军事上相互配合的一次成功范例。

1937 年 9 月下旬，雁门关至平型关一线中国守军激战数日重创日军后，于 10 月 2 日全线撤退。日军从茹越口突入，占领繁峙。随后在代县附近集结，剑指忻口，进而攻取太原。忻口是晋北通向太原的门户，是保卫太原的最后一道防线。10 月 2 日，蒋介石令卫立煌率第 14 集团军从河北石家庄星夜驰援忻口，并任卫立煌为前敌总指挥。第二战区司令长官阎锡山任命卫立煌、朱德、杨爱源和傅作义分别为中央、右翼、左翼和预备军总指挥，陈兵 13 万余人扼守忻口一线，计划乘日军立足未稳，将板垣师团消灭于云中河谷。

10 月 13 日，日军 3 个师团 7 万余兵力，在 30 余架飞机和大批重炮、战车掩护下向忻口中国守军发起全线攻击。日军集中火力猛攻忻口西北侧南怀化阵地，中国军队以炮兵协同步兵作战，肉搏冲锋，阵地多次易手。14 日，日军增兵，向阵地发起更为猛烈的攻击，中国军队顽强抗击，战斗呈胶着状态。15 日，中路守军主动出击，展开攻势，力阻敌主力从南怀化突袭忻口的企图。在红沟西北、官村以南高地，第 9 军军长郝梦龄亲临距敌人只有 200 米的大白水前线指挥作战，不幸中弹，壮烈牺牲，时年 39 岁。同时牺牲的还有 54 师师长刘家祺。中国军队与日军在南怀化、红沟谷地间展开拉锯战，阵地失而复得。在中国军队顽强抗击下，到 10 月 22 日，进入南怀化的日军已三易联队。为突破僵局，日军于 20 日起采用毒瓦斯、燃烧弹助攻，致使守军阵地一片火海。中国军队官兵冒着烈火和毒气拼死战斗，双方损失严重，每日伤亡均以千计。敌我双方如此对阵相抗达半月之久。

在忻口正面顽强抗击的同时，八路军第 115、120 师深入日军两翼及侧后，开展游击战争，袭击敌人的后方，破坏敌人交通运输，切断敌人的补给和增援，进行战役配合。10 月 19 日夜，刘伯承第 129 师第 769 团以一个营的兵力夜袭代县西南的阳明堡机场，毁伤敌机 24 架，歼灭日军百余人，有力地削弱了敌空中攻击力量，援助了忻口友军正面作战。卫立煌在忻口会战后盛赞："八路军确实是抗日的，是中华民族的最精锐的部队。"

日军在忻口久攻不下，遂改变作战部署，命令日华北方面军第 20 师团等部迂回西进，向娘子关发起进攻，以配合同蒲路方向的日军会攻太原。第二战区副司令长官黄绍竑急率川军第 22 集团军前往阻击，双方展开激战，无奈日军火力太猛，26 日娘子关失陷。接着，平定、阳泉、寿阳相继失守，日军直逼太原，中国军队面临腹背受敌的危险。11 月 2 日，中国军队撤离忻口，固守太原。11 月 8 日，太原失守。此后，在华北战场的正规战争便基本结束，而由敌后游击战争支撑着华北的抗战局面。

忻口战役打乱了日本侵略者妄图速战速决迅速灭亡中国的阴谋，支援了平汉路中国守军的作战。在任弼时《山西抗战回忆》一文中这样评价忻口战役的功绩："敌曾以全力猛攻忻口，遭受了忻口抗战部队的猛烈的袭击。忻口战争是华北抗战中最激烈的战争，郝、刘两将军在前线同时壮烈牺牲，卫立煌将军指挥下的全线部队，虽遭受了重大伤亡，毫未动摇；许多忠勇将士的英勇奋斗，是值得每个同胞永远纪念的。"

雁门关

雁门关，又名西陉关，位于山西省忻州市代县县城以北约 20 千米的雁门山中，是长城上的重要关隘之一，以险著称，有"天下九塞，雁门为首"之说。因该地是大雁南下北归的主要中部通道之一，故而得名。3000 多年前，雁门山及雁门关已有明确的记载。《穆天子传》卷一："甲午，天子西征，乃绝砺之关登。"晋人郭璞注："砺，雁门山也。"《山西通史》载，春秋时，雁门关为晋国北部要塞。战国时，雁门关为赵国防御北部游牧民族的险隘。周显王十九年（前350年），赵国开始修筑雁门关长城。周赧王九年（前306年），赵武灵王在雁门关下的古城村建起广武城。此后历代都把此地看作战略要地，多以雁门为郡、道、县建制戍守。雁门关之称，始自唐初。《唐书·地理志》描述这里"绝顶置关，谓立西陉关，亦曰雁门关"，后经五代十国、宋、辽、金、元约400余载。明清以后，雁门雄关逐渐荒废。

1937年9月，八路军120师进入山西，部署在晋西北的管涔山区，师部驻神池县义井镇，358旅集结在神池、宁武一带，359旅集结在五台、定襄、繁峙一带，进行紧张的备战。

此时忻口战役正进入紧张时刻。八路军担负起配合、支援忻口战役的任务。120师的具体部署是：359旅和358旅在原平以西攻击大牛店等地日军侧翼，716团直属队和第3营组成贺廖支队，由团长贺炳炎率领，直插雁门关，以游击战争袭扰、伏击日军的南北运输线，切断敌人的交通。10月18日，贺廖支队获得情报：日军将要从原平撤回死伤的士兵，于是决定在雁门关南山脚下的黑石头沟一带公路设伏，同时派少量兵力占领雁门关。18日凌晨5时，部队踏着山间小道向黑石头沟开进。此沟南低北高，沟底尽是山洪冲下的乱石头，公路顺沟由南向北而上，南端有一座小石桥，是个打伏击的好地方。上午9时许，八路军到达沟西侧的山上，各连队迅速进入伏击位置，团指挥所设在一处山头上。不一会儿，日军车队像长蛇一般从南向北驶来。据观察哨报告，日军车队超过100辆，指挥位置上看到的就有20多辆。日军车队缓慢地拐过小石桥，爬上陡坡，进入伏击圈。就在这时，贺炳炎一声令下："打！"各种武器一齐射击，迫击炮、机枪、步枪交织成密集的火网。打头的几辆车被打着了火，燃烧爆炸，车上的敌兵纷纷跳车。随着冲锋号响起，3营营长王祥发率领突击连如猛虎一般扑下山去，其他几个连也相继发起冲击。部队打得很是顽强，一下子就把敌人压到乱石滚滚的沟里。

战斗打响不久，在黑石头沟北边担任警戒的分队报告，从广武方向又开来日军车队，也有100多辆，满载着向忻口增援的弹药和士兵，急急驶进黑石头沟。前面几辆汽车被警戒分队打得燃起大火，后面的日军迅速跳车登山，顺着西边的山梁转到贺廖支队左侧，对八路军形成极大威胁。同时，4架日军飞机也赶来助战，八路军的伤亡骤然大增，贺炳炎的胸前被一颗子弹横着穿过，把他的皮袄打穿了两个洞。

黑石头沟里黑烟滚滚，被击毁的汽车从南北两头把路堵死了，日军南北两个车队300来辆车被堵在沟里，动弹不得。八路军看到伏击目的已经达到，遂主动撤出战斗。

战斗结束后，贺廖支队回到老窝村驻地。120师通电予以嘉勉，并命旅部将716团第1营归还建制，赶到雁门关地区与贺廖支队会合。21日晨，贺廖支队又把部队拉到雁门关西边的山址子上，选择从广武方向来的公路将要上垭口的地方作为伏击点，第1营、第3营分别摆在公路东西两侧，伏击日军从北向南的运兵车队。200多辆日军运兵车队走到广武镇就下了车，首先是1个营的步兵通过，人走前，车走后，并有8架飞机侦察助战，边搜索边前进。为了避免过大的伤亡，贺廖支队在给敌人以猛烈、突然的火力袭击之后，立即撤出战斗。

在忻口会战期间，716团接连在雁门关一带伏击日军车队，袭扰并切断了日军交通运输线，迟滞了日军对忻口前线的增援，使进攻忻口日军的弹药、油料供应濒于断绝，攻势顿挫，有力地配合了忻口正面防御作战的国民党守军。忻口会战前敌总指挥卫立煌在战役结束后对周恩来说："八路军把敌人几条后路都截断了，对我们忻口正面作战的军队帮了大忙。"南京国民政府特对716团传令嘉奖，称之为"雁门关大捷"。

代县

代县，隶属山西省忻州市，位于山西省东北部。代，古国之名，明朝改代州为代县，县因州名。据乾隆《代州志》载，代县西周时属并州，春秋时为晋国土地，三家分晋后属赵国。西汉始建县，称广武县，属太原郡。汉高祖十一年（前196年），汉高祖封其次子刘恒为代王，太原郡改为代国，广武县属代国管辖。东汉时，广武县改属雁门郡，隶并州。隋开皇十八年（598年），改广武县为雁门县。五代到宋金，称代州雁门县。元中统四年（1263年），废雁门县，直称代州。明洪武二年（1369年），降州为县，始有代县之名。洪武十年（1377年），复升为州，隶太原府。清雍正二年（1724年），升代州为直隶州。1912年，民国废州，称代县，直属山西省。1961年，代县属忻县地区专员公署。2001年，忻县地区撤地设市，代县属忻州市。

阳明堡大捷，是抗战时期八路军129师769团在山西省代县阳明堡袭击日军前线机场的战斗。

1937年10月初，八路军总部命令各部队积极配合忻口会战正面守军，深入敌后，展开攻势。129师769团奉命从原平东北侧击从雁门关向忻口进逼的日军。10月16日，769团来到代县县城西部的阳明堡以南，滹沱河东岸的苏龙口。经过反复侦察，查明阳明堡西南约3千米处有一个日军飞机场，敌机由滹沱河西岸起飞，不断轰炸忻口、太原。17日，团长陈锡联带着副团长和3个营长乔装成老百姓，到机场附近了解敌情。陈锡联用望远镜观察机场的时候，突然看到一个人从机场附近跑来。那人光着脚，穿得破破烂烂……看到陈锡联等人，吓得抱头蹲在地上。原来，这是被抓来修机场的老百姓，趁日军不注意逃了出来。这位老乡提供了非常重要的情报：机场里面共有飞机24架，白天起飞去轰炸，晚上全部返回，集中停放在守卫部队的东南侧；守卫部队是日军的一个联队，大部分住在阳明堡镇，住在机场北端的守卫部队大约有200人。机场四周用铁丝网围着，防御工事粗糙，仅有一些简单的掩体和几个哨楼……

陈锡联决定夜间袭击机场。团部命令3营为突击营，负责袭击机场；1营阻击崞县可能来犯之敌；2营（不包括7、8两个连）和团指挥所置于苏龙口北侧地区，策应3营行动；团迫击炮连和机枪连于滹沱河东岸待命，随时准备支援3营。19日下午，陈锡联等来到3营11连，问道："大家准备得怎么样啦？""放心吧，团长，只要摸进机场，保证把龟儿子的飞机敲个稀巴烂！"陈锡联又问："飞机全身包着铝皮，子弹穿不透，怎么办？""那我们就用手榴弹捶它！"

19日晚，3营请从机场逃出来的那位老乡做向导，涉过滹沱河，钻过日军铁丝网，逼近机场敌警卫部队和飞机群。就在营长赵崇德率11连战士隐伏到离敌机30米时，10连被敌哨兵发现，赵崇德果断命令发起攻击。两个连随即按预定方案，向日军展开猛烈的火力袭击。10连压制敌警卫部队，11连在10连的掩护下迅猛扑向敌机群。24架飞机分3排停在那儿，战士们十分兴奋，有个战士小声说："好大的家伙！这回该我们来收拾你啦！"突然，机场西北方传出日军士兵哇啦哇啦的叫声，紧接着响起一连串清脆的枪声。原来10连与敌哨兵接战了。

赵崇德大喊一声："快往飞机肚子里甩手榴弹！"一瞬间，10连和11连同时发起攻击，战士们杀声震天，奋勇冲击。机枪、手榴弹一齐向敌机和敌军倾泻，枪声、爆炸声、喊杀声混成一片，开始全面攻击，把飞机炸得铝皮乱飞，身断体残。有几架装满汽油的飞机燃起了熊熊大火，几十丈高的火焰把黑夜照得一片通红。正在机群周围巡逻的敌军哨兵和部分守卫队扑过来，和八路军展开白刃战。

战斗在激烈进行，忽然一颗子弹打中了正在指挥炸敌机的赵崇德，他艰难地支撑着走了两步，跌倒了。几个战士跑上去把他扶起，他用最后的力气喊道："不要管我，去炸，去……"话未说完，就闭上了双眼。战士们悲痛万分，高喊着"为营长报仇"冲向敌机。等到驻守在阳明堡附近的日本香月师团的装甲车赶来增援时，3营已撤出机场。

这次夜袭缓解了忻口战场中国守军的空中压力，极大地鼓舞了广大军民的抗战热情。769团因此被誉为"抗战四大名团"之一。国民政府军委会委员长蒋介石为该团颁发了嘉奖令，并以军事委员会的名义颁发了2万元奖金。

平定

平定，隶属山西省阳泉市，位于阳泉市东南部，太行山西麓。平定是山西东部门户，自古为晋冀间的交通要道，向有"全晋咽喉"、"晋东雄镇"之誉。平定因宋朝平定北汉而得名。清光绪《平定州志》记载："宋太祖征河东首下之，置平定军，属镇州。"以"平定"名之，寓有"四方既平，王国庶定"之意。

夏分九州，平定属冀州。西周初年，冀州分为幽、并二州，平定县属并州。秦始皇二十六年（前221年），平定属太原郡。汉武帝建元元年（前140年），始置上艾县，属太原郡。这是平定设县之始。东汉末年冀州分为三郡六国，平定属常山国。北魏孝昌元年（525年），上艾县改名为石艾县。唐天宝八年（749年），石艾县改名为广阳县。北宋太平兴国四年（979年），广阳县改为平定县。南宋淳熙九年（1182年），平定由县升为州，仍属太原郡。清雍正二年（1724年），平定州升为直隶州，属省辖。1948年，平定县属榆次专区。1958年，平定县成为阳泉市郊区。1961年，恢复平定县建置，属晋中专区。1983年，改为阳泉市属县。

1937年10月，刘伯承指挥八路军129师，在平定县七亘村地区，首次运用"重叠待伏"战术，取得对日作战光辉胜利，也是抗日战争初期，继平型关战斗后八路军取得的又一次较大的胜利。

1937年10月，日军因猛攻忻口不下，遂出兵攻击娘子关。18日，八路军129师师长刘伯承率师部及第386旅进抵山西省平定县地区，支援娘子关守军的防御作战。25日午后，刘伯承到平定县东部的七亘村附近察看地形，认为七亘村是伏击日军的理想之地。当天下午，侦察分队发现日军正在距七亘村10千米的测鱼镇宿营。386旅772团副团长王近山率第3营及特务连一个排连夜进入七亘村设伏。

26 日拂晓，王近山带领 3 营进入伏击地区。他将两个连一个排布置在七亘村至甲南峪间的大道南侧，把另外两个连作为预备队，控制七亘村以南高地，并派出侦察分队，前往东石门村一带侦察，及时掌握敌情。

上午 8 时左右，侦察人员报告：日军的辎重部队共有 300 多人，前后各有数十名步兵掩护，正向七亘村开来。9 时许，从测鱼镇出动的日军逐渐进入伏击圈。日军前队步兵与辎重部队距离约 300 米，后面掩护的步兵距离辎重部队更远。

日军前队步兵接近营庄时，辎重部队正好进入 12 连的伏击圈。王近山立即命令重机枪开火。重机枪一响，伏击部队随即向日军猛烈射击。刹那间，成群的手榴弹，密集的子弹，便全部倾泻在日军辎重部队的队列中。正在行进中的日军，被这突如其来的袭击打懵了，还没搞清是怎么回事，便已经死伤了一大片。这时，11 连按照计划，迅速抢占了七亘村南大道两侧及西南的定盘山，将日军步兵和辎重部队分割截断。当日军前队步兵企图掉头增援辎重部队时，遭到 11 连的阻击。而日军后队的掩护部队，又被击毙的骡马以及抛弃的军用物资挡住了道路，无法与辎重部队会合。被截在中间的辎重部队，在猛烈的火力打击下，伤亡惨重，一片混乱。随即，残存的日军开始向东石门方向逃窜，刚逃到甲南峪，就遭到了预先埋伏在那里的特务连 1 个排的猛烈袭击，又被打得乱成一团。这时王近山命令预备队的 9 连、10 连投入战斗。11 连、12 连也从山上猛冲下来，与残余的日军展开白刃战。

当天晚上，刘伯承得到情报：正太路西段的日军正向东运动，娘子关右翼的日军也正在继续向旧关迂回。刘伯承判断七亘村仍然是日军进军的必由之路，加上"用兵不复"的兵法常识，日军肯定想不到八路军还会在同一地点再次设伏。于是，刘伯承果断决定还在七亘村，再给日军一次伏击。

27 日，当日军派部队到七亘村来收尸时，刘伯承让第 772 团 3 营当着日军的面佯装撤退，实际上绕了一圈又返了回来，悄悄集结在七亘村以西，改道庙公路南侧的山地里。

28日晨，日军的辎重部队果然循原路过来了，前后有100多骑兵，300多步兵作掩护。日军毕竟吃过亏，一路加强了搜索警戒，遇有可疑处便发炮轰击。到了七亘村附近，日军更加小心翼翼，朝村里村外进行了反复的炮击。第772团第3营的指战员们隐蔽在灌木、草丛和石洞里，沉着镇定，不发一枪。11时许，日军进入了伏击地域。第772团第3营的机枪、步枪一齐响了起来，组成了严密的火网。这次日军已有准备，一遇打击便就地组织抵抗。第3营在兵力不占优势的情况下，仍英勇出击，将日军截成两段。因雨天路滑，负责增援的第2营没能按时赶到，因此第3营没能将敌全歼。战至黄昏，敌人乘夜色朦胧突围而出，一部向西逃往平定，大部向东退回测鱼镇。

七亘村在三天内重叠设伏，极富传奇性，可以说是把兵法中的"兵不厌诈"运用到极致。七亘村战斗因此成为八路军伏击战的经典战例。

昔阳

昔阳，隶属山西省晋中市，位于山西省东境中部。中国历史学会理事、山西大学教授郝树侯根据《元和郡县志》中"昔阳故城，一名夕阳城"的线索，援引《尔雅》"山西曰夕阳，山东曰朝阳"的解释，认为"昔阳"乃因在太行山以西而得名。早在旧石器时代就有人类开拓耕耘，夏朝属河西，商朝属微，周属肥子国。春秋时为东山皋落氏之国，秦时属上党，东汉建安末年为乐平郡。隋大业初年改为乐平县。1912年，定名为乐平县。1914年，改为昔阳县。1958年11月，划归阳泉市辖。1959年6月，归晋中专署管辖。1999年9月，晋中撤地设市，昔阳县属晋中市。广阳伏击战，发生在今昔阳县西部的广阳村及其以东至马道岭一带。

1937年11月初，日军第20师团第40旅团先头第79联队主力逼近昔阳城西马道岭。八路军第115师第343旅旅长陈光以第686团第2营在马道岭节节抗击迟滞、疲惫日军，掩护旅主力迅速占领有利地形，完成伏击部署；以第686团占领广阳以南瑶村、前小寒以北高地，担任主攻；以第685团第3营由狼窝沟北山出击，协同第686团歼灭进入伏击区的日军。

4日13时许，日军先头两个联队4000余人通过伏击区进至松塔。八路军预伏部队采取避强击弱的战法，放过其先头主力，当日军辎重部队进至广阳地区时，预伏部队突然开火并发起冲击，将其队形分割成两段，经4小时激战，歼日军近千人，缴获骡马700余匹、步枪300余支以及大批军需物资。

日军遭此打击后，不敢冒进，进至松塔的两个联队于6日撤回广阳，接应由昔阳以西沾尚镇西进的后续部队。7日，八路军第129师第386旅旅长陈赓指挥所部及第385旅第769团，在第115师第343旅的配合下，再次于广阳以东地区设伏。17时许，当由沾尚镇西进的日军先头部队300余人进至大寒口、中山村、户封村伏击区时，设伏部队迅即发起攻击。日军据村顽抗，八路军英勇冲杀，经1小时激战，日军250余人被歼。

广阳两次伏击作战，迫使日军改道由广阳以北的上、下龙泉西犯，迟滞日军进攻太原的行动达一周之久，从而援助和掩护了防守娘子关地区的国民党友军的安全撤退。国民党第二战区前线总指挥卫立煌曾亲自拜会八路军总司令朱德，诚恳地表示："我知道八路军确实是抗日的，是复兴民族的最精锐的部队，尤其是抗日的方法和经验都非常丰富。"

太原

太原，山西省省会，别称并州，古称晋阳，位于山西省境中部，太原盆地的北端、华北地区黄河流域中部、太行山和吕梁山间的河谷平原上。《禹贡》记载"既修太原，至于岳阳"，这是太原之名的最早记载。太原城始建于唐开元十八年（730年），初为河东城，为晋阳古城的桥头堡。唐末城废，称故军。五代时期称唐明镇。宋太平兴国七年（982年），并州治所迁至此地。明洪武八年（1375年），太原府城扩建，奠定了现今太原市城区的基础。太原三面环山，是中国北方的军事、文化重镇，自古就有"控带山河，踞天下之肩背"、"襟四塞之要冲，控五原之都邑"的美誉。

太原保卫战是太原会战的核心战役，也是太原会战的最后一场战役。1937年10月26日，娘子关失守后，太原城形势危在旦夕。11月2日，在中国军队撤出忻口的同一天，第2战区司令长官阎锡山在太原召开军事会议，确定了"利用太原四周既设阵地线，实行依城野战，以阻敌前进，消灭其兵力，待我后续兵团到达，再施行反攻夹击而聚歼之"的太原保卫方针。4日，阎锡山任命傅作义为太原城守备司令，委任卫立煌为第2战区前敌总司令，并致电卫立煌，令其指挥孙连仲部和汤恩伯部，利用太原附近既设阵地和有利地形，夹击并歼灭进攻太原的日军。傅作义作出保卫太原的战略部署：第35军和第73师一部分别防守东、西城，并以一部兵力配置在外围；新编第3团防守北城；独立第1旅配置在西城，第213旅配置在南城；新编第8、第9团为预备队。

此时，晋东守军接连败退，只有第2集团军孙连仲部等少部人员抵达太原参与防守；而晋北忻口守军撤退时，遭到日军追击，部队不整，秩序混乱。5日，榆次失陷。6日，由忻口南下和沿正太路西进的日军直逼太原城郊。为阻止日军沿同蒲路继续南侵，卫立煌除抽调独立第8旅、第71师及独立第7旅等部增援第7集团军守备太原城外，将主力悉数转移至太谷、交城之线。外围防守部队相继南撤后，太原成为一座孤城，守军仅有约19个营的兵力。7日，日军第20师团抵达太原附近地区，与第5师团会合，太原城已陷入了日军的包围之中。城外守军与日军激战竟日，大部壮烈牺牲，余部撤入城内据守。

8日，日军从东、北两个方向向太原城发起了猛攻，30余架日机在太原上空狂轰滥炸，日军地面炮兵也向太原城不断发射炮弹，一时城内烟火四起，遮天蔽日。上午9时，东北、西北城角被日军猛烈炮火轰塌，东、北两面城墙也被轰开多处缺口，日军步兵向城内猛冲。中国守军誓死抗击，一面同入城之敌展开激烈拼杀，一面以密集火力封锁城墙各口，战斗异常惨烈，敌我双方损失惨重。入夜，日军向城内中国守军发起突然袭击。日军机械化部队，装备精良，其兵力也数倍于中国守军。傅作义判断战局已无法挽回，遂下令守军各部突围，向晋南撤退。11月9日，日军占领太原，太原会战结束。

江阴

江阴，县级市，由江苏省无锡市代管，位于江苏省南部，长江三角洲太湖平原北端，因位于长江南岸得名。晋太康二年（281年）置暨阳县，为江阴建置之始。南朝梁置江阴郡。隋开皇九年（589年）废郡，隶属常州。元至正二十四年（1364年）被朱元璋攻占，称江阴州。明洪武初年改为江阴县，隶属常州府。清、民国多袭旧制。1949年4月，属苏南行署常州专区。1953年，改属苏州地区。1983年3月，改属无锡市。1987年4月，撤县设市。江阴地处长江咽喉，自古就是兵家必争之地。

抗日战争期间，淞沪会战打响之后，江阴作为江南沪宁线上的交通要道，成为中日双方交战的主战场。

淞沪会战打响之后，日军很重视江阴要塞，其战史记载："战争开始后中国海军将主力置于江阴要塞掩护之下，不仅阻碍南京方面的空中作战，且依靠巡洋舰平海、宁海威胁我军沿长江下游行动的大舰艇，因此第3舰队司令部认为无论是出自空中作战或封锁作战，均需将其歼灭。"尽管中国海军的整体素养与兵力并不甚佳，但是整个海军的主力舰队都陈兵江阴，日军对此多有忌惮。日本海军为避免更大损失，将突破封锁线的任务，交给了日军航空兵。国民政府当局也做了充分的战前准备，将40余艘6万多吨废旧商船和军舰沉于江底，阻塞江阴航道，在阻塞线前后布设大量水雷，于阻塞线之后集结海军第1舰队主力舰艇，与陆上炮台协同，组织对江对空火力；设立江防司令部，统一指挥。

1937年8月16日上午11时，日军7架军机飞抵江阴上空进行战前侦察，海军第1舰队司令陈季良下令各舰备战。日军战机在中国舰队的高射炮射程之外，向江面掷下两枚炸弹然后折返。19日上午11时，日军12架战机飞越江阴要塞向中国舰队扑来。第1舰队各舰与陆上炮台向日机猛烈射击，日军机队在我防空火力的攻击下，方寸大乱，围绕江阴上空来回乱窜，投下的几发炮弹也落于要塞山麓，没有对中国舰队造成损伤。战斗持续了15分钟，日军战机飞走。随后，日军不断对中国舰队进行袭扰，但都未造成很大损失。从9月22日起，日军每天派出数十架战机，对江阴封锁区内的中国舰队和炮台狂轰滥炸。中国军队顽强抗击，封锁区内外，炮声轰鸣，水柱冲天。这样前后持续一个多月，中国军队击落日机几十架，但第1舰队主力舰艇大部被炸沉炸伤，炮台多处被毁，官兵伤亡过半，第一舰队司令陈季良也在战斗中负伤。10月21日，中国第2舰队进驻防区，继续坚守。随后，日军继续组织强势攻击，但始终未能突破我方封锁区域。

11月12日，第二次淞沪会战结束，日军占领上海，江阴至此成为长江大门，与无锡、苏州、常熟、福山组成沪宁线上的最后防区。19日，日军突破吴福线，中国军队开始大规模向锡澄线撤退。驻守江阴城的地面部队也开始军心不稳，准备撤退。当收到蒋介石从南京发来固守江阴的急令后，官兵们再次紧急行动，重筑防御工事。当日，江阴一线聚集江防集团军四个主力师，以江阴黄山要塞为火力据点，实施坚强有力的阵地防御。20日，中国军队主力部队由苏州退入江阴无锡一带，第154师于20日夜进入江阴要塞外围既设阵。22日，日军开始猛攻江阴炮台，中国军队战力不足，遭受重创。24 日，日重藤支队突破中段澄锡防线，截断江阴、无锡之间公路，开始对无锡以及江阴要塞南部实施陆路包围，苏南战况急转直下。25 日，日先后占领无锡、湖州，澄锡线守军撤退，江阴要塞遂成孤军。同日，日军开始由澄锡公路向江阴要塞背后展开进攻，日军集结舰队从水路攻打江阴。江阴要塞因火炮固定了方位不能转动炮击敌人，只好眼睁睁地看着江防步兵陷入苦战。

12 月 1 日下午 5 时，日军突入江阴县城，并向江阴要塞展开猛烈攻击。在江阴要塞司令许康的亲自指挥下，要塞守军继续与来犯之敌展开激战，江阴要塞炮声隆隆，彻夜不息。战至最后，战士们趁夜将战地不能移走的军械破坏，含泪撤离。2 日，江阴要塞失守。3 日，日军地面部队突入封锁区，江防司令部奉命撤退，中国军队全面转入南京保卫战阶段。

江阴保卫战是抗日战争期间中日唯一一次大规模海军战役，也是抗战期间少有的海陆空三栖立体作战。中国海军以主力舰悉数全灭为代价，达到牵制日军西进上海以侧击中国守军，消耗日军兵力的预期目的。

南京

南京，江苏省省会，位于中国东部，江苏省西南部，长江下游中部。明朝由于南京的地理位置和曾经作为京都的缘故，命名为南京。西周时期，这里是周章的封地。周灵王元年（前 571 年），楚国设棠邑，为地方建置之始。周元王四年（前 472 年），越国在此建越城，为建城之始。吴黄龙元年（229 年），在此建都。此后，东晋、南朝的宋、齐、梁、陈均相继在此建都，故有"六朝古都"之称。隋初城毁。唐朝降为润州属县。五代十国时期南唐重建城墙。宋元时期，保持南唐的城市规模。明洪武元年（1368 年），定都于此，扩建为当时世界第一大城。

1949 年，南京为中央人民政府直辖市。1952 年，改为省辖市。1953年，成为江苏省省会。

1937 年 12 月—1938 年 2 月，日军攻占南京后，日本军国主义者在此突破战争伦理底线，进行了大规模的屠杀、强奸以及纵火、抢劫等战争犯罪及反人类犯罪。2014 年，中国决定将 12 月 13 日设立为南京大屠杀死难者国家公祭日，以此表明中国人民反对侵略战争、捍卫人类尊严、维护世界和平的坚定立场。

1937 年 12 月 1 日，日军大本营下达"大陆第八号令"，命令华中方面军与海军协同作战，攻占南京。蒋介石任命唐生智为南京卫戍部队司令，负责南京保卫战。因敌我力量对比悬殊，中国守军节节抵抗，伤亡很大，南京各城门先后被日军攻陷。12 日，唐生智奉蒋介石命令，下达守军撤退令。13 日，南京沦陷，日军开始了惨绝人寰的南京大屠杀。

日军进入南京城的兵力约 50000 人。日军除对南京居民随时随地进行杀戮之外，还对中国人，特别是解除了武装的军警人员进行了若干次大规模的"集体屠杀"。大规模屠杀的方法有机枪射杀、集体活埋等，手段极其残忍。

15 日，已放下武器的中国军警 3000 余人被集体解赴汉中门外用机枪密集扫射，多数当场遇难，负伤未死者亦与死者尸体一同遭受焚化。当天夜里，被押往日本海军鱼雷营的中国平民及已解除武装的中国军人 9000 余人被日军屠杀。后来，日军又在宝塔桥一带屠杀 30000 余人。

16 日，南京安全区内，在华侨招待所中躲避的中国难民 5000 余人，被日军集体押往中山码头，双手反绑，排列成行。日军用机枪射杀后，弃尸于长江。5000 多人中仅白增荣、梁廷芳 2 人中弹负伤后泅至对岸，得以免死。日军在四条巷屠杀 400 余人，在阴阳营屠杀 100多人。

17 日，中国平民 3000 余人被日军押至煤炭港下游江边集体射杀。在放生寺、慈幼院避难的 400 余名中国难民被集体射杀。

18 日夜，日军将从南京城内逃出被拘囚于幕府山的中国难民男女老幼共 57418 人，用铅丝捆扎，驱集到下关草鞋峡，用机枪密集扫射，并对倒卧血泊中尚能呻吟挣扎者以乱刀砍戮，事后将所有尸骸浇以煤油焚化，以毁尸灭迹。此次屠杀仅有伍长德 1 人被焚未死，得以逃生。在大方巷难民区内，日军射杀 4000 余人。

最令人发指的是，13 日《东京日日新闻》（即今《每日新闻》）报道两名日本军官的"杀人竞赛"。日军第 16 师团中岛部队两个少尉军官向井敏明和野田岩，彼此相约"杀人竞赛"，商定在占领南京时，先杀满 100 人者为胜。"向井敏明少尉和野田毅少尉举行杀人友谊比赛，看谁能在完全占领南京之前，首先杀死 100 名中国人。现在他们的比赛将要接近尾声。"《朝日新闻》从前线发回的报道说："截至星期日，他们的比赛成绩如下：向井敏明少尉，杀死了 78 人，目前胜负难以分清，比赛还要继续。"

1937 年 12 月，《大美晚报》接着这样报道："12 月 10 日中午，两人各执一成缺口之刀，会聚一起，野田说：'我已杀死 105 人，你杀了多少？'向井说：'我都已经杀 106 人了。'两人相视哈哈大笑，向井多赢了 1 个，但无法确定谁先杀到 100 人。两人相约将比赛目标发展到 150 人。从昨日开始，他们一齐向杀 150 人的目标努力。"

向井和野田的杀人竞赛活动，受到日军总部的鼓励和称赞。日本国内舆论界大肆宣传，各地报纸竞相登载，赞誉信件雪片似的飞到他们所在的部队，两个杀人狂被美化成"英雄"和"武士"。成千上万的日本青年受此蛊惑，来到中国战场参军，进行野蛮的杀戮。

在日军进入南京后的 1 个月中，全城发生了 2 万起强奸、轮奸事件。从几岁的幼女，到高龄的老妇，都难以幸免。他们不分昼夜并在受害妇女的家人面前施行强暴。许多妇女在被强奸之后又遭枪杀、毁尸，惨不忍睹。此外，日军还强迫进行乱伦行为。

《远东国际法庭判决书》中写道："日本兵完全像一群被放纵的野蛮人似的来污辱这个城市"，他们"单独地或者二三人为一小集团在全市游荡，实行杀人、强奸、抢劫、放火"，"江边流水尽为之赤，城内外所有河渠、沟壑无不填满尸体"。

1946年2月，中国南京军事法庭查证：日军集体大屠杀28案，杀戮19万人，零散屠杀858案，杀戮15万人。日军在南京进行了长达6个星期的大屠杀，中国军民被枪杀和活埋者达30多万人。

重庆

重庆，中央直辖市，位于中国内陆西南部、长江上游地区，四川盆地东南部。重庆是巴渝文化的发祥地，有文字记载的历史达3000多年。因嘉陵江古称"渝水"，故重庆又简称"渝"。北宋崇宁元年（1102年），改渝州为恭州。南宋淳熙十六年（1189年）正月，孝宗之子赵惇先封恭王，二月即帝位为光宗皇帝，称为"双重喜庆"，遂升恭州为重庆府，重庆由此而得名。清光绪十七年（1891年），成为中国最早对外开埠的内陆通商口岸。1929年，正式建市。1937年11月20日—1946年5月5日，为国民政府战时首都。1939年，成为中央院辖市。1940年，确定为永久陪都。1954年，改为四川省辖市。1983年，设为计划单列市。1997年，成为直辖市。

抗日战争期间，日本对战时首都重庆进行了长达5年半的战略轰炸。据不完全统计，期间日本对重庆轰炸200余次，造成中国军民死伤万人以上，近2万幢房屋被毁，市区满目疮痍。

1938年2月18日起，日本开始出动陆军航空队对重庆进行间断性轰炸。10月25日，裕仁天皇向侵华日军下达第241号大陆令，要求日军"航空进攻作战，摧毁敌意志"。12月2日，日大本营报经裕仁批准，下达第345号大陆作战令，"攻击敌战略及政略中枢，消灭敌最高统帅和最高政治机关"。在命令第6项中，日军部还特别指示："对中国各军可以使用特种弹（毒气弹），但使用时必须严守秘密，不留痕迹。"25 日下午，日陆军第 1 飞行团团长寺仓正三在汉口向第 60 战队正式下达轰炸重庆的命令："此战攻击重庆市街，震撼敌政权，挫败敌续战意志。"26 日，日军第 60 战队出动 22 架轰炸机对重庆进行轰炸。

1939 年 5 月，日本大本营决定集中力量，对重庆进行猛烈空袭。在对重庆的轰炸中，日军先后采取了"高密度轰炸"、"疲劳轰炸"和"月光轰炸"，还对军用和民用的设施进行了整体的、无差别的轰炸。5 月 3 日，日海军第 2 联队的 21 架轰炸机和 24 架陆攻机从武汉起飞，袭击重庆市中心区。次日，27 架日机再袭重庆。据亲历者赵克常说，日机轰炸时，他正躲在朝天门码头的隐蔽处，看见炸弹就像狗拉屎一样向下掉，还有飞机上的机关枪也喷着火，响个不停。地上到处都是人的肢体碎片……有血肉模糊的大腿横在路上，有乱成一堆的肠子还在蠕动，有带着凌乱长发的半边脸狰狞地看着你，有只断臂的手心里握着一个精致小包，抓包的手指还在微微抖动！

日机在轰炸时还大量投放燃烧弹，重庆市中心大火燃烧了两天；同时被炸的还有外国教会及英国、法国等各外国驻华使馆，连挂有纳粹党旗的德国大使馆也未能幸免。因国民党政府迁都到此而一度繁华的重庆市区顿成断垣残壁，作为战时首都的重庆遭受了前所未有的大浩劫。

1940 年 5 月，日本大本营发动"101 号作战"，由陆、海军同时对中国后方轰炸。参战的日陆军航空队由木下敏中将指挥，主要基地在山西运城；海军航空队由山口多闻少将指挥，主要基地在汉口。轰炸重庆的日机 2023 架次，投弹 10021 枚。"101 号作战"历时 110 天，是日军对重庆最大规模的空中作战。空袭中，日机采取了全方位、无差别、连续的地毯式的轰炸战术，对重庆市区反复轰炸，造成了极其惨重的损失。8 月 19 日的轰炸尤为惨烈，日本海军投入超过 140 架轰炸机，导致重庆 2000 多户民居被毁。

1941 年年初，日本决定实施"102 号作战"，对中国内陆作最后一次毁灭性打击。在 1 月至 8 月，日机空袭重庆 81 次，出动飞机 3495 架次，投弹 8893 枚。在 6 月 5 日的空袭中，日机从傍晚起至午夜连续对重庆实施轰炸。重庆市内的一个主要防空洞部分通风口被炸塌引致洞内通风不足，大量难民窒息，洞内市民因呼吸困难挤往洞口，造成互相践踏，数以千计的市民死亡。8月以后，日军将陆、海军航空队主力从中国抽调到太平洋，对重庆只有零星轰炸。8月29日，日陆军第3飞行团团长远藤三郎，从离任的意大利驻华大使口中获知蒋介石黄山官邸详细位置后，连夜制订灭蒋计划。30日上午，远藤亲自驾机从武昌起飞直赴重庆黄山。当时，蒋介石正在黄山官邸召开军事会议，呼啸而至的炸弹在云岫楼及其附近爆炸，当场炸死卫士2人，4人受伤。蒋介石与参会人员躲入防空洞，幸免于难。1943年8月以后，日军再无能力空袭重庆，重庆大轰炸遂告结束。

潞城

潞城，县级市，由山西省长治市代管，位于山西省东南部，太行山西麓，上党盆地东北边缘。潞城因境内潞河而得名。黄帝时期，炎帝后裔参卢受封于此，建潞国。秦置潞县，属上党郡。西汉初，在潞子故都城置潞县，属上党郡。北魏太平真君十一年（450年），改潞县为刘陵县。隋开皇十六年（596年），始称潞城县。唐天祐二年（905年），改为潞子县。五代后唐时复称潞城县。1954年，潞城县与长治县合并为潞安县。1962年，恢复潞城县。1994年，潞城撤县设市。

神头岭位于潞城县东。神头岭伏击战是八路军129师组织的一次经典作战，采取了攻点打援的战法，攻其所必救，然后伏击来援之敌。特别值得一提的是，神头岭一战最关键的伏击地点从表面上看根本不适合伏击，所以完全出敌意料，因此取得了辉煌胜利。

1938年2月下旬，129师到山西武乡、襄垣地区，袭击日军后方补给线，以策应115师在晋西的作战行动，钳制日军向潼关进攻。

3月8日，八路军第129师主力转移到山西襄垣地区以北的下良镇、西营一带，拟定了"在黎城、东阳关、涉县之线，寻求敌人弱点或诱其暴露弱点而痛击之"的作战方针，并立即开始周密的侦察和进行必要的作战准备。根据侦查情况，129师师长刘伯承决定采取攻点打援的战法，以385旅769团为左翼袭击黎城，吸引潞城日军来援，以陈赓的386旅为右翼在潞河村与微子镇之间的神头岭设伏，伏击来援的日军。选中黎城作为袭击的要点，是因为黎城是日军108师团的兵站所在地，囤积有大量的弹药、粮食、被服等物资，是日军不能有丝毫闪失的关键要点。

3月15日晚21时，部队到达神头岭。386旅旅长陈赓带旅、团干部前往神头岭查看地形，发现神头岭山梁长约几千米，宽不过100米至200米，山梁北面隔着1条山沟与申家山遥遥相望，山梁西面就是只有10来户人家的神头村，公路建在山梁上，不在山沟内。神头岭上地形开阔，除了公路边有一些国民党军队残留的破旧工事外，没有任何隐蔽物。陈赓认为，从地形上看，神头岭确实不是一个打伏击的理想地点，日军也会这样认为，所以思想上会很麻痹，如果部队提前隐蔽到破旧工事里，正可以出其不意进行伏击。

3月16日2时，386旅全部进入伏击阵地。772团作为伏击战的主力，大部埋伏在1187高地和神头村西侧，其第3营大部在李家庄以东，准备适时出击，断敌退路，3营1个连则前出至潞城东北1505高地，袭扰潞城日军，使其不敢倾巢出援，另外安排1个排在余庄，警戒主力侧后安全；771团主力埋伏在张庄、王家庄以东公路两侧，其2营则前出到申家山，作为预备队；团特务连前出至潞河村，向黎城方向警戒，并破坏赵店木桥，断敌交通；补充团埋伏在薛家庄、安南岭以西地区，从公路东侧突击。此外，还派出便衣侦察员20余人至潞城西南活动，严密监视日军。

3月16日4时，八路军769团1营袭击黎城，与日军展开激战。由于1营的攻击声势很大，黎城日军认为是遭到了八路军主力的进攻，随即向潞城、涉县日军求救。天亮后在得知潞城、涉县日军均已出动增援，1 营就主动撤出战斗。

涉县日军出动约 200 人乘汽车来援，刚过东阳关，便遭到 769 团主力的阻击，经过一番战斗后，被迫退回涉县。8 时 30 分，潞城日军增援部队的先头分队乘两辆汽车，沿公路通过 386 旅的设伏地区向黎城开去，伏击部队将该敌放过。此时，赵店木桥已被 771 团特务连焚毁，这股先头部队因此被阻于浊漳河南岸，后被 771 团特务连消灭。9 时 30 分，日军增援部队的主力完全进入设伏地区。771 团拦头，772 团 3 营断尾，772 团主力和补充团从公路两侧向日军猛烈攻击，顿时将日军截为数段。由于隐蔽点距离公路很近，手榴弹可以很轻松地投到日军头上，接着机枪、步枪一齐开火，密集的火力几乎覆盖了整个日军车队。日军措手不及，阵脚大乱，死伤惨重。日军指挥官笹尾二郎中尉当即被八路军击毙。战至 11 时 30 分，除少数日军逃回潞城，其余全部被歼。14 时，潞城日军又出动 200 人来援，遭到了 772 团 3 营的坚决阻击，大部被歼，残部逃回潞城。

神头岭伏击战，成功地破坏了敌人的交通补给线，钳制了日军向黄河沿岸的进攻，鼓舞了广大人民的抗日信心。

滕县

滕县，今县级滕州市，由山东省枣庄市代管，位于山东省南部，因境内泉水腾涌而得名。秦朝置滕县，隶属薛郡。金大定二十四年（1184 年）设滕州，"滕州"之称首次出现。《元史·地理志一》："滕州，唐为滕县，属徐州。宋仍旧。金改为滕州，属兖州。元隶益都路，领滕、邹二县。"明清时期属兖州府。民国时期属济宁道。1945 年，改滕县为麓水县，后复名滕县。1978 年，滕县划归枣庄市。1988 年，撤县设市。

1938 年初，日军为了打通津浦铁路，连接华北与华中战场，扩大侵略，采取南北对进的方针，夹击徐州。1938 年 3 月 14 日拂晓，北路日军右翼第 10 师团濑谷支队第 10 步兵联队由邹县（今邹城市）以南的两下店向滕县发起进攻。22 集团军总司令孙震任命第 41 军代军长兼第 122 师师长王铭章为前敌总指挥，率第 122 师及 124 师赶赴滕县，增援驻守藤县界河一线的第 45 军。41 军原为川军邓锡侯所部，装备极为简陋。王铭章临危受命，在前线激励将士："以川军薄弱之兵力和窳败之武器，担当保卫徐州第一线的重大任务，力量之不足是不言而喻的。但是我们身为军人，卫国保民而牺牲，原为天职，只有决心牺牲一切，才能完成任务。"

在飞机、坦克的配合下，日军开始向驻守在滕县外围的第 45 军阵地展开全线攻击。中国军队在界河一线与日军展开阻击，经两日激战，界河一线阵地仍未被突破。日军遂遣万余兵力，向滕县方向右翼迂回进攻，企图避开正面阵地，直接攻击滕县县城，迫使我界河阵地不战自弃。下午 5 时，日军先头部队已分别进至滕县东北 5 千米的冯河、龙阳店一带。此时，因中国军队主力皆在一线坚守，滕县城关仅有守军四五百人，形势十分危急。王铭章急调兵力回援，亲自率师部在西关指挥。16 日黎明，日军继续在界河一带向 45 军阵地猛攻，迂回至滕县的军队开始向东关的警戒部队进攻。上午 8 时，日军集中炮兵火力向滕县东关、城内和西关火车站射击。同时，敌飞机 10 余架对滕县狂轰滥炸。王铭章昭告全城官兵："决心死守滕城，我和大家一道，城存与存，城亡与亡。"日军炮火在东关南半部城墙炸开缺口，日军一部冲入城内，与中国军队展开激战，遭到中国军队重创。随后，日军连续三次冲锋都被击溃，遗尸累累，中国军队伤亡也十分惨重。当晚，战斗停止。

滕县正面阵地，45 军经三天浴血奋战，伤亡过半。16 日中午，正面阵地失守。45 军从滕县两侧开始陆续撤退。当晚，41 军 124 师和 122 师 727 团奉命陆续进入滕县参与固守。王铭章根据兵力变化情况，重新调整部署，构筑工事。援军汤恩伯部在途中遭遇日军攻击，又借口机动作战，只在滕县外围迂回，致使滕县完全陷入日军四面包围之中。

17 日，日军调集精锐部队，数十辆装甲战车和大量炮兵，猛烈射击滕县城区，日机 20 余架疯狂投弹扫射，整个滕县城硝烟弥漫，顿成一片火海。随后，日军向东关发起进攻，以 10 余辆坦克为先导，掩护步兵从东墙的豁口冲锋，我东关守军与日军展开近距离殊死搏斗，中国军队伤亡惨重。中国军队一个连在东南城墙阻击日军进攻，伤亡殆尽。王铭章急电孙震："敌以炮火猛轰我城内及东南角城墙，东关附近又被冲毁数段，敌兵登城，经我反击，毙敌无数，已将其击退，若友军深夜无消息，则孤城危矣。"王铭章在敌军攻占南城墙和东关后，不顾个人安危，亲临城中心十字街口指挥作战，不幸身中数弹，壮烈殉国。王铭章将军牺牲后，守城官兵仍继续与日军展开搏斗，最后除少数突围外，其余皆壮烈牺牲。18 日，滕县失守。

滕县保卫战为徐州一带中国军队的集结赢得了时间，也使日军第 10 师团遭受重创，为随后的台儿庄大捷创造了有利条件。李宗仁将军对滕县之战作了高度评价："若无滕县之固守，焉有台儿庄之大捷！"

台儿庄

台儿庄，山东省枣庄市市辖区，位于山东省南部，素有"山东南大门"之称。《明史·河渠志》称"台庄"，崇祯十二年（1639 年）立于黄林庄前之河防碑中始用今名"台儿庄"。其名称由来，一说是以姓氏命名。因始居者为邰、花两大家族，故称"邰花庄"，渐演变为"台家庄"、"台庄"。一说是以地理实体命名。《明史·河渠志》云："台家庄……诸处皆山岗高阜"。古台儿庄四周天然水道纵横交错，地势低洼。每逢汛期，诸水汇集，一片汪洋，唯有台庄可免水患。鉴此，先人筑台避水而居，以台地名村，亦属顺理成章。"台儿庄"则是"台庄"简称的儿化韵所致。

台儿庄地区夏属鄫国，商属偪阳国，西周、春秋因之。鲁襄公十年（前 563 年），晋灭偪阳予宋。秦昭王十九年（前 288 年），楚灭宋改偪阳国为傅阳县。当时，区境西部属傅阳县，东部属兰陵县。西汉时西部属楚国傅阳县，东属兰祺县。东汉时东部属东海郡承县，西属彭城国傅阳县。南北朝时属兰陵郡承县。隋朝时属彭城郡兰陵县。唐朝时属河南道沂州承县。北宋时属京东东路沂州承县。元时，为山东西路峄州兰陵县辖，东南少部分属邳州武原县。明时，先属山东省济宁府，后为兖州府辖。明洪武二年（1369 年），降峄州为峄县。1949 年，为山东省兰陵县辖。1953 年，属山东省峄县。1960 年，属枣庄市。1961 年，始设台儿庄区。

　　1938 年春的台儿庄大捷，使台儿庄成为中国抗战史上的名城，被誉为"中华民族扬威不屈之地"。

　　1938 年 3 月 18 日，日军在占领滕县后，经枣庄继续向南推进。23 日，担任台儿庄守备的第 2 集团军第 31 师，派出骑兵连北上诱敌，在台儿庄北侧的康庄与日军发生遭遇战，台儿庄会战就此拉开帷幕。翌日，日军加强进攻火力，以重炮向我防御阵地猛攻。傍晚时分，日军突入台儿庄城墙东北角，被中国军队发现，31 师师长池峰城亲率将士，严把死守，将日军击退。28 日，濑谷旅团主力一部突入西北角，企图占领西门，切断我 31 师与城内的联系，池峰城组织敢死队，同日军展开肉搏拉锯战，重创日军。池峰城曾记述敢死队的悲壮：在黄昏的暮色里，我目送着这 57 位铁汉，用他们的血肉去争取台儿庄最初的胜利。

　　29 日，第 5 战区司令长官李宗仁严令第 2 集团军死守台儿庄阵地，并令庞炳勋部迅速南下，协助第 2 集团军解决台儿庄之敌。31 日，日坂本旅团主力突入台儿庄，并占领大片区域。中国军队组织大刀队，面对装备精良的日寇，毫不畏惧，与敌展开白刃战，敌我双方损失都很惨重。第 27 师师长黄松樵亲自率领 20 组敢死队员，带上鞭炮、空煤油桶，伪装成机枪使用，并携带燃烧物品，到处放火逐敌。中国军队还乔装成日军，混入敌人阵地，趁其不备，发动突袭。4 月 2 日，中国军队攻下滕县北部两下店、界河，切断日军后援。次日，又相继收复费县、向城，将进入台儿庄的日寇完全包围。6日，李宗仁亲临前线阵地，赶赴台儿庄附近指挥中国军队作战。中国军队向日军发起了全线攻击，中国空军以27架飞机对台儿庄东北、西北日军阵地进行轰炸。随后，中国军队突入台儿庄城内，与日军展开巷战。顿时城内杀声震天，血流成河，在中国军队顽强的攻击下，日军一败涂地，溃不成军。濑谷旅团为保存实力首先撤出战斗，向峄县方向逃窜。中国军队乘胜追击，日军遗尸遍野，抱头鼠窜。至7日夜晚，日军大部被歼，其余残部向北撤退。中国军队收复台儿庄。

台儿庄战役是中国抗战以来在正面战场取得的首次重大胜利，增强了全国军民抗战必胜的信心，鼓舞了抗日军队的士气。周恩来这样评价台儿庄大捷："这次战役，虽然在一个地方，但它的意义却在影响战斗全局、影响全国、影响敌人、影响世界！"

涉县

涉县，隶属河北省邯郸市，位于邯郸市西南部、晋冀豫三省交界处，属太行深山区。涉县因涉水而名，《水经注疏》载："元和志涉县本汉旧县，因涉河为名。"夏、商、西周，属冀州。春秋，属晋。战国，先属魏，后属赵。秦，属邯郸郡。汉高祖元年（前206年），始置县。东汉改为涉侯国。北魏天赐元年（404年），并入临水县，属司州魏尹，后一度并入刘陵县。隋开皇七年（587年），复置涉县。北宋崇宁三年（1104年），升潞州为隆德府，涉县仍属。金贞祐三年（1215年），升为崇州。元至元三年（1266年），复置涉县。明洪武元年（1368年），属真定府，次年改属河南彰德府磁州。1927年，直属河南省。1949年，涉县划归河北省邯郸专署。1993年，涉县属邯郸市。

1938年3月下旬，八路军129师查明日军在邯（郸）长（治）公路上运输频繁。为破坏日军的交通运输线，打击向晋东南进攻之敌，129 师决定以 3 个主力团，在位于涉县西部的响堂铺一带设伏歼灭日军的运输车队。

响堂铺古称"壶关"、"吾儿峪"，坐落在一个长长的山沟里，位于涉县西南部，是山西省与河北省的交界之地。沟南山崖陡峭，无法攀越，是天造地设的天然屏障；沟北山岭坡缓多谷口，便于埋伏，更利于出击，沟底深深的旱河底就是必经的邯长大路。

伏击战由副师长徐向前指挥。771 团为左翼，769 团为右翼，埋伏在北边的后宽嶂村到杨家山一线，并各派出小部队到大道以南山脚下设伏以防日军横窜和扼要死守；772 团集结于马家洼一带，分出一部分兵力阻截东阳关黎城方向的来援日军；769 团分出来的 4 个连布置到了椿树岭与河南店之间，扼要死守涉县来援之敌。

徐向前要求："行动一定要绝对秘密，前卫队要大胆沉着，一定要把敌人全部放进口袋里，才能动手。后卫队要决顽强，把口子堵住！何时封口、开口、冲锋，要服从指挥！"

3 月 30 日晚，八路军由黎城的庙上村、马家峪一带出发，半夜 12 时左右，按预定方案全部进入伏击地区。9 时许，日军第 14 师团山田辎重部队所属的两个汽车中队，共 180 辆汽车全部进入伏击圈。769 团团长陈锡联很隐蔽地盯着汽车一辆辆开过，心里数着数：早就定好了，前 100 辆归 769 团打，后 80 辆是 771 团的任务。随着徐向前一声令下，八路军的机枪、步枪、手榴弹、掷弹筒、迫击炮向日军打了过去，霎时，山谷雷动，硝烟弥漫，在猛烈的炮火中，日军成片地倒下，还有的汽车油箱被打着了，车上的军火被烧爆了，汽车轮子飞上了天……

紧接着，769 团、771 团的战士们发起冲锋，与日军展开白刃格斗。769 团设在大道以南山脚下的那个排，悄悄地移动到四槐树附近埋伏，那里是伏击中心地段。冲锋号刚响，这个排如神兵天降一样，冲向日军，把车队一分为二打成了两截。他们中心开花，如同蛟龙闹海，从中间向两头冲锋。

日军两头和中间三线挨打，残军惊慌失措，向南山脚下溃退，企图突围。埋伏在那里的 771 团战士严阵以待，机枪、手榴弹一阵猛击，日军丢下几十具尸体，被重新压回大道上……

驻黎城和东阳关的日军，很快集结了步兵 300 余人，骑兵 100 余人，迫击炮 4 门，向马家洼进攻，企图援救响堂铺被围日军。负责打援的 772 团一鼓作气，将日军击退至东阳关下。这时，黎城日军又派来 200 余人的增援部队，与溃退到东阳关下的残兵汇成一股，再次向 772 团的阵地扑来。战斗进行得很激烈，也很残酷。阵地进行了数次的争夺，772 团有 1 个班打得只剩下了 1 个人，但阵地没有丢失……终于 772 团将日军全部击溃。

驻涉县的日军也组织了 400 人的增援部队，并出动汽车 6 辆，倾巢而来，不曾想在椿树岭遇上了 129 师的 769 团，也和东阳关、黎城的日军一样，被打得丢盔卸甲，丢下 1 辆汽车后仓皇而逃。下午 4 时，日军出动 10 多架飞机大肆轰炸响堂铺，但中国军队早已撤退，日军只得无功而返。

响堂铺一战，达到了切断日军进攻晋东南地区补给线的战役目的。

武 乡

武乡，隶属山西省长治市，位于太行山西麓，山西省东南部。因境内有武山和武乡水而得名。西周时期，称皋狼之地。春秋时期，属晋。战国时期，先属韩，后属赵。秦朝，属上党郡。西汉置涅县，属并州上党郡。西晋时，涅县三分，即武乡县、镣阳县和涅县，始有武乡县之名。后赵时置武乡郡。北魏延和二年（433 年），改武乡郡为乡郡，武乡县改为乡县。隋开皇三年（583 年），废乡郡，乡县属上党郡。隋义宁元年（617 年），乡县分置榆社县，至此，武乡境域形成现在的规模。唐初乡县属河东道韩州。唐贞观十七年（643 年），废韩州，乡县归属潞州。后又恢复武乡县名至今。1949 年，武乡县属长治行政督察专员公署管辖。1958 年，长治行政区改为晋东南专区，专署仍驻长治。1985 年，撤销晋东南专区，分设长治市和晋城市，武乡县属长治市管辖。

1938 年 4 月 4 日，侵华日军华北方面军第 1 军司令香月清司抽调了所属各师团步兵 8 个联队，骑、炮、工、辎重兵各 1—2 个联队，共计 3 万余人，对晋东南根据地发动了九路围攻，企图围歼八路军总部及 129 师主力。

面对日军的"九路围攻"，八路军各部队在地方武装和人民群众的支援下，以灵活机动的游击战积极抗击，削弱和钳制各路日军。经过根据地军民的英勇战斗，九路日军中，只有三路深入根据地内，其余各路均被阻滞。

4 月 14 日，由长治出发的日军兵分两路：右翼 108 师团、第 104 旅团、第 105 联队经蟠龙、墨碶进占辽县（今左权县），左翼由第 25 旅团第 117 联队经段村攻占武乡，并于 15 日进占榆社。129 师探明日军的情况后，立即商定了和友军协同围困武乡日军、打击增援的作战方案，并急电八路军总部。当晚，总部回电表示同意。129 师师长刘伯承决定，集中兵力吃掉日军左翼第 117 联队。因为日军第 117 联队兵力较弱，且西面有八路军 115 师第 344 旅在沁县小东岭策应，右翼日军回援也较易阻击。当夜，刘伯承率部经东方山渡过浊漳河，到达段村以北的西黄岩、马牧地区，转到了第 117 联队的左翼侧，形成了歼灭这股日军的极为有利的态势。15 日晚 10 时许，129 师接到报告：日军因武乡粮草缺乏，放火烧了武乡，弃城而走，沿着浊漳河往襄垣方向去了，其后卫部队尚在马庄停留。

"伤其十指，不如断其一指"。刘伯承决定抓住战机，命令 386 旅旅长陈赓：第 689 团和第 772 团为左纵队，沿浊漳河北岸追击敌人；第 771 团为右纵队，沿南岸与左纵队平行追击；第 769 团为后续部队，沿武乡至襄垣大道跟着敌人前进。各部队以急袭之势，两面夹击，将日军第 117 联队消灭在浊漳河谷。

陈赓率第 772 团、第 771 团向东猛追。在他们的左前侧,是日军柏崎联队约 3747 人。16 日清晨 7 时,386 旅追到武乡县东的长乐村附近。此时,日军正行进在狭窄的河谷里,一面是浊漳河,一面是山崖,第 771、第 772 团左右两路部队形成了极好的夹击之势。

陈赓放过柏崎联队主力,待柏崎联队的笠原大队以及辎重部队约 1500 人进入伏击区域后,预先埋伏在浊漳河两岸高地的八路军就像一把大钳子,向敌人夹拢来。刹那间,子弹、炮弹、手榴弹如急风骤雨,倾泻到日军队伍之中,日军人仰马翻,队伍大乱。第 772 团第 3 营营长雷绍康带领所部以及团部特务连冲入日军阵营,把河谷里的日军截成了 3 段,与日军展开白刃战。

回援的柏崎联队主力为解救被围困的部队,在联队长柏崎延二郎的指挥下,以渡边大队、青水大队两个大队的主力,向第 772 团左翼发动进攻。坚守战场西侧戴家垴高地的第 772 团 1 个连,与 10 倍于己的日军激战 4 小时,结果全连阵亡,阵地失守。中午 12 时,第 689 团赶来增援,在团长韩先楚的督率下与日军展开拉锯战,反复争夺 8 次,将戴家垴高地重新夺回。八路军集中力量向被分割的日军反复冲杀,被围日军组织力量进行反扑,但终被歼灭。14 时,日军第 105 联队 1000 余人由辽县赶来增援,在猛烈炮火的掩护下,一路向马村东南第 689 团阵地攻击,另一路会合长乐村向第 772 团阵地攻击。17 时,日军又从辽县增援 1000 余人。129 师遂决定以第 769、第 689 团各一部掩护,主力在黄昏时撤出战斗。

长乐村战斗,标志着 129 师作战方式由游击战向运动战的转变。

延安

延安,陕西省所辖地级市,位于陕西省北部,陕北高原中部,黄河中游地段，延河和南川河的交汇处。延安背靠凤凰山，东面有清凉山，东北有宝塔山，三山环峙，延河川绕城而过，是一座依山傍水、地势险要的山城，历来是兵家必争之地，有"塞上咽喉"、"军事重镇"之称，被誉为"三秦锁钥，五路襟喉"。

相传人类始祖黄帝曾居住在这一带，因此延安被视为我国先祖的发祥地之一。春秋时，这里为白翟部族居住。秦始皇二十六年（前221年），设高奴县。隋大业三年（607年），设肤施县。同年，以延水取名置延安郡，延安之名始于此。此后延安曾为历代州、府、郡、县的治所。1936年12月，延安解放。1937年，设立延安市（县级市）。1950年，撤销陕北行政公署，成立延安专区，辖延安市。1968年改为延安地区。1982年被国务院列为全国首批24个历史文化名城之一。1996年，撤销延安地区和县级延安市，设立地级延安市，以原县级延安市行政区域设立延安市宝塔区。1935年10月—1948年3月，延安是中国共产党中央机关驻地。

《论持久战》是毛泽东1938年5月在延安写下的关于中国抗日战争方针的重要军事政治著作。

抗日战争全面爆发前，国民党统治集团内部传出"中国武器不如人，战必败"的说法。抗战开始后，日军大举进攻，北平、天津相继失陷，华北危急，国民党中"再战必亡"的"亡国论"悲观失望情绪再次抬头。1938年，李宗仁率部在台儿庄大战中毙敌10000多人。捷报传来，国民党中一部分人被胜利冲昏了头脑，一反过去的悲观情绪，唱起"速胜论"的高调来。在共产党内，也有人受机会主义的影响，认为顶多四年就能打败日本侵略者。

与"亡国论"和"速胜论"相比，在全国抗战的阵营中，有很多人也认识到中国的抗战将会持久地进行，不会很快取得胜利，并且相信中国能够取得最后的胜利。但是，人们对持久抗战的理解却大相径庭。以毛泽东为代表的中国共产党人深感有必要对抗战十个月的经验"做个总结性的解释"，特别是"有着重地研究持久战的必要"。

1936 年 7 月，毛泽东在同美国记者埃德加·斯诺谈话时就提出了坚持持久抗战的各项方针。抗战初期，当中国军队连连失利时，毛泽东始终坚持认为"最后胜负要在持久战中去解决"。1937 年 7 月 15 日，朱德在《解放》周刊发表题为《实行对日抗战》的文章，指出对日作战将是一个持久而艰苦的抗战。1937 年 10 月，刘少奇发表了《抗日游击战争中的若干基本问题》，明确提出要坚持长期的游击战争。周恩来在 1938 年 1 月 7 日发表的《怎样进行持久抗战》一文中，较为系统地回答了怎样进行持久抗战的问题。

1938 年 5 月，在进行了大量的理论研究和对抗战开始后十个月经验的总结后，毛泽东集中全党智慧，经过深入研究和思考，完成了《论持久战》这一部历史性著作。

为了写好《论持久战》，毛泽东十多天茶不思饭不想，夜以继日地工作。据警卫员翟作军回忆，有一天半夜时分，他把热气腾腾的饭菜端给毛泽东，提醒毛泽东趁热吃下。但到了天快亮的时候，翟作军见毛泽东还在奋笔疾书，饭却一动没动。还有一次，翟作军怕毛泽东晚上冷，弄了盆炭火搁在他脚边。不知道过了多久，突然听到毛泽东喊："警卫员，你来一下。"他进去一看，只见毛泽东正微弯着身子在脱棉鞋，一双棉鞋被烧破了好几处，都没法穿了。"怎么搞的？我一点也没有觉得就烧着了。"毛泽东看着那双被烧坏了的棉鞋，一边说，一边哈哈大笑起来。

毛泽东写完《论持久战》之后，一开始并未考虑出版或者发表的问题。他写作的目的，是在中共高层搞清楚问题，统一认识，因此，他决定先在延安抗日战争研究会讲一讲。

1938 年 5 月 26 日—6 月 3 日，毛泽东在延安抗日战争研究会用了近十天的时间，讲演了自己写好的《论持久战》的基本内容。毛泽东在《论持久战》中正确地回答了人们最关心的问题，对抗日战争的发展规律有了一个清楚的描述，客观分析了中日双方相互矛盾着的四个基本特点，即敌强我弱、敌小我大、敌退步我进步、敌寡助我多助，作出了中国不会灭亡，也不能速胜，只要经过艰苦、持久的抗战，最后的胜利一定是属于中国的正确结论。

陈云感到毛泽东讲得非常深刻，非常有说服力，持久战的理论对全党、对全国抗战，都有重要指导意义，建议毛泽东在更大一点的范围内给干部们讲一讲。于是毛泽东便决定把讲稿整理出来，在党内印发。

1938 年 7 月 1 日，《论持久战》在延安《解放》第 43、44 期（合刊）正式刊出。当月，延安解放社出版了单行本，封面上有毛泽东亲笔题写的书名和署名；扉页上有毛泽东的题词："坚持抗战，坚持统一战线，坚持持久战，最后胜利必然是中国的。"此后，各根据地印发了多种单行本。

1938 年 7 月 25 日，汉口新华日报馆出版了单行本，重庆、桂林、西安等地的新华日报馆，也相继出版了铅印订正本。《论持久战》在国民党内也引起了积极反响。

在蒋介石的支持下，白崇禧把《论持久战》的精神概括为"积小胜为大胜，以空间换时间"。同时在征得周恩来的同意后，以国民党军委会的名义通令全国，把《论持久战》作为全国抗战的指导思想。

中国战区参谋长、美国四星上将约瑟夫·史迪威认定这是一部"绝妙的教科书"，建议为加快胜利的到来，美国政府应"加快对华援助"，并向中共提供有限数量的武器装备。

《论持久战》是一部具有超前认识的创造性著作，它不仅在国内成为指导抗日战争的科学的军事理论，而且在世界军事史上也有极高的学术价值。

巢 县

巢县，今县级巢湖市，由安徽省合肥市代管，位于安徽省中部、江淮丘陵南部。秦置历阳县。北齐天保六年（555 年），改历阳为和洲。

唐武德七年（624 年），改襄安为巢县。巢县因古巢国而得名。北宋熙宁三年（1070 年），析巢县、庐江地置无为县。后至清末，各县之称谓、境域、隶属关系虽常更迭，但其建置基本未变。1912 年，巢县直属安徽省。1949 年设巢湖专区，属皖北行署区。1952 年，巢湖专区属安徽省。1970 年，巢湖专区改称巢湖地区，地区公署驻巢县。1982 年，设立地级巢湖市。2011 年，撤销地级巢湖市，原巢湖市居巢区设立县级巢湖市。

1938 年 5 月初，为挽救民族危亡，打击日寇，集结在皖西的新四军第 4 支队奉命前往无为、巢县等地，进行抗日游击战争。第 4 支队司令员高敬亭决定，派第 9 团进入巢县的银屏山区，寻机打击日寇。银屏山方圆百里，山岭险峻，有险可守，是伏击作战的好地方。

到达庐江县境内时，9 团在盛家桥召开紧急会议。会上，团长顾士多强调当前首要任务是熟悉地形、摸清敌情，并决定由团政委高志荣带领团侦察队和 2 营全体指战员到敌占区巢县附近银屏山地区寻找战机；顾士多团长率团部和 1 营各连在盛家桥、槐林嘴驻地展开抗日宣传，发动群众。第 9 团到达银屏山后，政委高志荣派出两支侦察小分队分头侦察敌情，一路到散兵湾巢湖沿岸侦察，一路到巢城附近。到巢城方向侦察的同志回来报告说，他们从当地百姓那儿获悉，自巢县沦陷后，日寇经常下乡"扫荡"，蒋家河口一带是他们经常出没的地方。该河口位于巢县东南 5 千米，河口杂草丛生，芦苇茂密。高志荣决定在此设伏。

为进一步了解敌情，高志荣特意让侦察员到蒋家河口暗中侦察。通过反复侦察，掌握了敌人的活动规律：每天上午八九点钟，日军常有 10 人至 30 人乘木船或汽艇，由巢城方向驶至蒋家河口，在附近村庄抢掠百姓的家禽和财物后当即返回巢城。由于日军从未受到过伏击，因此戒备极其松懈。掌握情况后，第 9 团拟定了详细的歼敌计划。5 月 11 日傍晚，部队像一把利剑直插蒋家河口。12 日拂晓，营长黄仁庭率领团侦察队和 4 连，神不知鬼不觉地占据了蒋家河口有利地形，形成伏击态势。上午 8 时左右，巢县方向的河面隐约传来汽艇的嘟嘟声，大家顿时警觉起来。这时天气晴朗，河面上没有来往的船只，岸上也不见行人。汽艇渐渐驶近，战士们已能清楚地看到鬼子们头上的钢盔和步枪上闪亮的刺刀。

汽艇靠岸了，20余名日军耀武扬威地下了船，向岸边走来，丝毫没有戒备之心。参谋郭思进果断扣动扳机，只听"砰"的一声，一个鬼子应声倒地。

郭思进的枪声，就是新四军进攻的信号。埋伏在前沿的机枪喷着火舌，一串串愤怒的子弹向日军头上飞去，一排排飞舞的手榴弹向日军身上投去，鬼子被这突如其来的袭击打懵了，顿时乱作一团。日军企图后退抢占汽艇。此时，机枪手用猛烈的火力封锁了河口，断掉了日军的退路。侦察队乘机从堤埂后一跃而出，用手榴弹炸翻了敌人的船只。日军被困水中，只能被动挨打。枪炮声、厮杀声汇成一片。日军有的跌落水中沉没，有的匍匐舱底。有一个日本兵躲到船尾，隐蔽在船舵后面，探头向两岸观察，想找个机会跳入水中逃命。新四军战士发现这一漏网之鱼，一个大个子战士迅速游向逃跑的敌人。经过一番挣扎，狡猾的鬼子挣脱后迅疾潜水逃跑。可是这个战士沉着冷静，顺着潜逃的方向看到了敌人探头露出水面，迅即过去掐住了他的脖子死死按在水中，不一会儿工夫那个鬼子咽气了。战斗干净利落，仅20分钟就歼敌25名，缴枪15支。新四军无一伤亡。5月15日，《新华日报》刊载了蒋家河口战斗的报道。16日，蒋介石致电新四军军长叶挺："四支队蒋家河口出奇挫敌，殊堪嘉慰。"

蒋家河口战斗揭开了新四军在华中敌后游击战争的序幕。

镇江

镇江，江苏省所辖地级市，位于东部沿海、江苏省西南部，长江下游南岸。宋朝改唐时所置镇，海军节度使为镇江军节度使，始有镇江之

上篇

名，后因之改润州为镇江府，为镇江行政建制得名始。镇江是吴文化发源地。商代是土著居民荆蛮族聚集之地，西周为宜侯封地。春秋名朱方，属吴地。战国曰谷阳，前期属越，后期属楚。秦始皇三十七年（前210年），置丹徒县，为建县之始，属会稽郡。东汉兴平二年（195年），东吴建京城，即后人所称铁瓮城，为今镇江市区的起源。东吴嘉禾三年（234年），东吴改丹徒县为武进县。西晋太康三年（282年），复改武进县为丹徒县。隋开皇九年（589年），将丹徒县并入延陵县。隋开皇十五年（595年），置润州，延陵县属润州。唐武德三年（620年），延陵县分为丹徒、延陵2县。宋政和三年（1113年），改润州为镇江府。清康熙六年（1667年），分江南省为江苏、安徽两省，镇江府属江苏省。1912年，废府存县，丹徒县直属江苏省。1928年至1949年2月镇江为江苏省省会。1958年，丹徒县并入镇江市。1983年，镇江市改为省辖市。

1938年，日军在正面战场步步紧逼，上海、南京、徐州等中心城市相继沦陷，江南地区闻"日"色变。为了打开苏南敌后的抗日局面，新四军军长叶挺根据中央指示，组建了400余人的新四军先遣支队，任命30岁的粟裕担任司令兼政委。

如何才能取得失去抗战信心的群众的信任？粟裕说："我们挺进江南，第一仗十分重要，一定要打个胜仗。"

6月11日，国民党第三战区司令部命令新四军"派兵一部，挺进于南京、镇江间破坏铁路，以阻击京沪之敌"。12日，粟裕率部连续三个雨夜急行军100千米，15日拂晓前进抵句容至下蜀公路以东的徐家边，隐蔽起来。当日下午4时出发，晚10时到达下蜀，按预定计划开始破坏铁路。粟裕一边指挥，一边和大家一起奋力干，四个半小时破坏铁路40米，日军的京沪铁路交通被迫中断。此时已近凌晨3点钟，粟裕命令警戒部队向火车站日守军发起攻击，进行袭扰。16日黎明前，部队全部安全撤至下蜀以南20千米的东谢村隐蔽休整。顺利完成破路任务后，粟裕决定立即奔赴镇江西部的韦岗，按预想的方案打一场伏击战。

粟裕亲自带领从各连挑选的精干人员百余名，组成6个步枪班、1个机枪班、1个短枪班，去执行伏击任务。17日凌晨，粟裕率部冒雨向韦岗以南的赣船山地区急进，拂晓以前全部进入伏击阵地。粟裕派出少数部队担任句容方向的警戒，大部分人员就地埋伏，静待日军到来。

上午8时左右，由镇江方向开来的日军第1辆汽车逼近伏击区域。粟裕举起左轮手枪，命令"开火"。先遣支队机枪班迎头射击，击中汽车，车上敌人弃车逃命。也许是有雾，也许是公路弯道，后面的敌人没有发现前面的情况，没有听到枪声。第2辆汽车随后进入伏击区，又遭到新四军机枪、手榴弹一阵猛击，翻入公路北侧水沟中。车上的日军少佐土井当场被击毙，大尉梅泽武四郎潜伏在车底下。接踵而来的3辆军车也停了下来，几十个日本士兵端枪跳下来，一时间，枪声、手榴弹爆炸声、军号声和杀声，震荡山谷。

残余日军有的跳入公路两侧的沟堑，有的窜入路边的草丛，或利用地形、地物，或依托被击毁的汽车，负隅顽抗。20多个日军越过公路，亡命般地朝公路边的一个小山头爬去，企图占领制高点。粟裕早在山头部署了埋伏。日军冲到离山头还有30米远时，新四军一阵扫射，日军丢下10来具尸体，溃退回公路上。新四军战士从四面冲向敌人，一场白刃格斗开始了。刺刀对刺刀，枪托撞击枪托，这是力与力的拼搏，意志与意志的较量。敌人死的死，伤的伤……有的战士抓起烂泥巴往敌人脸上扔，日本兵的眼睛被击中，旁边的战友冲上去，"扑哧"一刀要了他的命。粟裕正指挥大家猛扑残敌时，公路一侧的沟里，正在装死的梅泽武四郎见粟裕正在身旁，突然跳起，举着寒光闪闪的军刀，狠命向粟裕劈来。粟裕一个退步转身，扬手就是两枪，将梅泽撂倒在地。日军在中国军队的冲杀下伤亡殆尽。

粟裕率部刚撤离战场，敌军大批援兵在3架飞机的配合下，匆匆赶到韦岗，但所见的尽是日军官兵的残骸和焚毁的车辆。

韦岗之战，是新四军进入苏南敌后抗战的第一战。先遣支队全体会合欢庆胜利时，粟裕即兴作五言诗一首："新编第四军，先遣出江南。韦岗斩土井，处女奏凯还。"

丹阳

丹阳，县级市，由江苏省镇江市代管，位于江苏省南部，属太湖流域。民国《丹阳县续志》载："唐天宝元年，改名丹阳县时，有杨树生丹，故名。字从木非从阜。……唐代从木之丹杨，即今从阜之丹阳也。"因当时境内生长着众多的"赤杨树"，"赤"与"丹"同义，"杨"与"阳"谐音，故名"丹阳"，后取"丹凤朝阳"之意，定名丹阳。丹阳建置始于战国时期，初为云阳邑。秦始皇二十六年（前 221 年），改云阳邑置云阳县。不久又更名为曲阿县。西汉居摄三年（8 年），王莽篡汉，改曲阿县为凤美县。东汉初复名曲阿县。唐天宝元年（742 年），改润州为丹阳郡，曲阿县为丹阳县，丹阳县属丹阳郡。后经历朝，丹阳均属镇江。1912 年，丹阳县直属江苏省。1949 年，属镇江专区。1987 年，丹阳撤县设市。

1938 年 6 月下旬，新四军一支队决定攻打新丰车站。新丰车站位于丹阳以北 10 千米处，地处大运河与京沪铁路的交叉点，是重要的交通枢纽，日军第 15 师团松野联队广江中队 40 余人在这里驻守。

新四军 2 团 1 营营长段焕竞命 1 连彭寿生率侦察小组，化装成商人和农民，在地方抗日武装的配合下，潜入新丰车站，查明了日军兵力部署，决定采用夜袭，速战速决。具体部署为：2 连担任主攻，选派 1 个班为突击队，连长张强生为突击队长，突袭敌营，用手榴弹、刺刀歼灭日军，段焕竞则随 2 连前进并指挥该连攻击敌据点。1 连由李忠民指挥，在车站西北 500 米地域占领有利地形，负责镇江方向警戒，打击可能增援的日军，并掩护自卫团破坏铁路、电杆等。3 连为预备队，由团政治部萧国生主任率领跟进，在车站西南 600 米地域占领阵地，随时增援 2 连攻击，并准备阻击丹阳方向可能的增援之敌。丹阳抗日自卫总团所属 8 个自卫团，各抽 1 个排，负责破坏铁路、电线杆、电话线，另组织 1 个担架队抢救伤员。

6 月 30 日下午，段焕竞率 1 营自访仙桥出发，进入新丰车站东南 18 里的东岗隐蔽。7 月 1 日晚 10 许，部队进入新丰车站旁的孔家垄。夜色中，2 连连长张强生率领的突击队，被向导带错了路，过了铁路一直往前走，摸到日军兵房后边去了，与营指挥所失去了联系，通讯员找了好久都没有找到。幸亏张强生发觉方向不对头，又杀了个回马枪，他带着 1 个班扑进敌营房，鬼子依然酣睡如死，战士们敏捷地把挂在墙上的三八式步枪一支支地摘下，扛了出来。

突然，刺耳的电铃声划破夜空。原来一个小战士不小心碰到了门上的警铃，惊动了鬼子。楼下的鬼子从梦中醒来，摸不着衣服，抓不着枪，急得叽里呱啦乱叫。楼上的鬼子端着枪对着窗外就是一阵乱放。一时间，枪声大作。1 连彭寿生率领战士同时向兵房投进几束手榴弹，"轰！轰！"几声爆炸，楼下剩余的鬼子开始往楼上退缩，并用密集的火力封锁大门，意图做垂死挣扎。日军的火力之强超乎原先的预料，原来当晚有 30 多名日军从南京去上海，临时停留在这里候车，这样，车站日军的兵力几乎增加了一倍。一时双方形成对峙状态。

营长段焕竞当机立断，决定采用火攻。他命令主攻连组织火力压制住日军各窗口火力点，掩护火攻班接近营房。车站里正好存放着不少煤油，附近又有成垛的麦草。火攻班在已冲进房内战士的接应下将麦草堆放到楼下的门窗旁、楼梯口，浇上煤油，顿时风助火势，火借风威，火上浇油，越烧越旺。楼上的鬼子被烟熏得无法忍受，纷纷从窗口跳出逃命，一个个成了新四军射击的活靶子。有几个从倒塌的楼梯上窜出火海的日军，经过一番肉搏，也成了战士们的刀下之鬼。

经过两小时的激战，新丰车站敌据点在烈火中化为灰烬。战斗结束后，1 营又和丹阳抗日自卫总团的游击队员一起，对铁道进行破坏。

此战新四军破坏铁路数千米，砍断电线杆几十根，致使京沪线火车全线瘫痪 1 天，公路交通也中断月余，以较小的代价换得了较大的胜利。

吕 梁

吕梁，山西省所辖地级市，位于山西省中部西侧，因吕梁山脉由北向南纵贯全境而得名。据万历《汾州府志》记载："吕梁山，一名骨脊山……以太山在左，华山在右，常山为靠，嵩山为抱，衡山为朝，此山穹窿居中，为天地之骨脊。"骨脊的古意与吕梁相通，故以吕梁山引申命名。春秋属晋，战国属赵，秦时属太原郡，西汉时属西河郡，后废。北魏太和八年（484 年），复置西河郡。唐武德元年（618 年），改西河郡为浩州，后改浩州为汾州。宋属河东路，元属冀宁路，明万历二十三年（1595 年），升汾州为汾州府。1913 年，废州府属冀宁道，1937 年，属第四行政区，1949 年，属陕甘宁边区晋西北行署，1971 年，成立吕梁地区。2004 年，吕梁撤地设市。

1938 年 9 月上旬，日军华北方面军为策应华中方面军进攻武汉，以第 108 师团一部沿汾离公路西犯，先后占领离石以及黄河左岸一线，企图进犯黄河河防。为挫败日军企图，115 师根据八路军总部的指示，令 343 旅 686 团在汾离公路上伏击日军及其运输队，切断其补给线。

686 团团长杨勇带各营干部到汾离公路观察地形，发现薛公岭是最佳阻击点，薛公岭位于汾阳与离石交界处，日军在此设有掩护过往车辆的碉堡。这个碉堡，提前拔掉会打草惊蛇，战斗打响后再拔，伤亡太大。杨勇作出了打碉堡和打阻击同步进行的决定。他把打碉堡的任务交给迫击炮连连长吴嘉德。

9 月 14 日拂晓，杨勇率领第 686 团进抵汾离公路中段吴城镇东南薛公岭地区。8 时许，汾阳日军 20 余辆满载军用物资的汽车在 200 余名日军的护送下，沿汾离公路西进。10 时许，驶入伏击圈。杨勇首先命令迫击炮轰击碉堡。吴嘉德亲自操炮，3 发炮弹全部命中，日军碉堡飞上了天。同时，686 团以各种武器猛烈开火，日军顿时乱作一团。随后战士们趁势发起冲锋，展开白刃格斗，激战约 1 小时，击毁满载军用物资的汽车 20 余辆，日军除 3 人投降外，其余全部被歼。第二天，日军大部队出动，扑了个空，只拉走了 5 车尸体。前线日军得不到弹药、给养，只好杀马充饥。

16 日，日军又开始冒险运输。100 多名日军分乘几辆汽车，仅送一车粮食进行试探，杨勇识破了敌人的诡计，决定先给敌人一点甜头，将这一车粮食送了"人情"。17 日上午，日军果然胆子大起来，从汾阳城出动 200 多名步兵押送 20 车物资前来，走到吴城镇以西油房坪一带时，遭到 686 团和补充团的伏击。经 1 小时激战，八路军毙敌 100 余人，击毁汽车 9 辆，缴获一部分物资，日军其余 11 辆汽车向西逃窜。

9 月 19 日，后方补给被切断的日军被迫向汾阳方向撤退。中国军队又于薛公岭东南王家池附近设伏，以第 686 团第 2 营、第 685 团第 2 营以及补充团第 2 营于公路北实施主要突击，以第 686 团及补充团主力于路南助攻。20 日 9 时许，日军先头步骑兵 800 余人进入了伏击区。伏击部队突然开火，旋即发起攻击，以一部兵力拦头、击尾，以主要兵力从中间分割，将日军大部歼灭。日军指挥官山口少将也未能逃脱陈尸公路的命运。

三次伏击战，给西犯黄河的日军以沉重打击，配合陕甘宁边区保卫了黄河河防。

武汉

武汉，湖北省省会，别称"江城"，位于中国腹地，湖北省东部，长江与汉江交汇处。长江、汉水纵横交汇通过市区，形成了武昌、汉口、汉阳三镇鼎立的格局，统称"武汉三镇"。武汉是武昌、汉阳、汉口三镇的合称，三镇皆有一字在其中。商朝时的盘龙城是武汉建城之始。春秋战国时期，属楚国管辖。西汉时，为江夏郡沙羡县地。东汉末年，先后兴建却月城、鲁山城和夏口城。隋朝，置江夏县和汉阳县。唐朝，江夏和汉阳分别升为鄂州和沔州的州治。此后经宋以迄明、清，均为历代州府治所。清咸丰十一年（1861年），汉口正式开埠。1912年，民国改江夏县为武昌县，废汉阳府，存汉阳县，改夏口厅为夏口县。三镇鼎立，以武昌为湖北省省会。1949年，合并原汉口市、武昌市和汉阳县城区为武汉市。

1938年6月22日，日军波田支队与海军第11战队由安庆溯江西犯，进攻马当。但负责马当—湖口一带防御的马湖区要塞指挥部指挥官16军军长李蕴珩，仍然决定在24日上午举行他主办的"抗日军政大学"结业典礼，并令各部队上尉以上军官参加。23日晚，守卫香口江防的53师313团连以上军官和其他16军所属部队的军官都赶赴马当镇，准备参加次日的结业典礼。24日凌晨4时，日军以小艇靠岸，偷偷从香口江边上岸，登陆后即向53师313团发起猛烈进攻。313团群龙无首，阵地乱成一团，香口遂告失守。26日拂晓前，日军以藏石矶江边堤坝芦苇为掩护，悄悄摸到长山西端中国军队阵地前施放毒气弹。随后，日军从藏石矶登陆。到中午，长山阵地已被日军切为数段，江防第2总队总队长鲍长义只得下令撤退，马当要塞遂告陷落。

7月19日，日军第11军司令官冈村宁次命令所部全力向九江展开进攻。23日零时，波田支队潜入鄱阳湖中鞋山附近，从姑塘强行登陆。24日，占领姑塘，并推进至太阳观，迫近九江城区。25日晚，张发奎下令从九江撤退。27日晨，日军占领九江城区。

当冈村宁次的第11军沿长江两岸西进时，东久迩宫稔彦王则率领第2军主力从大别山北麓经六安、固始、潢川、罗山进攻信阳，计划从北面、西面迂回，包围武汉。8月底，日军第2军攻占六安、霍山。9月初，中国第27军团军团长张自忠奉命率第59军开赴潢川布防，并死守潢川至9月18日，以掩护友军在信阳、武胜关等地集结。

9月6日，日军第10师团沿固潢公路直扑潢川，潢川保卫战打响了。军团长张自忠命令："各部队长必须亲自督促所部抢筑工事，不惜一切牺牲，与阵地共存亡！"张自忠亲赴潢川城，命令守城的39旅："死守潢川，潢川就是你们的棺材！"日军屡攻屡挫，恼羞成怒，竟惨无人道地施放毒瓦斯，导致中国官兵大量伤亡。17日中午，日军攻入潢川城内，张自忠命士兵扛起刺刀，与敌人展开肉搏战。

19日凌晨，完成阻击日军至18日的任务后，张自忠下令突围。日军占领潢川。此战，59军孤军苦战12昼夜，为后方友军的集结争取了宝贵的时间。10月2日，日军第11军第106师团主力孤军深入到万家岭地区。负责赣北方面作战的第1兵团总司令薛岳认为机会难得，抽调军队10余万人，将日军第106师团四面包围，全力出击。日军在飞机掩护下拼死反击，双方伤亡均十分惨重。激战至9日，在中国军队的打击下，日军第106师团损失惨重。晚7时许，中国军队组成奋勇队，担任先头突击，向箭炉苏、万家岭、田步苏、雷鸣鼓刘、杨家山等地全线攻击。各部队前赴后继，踏尸猛冲。经过一夜血战，106师团的防御阵地彻底崩溃，仅少量残敌得以逃脱。第4军前卫突击队曾突至万家岭第106师团司令部附近不过百米，但因天色太黑，加之自身伤亡重大，未能及时发现并生擒日军第106师团团长松浦淳六郎，成为此次会战中最大的遗憾。

10月24日，蒋介石下令放弃武汉。国民政府军事委员会在武汉举行中外记者招待会，郑重宣布"我军自动退出武汉"。汉口市市长吴国桢宣称："保卫大武汉之战，我们是尽了消耗战与持久战之能事，我们的最高战略是以空间换取时间。……我们于人口的疏散，产业的转移，已经走得相当彻底，而且我们还掩护了后方建设……"27日午后，日军占领汉阳。武汉会战结束。

武汉会战，令日军速战速决、迅速解决"中国事变"的国策破产。武汉会战是中国抗日战争由战略防御阶段到战略相持阶段的转折点。

1938 年 11 月—1943 年 7 月

南昌

南昌，江西省省会，简称洪，又称洪城，地处江西省中部偏北，自古有"粤户闽庭，吴头楚尾"之称。汉高祖六年（前 201 年），分九江郡置豫章郡，并设南昌县，取"昌大南疆"、"南方昌盛"之意，南昌之名由此始。南昌先后有豫章郡、洪州、章郡、南昌府、兴隆府、洪都府等称谓，历为县、郡、州、道、路、府、省治所在地。

三国时为东吴豫章郡，两晋及南朝时为豫章郡、豫章国。隋开皇九年（589 年），罢郡置洪州；大业三年（607 年），复为豫章郡。唐武德五年（622 年），复为洪州；贞观初属江南道；开元二十一年（733 年），属江南西道；天宝元年（742 年），改洪州为豫章郡；至德元年（756 年），豫章郡更名为章郡；乾元元年（758 年），再称洪州。南唐交泰二年（959 年），升洪州为南昌府。宋开宝八年（975 年），复名洪州；天禧四年（1020 年），属江南西路；隆兴元年（1163 年），为隆兴府。元至元十四年（1277 年），置隆兴路；至元二十一年（1284 年），更名龙兴路；至正二十二年（1362 年），改为洪都府；次年更名南昌府。元称隆兴路，后又改为龙兴路。1914 年，为豫章道。1926 年，南昌设市。1949 年，南昌成为江西省省会。

武汉会战后，中国军队虽然弃守武汉，但第 5、第 9 战区重兵依然在长江两岸驻守，对武汉形成包围态势。这样一来，位于南浔铁路和浙赣铁路交会点的南昌地区成为联系第 5、第 9 战区的战略运输线枢纽。另外，中国空军以南昌机场为基地，经常袭击长江航道九江段的日海军舰艇，对九江及武汉日军的后方补给交通线威胁甚大。为此，1939 年 1 月 31 日，日军第 11 集团军发出了代号为"仁号作战"的南昌作战命令。

1939 年 2 月，国民政府军事委员会已判断出日本进攻南昌的企图，遂三次指令第 9 战区向南浔方向日军发动进攻以转移敌人的进攻方向，打破日军的进攻部署。然而，3 月 17 日，日军抢先展开进攻，27 日，中国守军丢失了南昌，并且惨遭重创。蒋介石得知南昌失陷，勃然大怒，责成第 19 集团军司令罗卓英收复南昌，限令第 9 战区代理司令长官薛岳和第 3 战区 32 集团军总司令上官云相率部反攻。

4 月中下旬，中国军队随即展开了大规模的部队调集部署，第 3、第 9 战区协力展开春季攻势。由于日军刚刚将南昌守军击溃，新胜之余没有料到中国军队会立即发起收复南昌的反攻。21 日，反攻正式展开，中国军队主力向南昌发动奇袭，一时打乱了敌军阵脚，连克南昌外围阵地。

国家兴亡，匹夫有责。在亡国灭种的危机下，当地民众积极参与到抗战中来。为了帮助中国军队横渡抚河，附近老百姓捐献了大量门板、木料，不顾生命危险在武溪、谢埠架设浮桥，供部队过河。26 师与日军在棠溪邹家展开激战。26 师原属于川军，作战特别英勇顽强，经过与敌开展肉搏拉锯式的争夺战，日军守敌大部被歼。第 29 军军长陈安宝，奉命率预备第 5 师、26 师和 79 师一部，约定在 5 月 5 日攻入南昌。因时间紧迫，陈安宝率部一路向西突击，准备越过铁路向南昌挺进，但在沙窝章村与敌遭遇，冒着敌机猛烈的轰炸和扫射，在田间路上来回奔跑督战时，陈安宝不幸被炸壮烈殉国。

薛岳将军惊悉陈军长为国阵亡，十分悲痛。他深知收复南昌无望，遂电呈蒋介石："今安宝壮烈殉国，伤悼已深……岳指挥无方，南昌未克，而伤我忠良，敬请重罚，以慰英烈。"5月9日，为减少伤亡，蒋介石下达了停止进攻南昌的命令，中国军队参战各部全线停止攻击，撤出战斗。

南昌会战虽然以中国军队的失败而告终，但是中国军队主动出击，收复失地的战略决策，表明了中国人民绝不向日本侵略者屈服的决心和勇气。同时，这也证明了日军既不能歼灭中国军队的主力，更不能摧毁中国广大军民的抗战意志。

河间

河间，县级市，由河北省沧州市代管，位于冀中平原腹地。其名据应劭《汉书·地理志》注"在两河之间"，故名。《汉书补注》引何焯曰："两河谓滹沱河、滹沱别河。"河间始于东周，距今有 2700 年历史。历代在此设郡，立国，建州，置府，是京南政治、经济、文化、军事重地，素有"京南第一府"的美誉。春秋属燕国之域，战国分属燕、赵二国。秦置武垣县，属巨鹿郡。隋更名为河间县。宋置高阳关路安抚使，河间属之。元改府为路，仍领河间。明去路存府，河间属京师河间府辖。1958 年，改隶天津专区。1961 年，属沧州专员公署。1990 年，撤县设市。

齐会战斗，是发生在河间北部齐会村及其东南找子营村、马村一带的一场对日歼灭战。

1939 年 4 月初，贺龙率领 120 师挫败了日军对冀中根据地的第五次围剿。后将魏大光、高士一两支冀中抗日部队补充 120 师，进行合编。这时，日军将其"王牌"27 师团第 3 联队吉田大队从沧州调到冀中前线。这个大队有 800 多人，因血洗南京城，屠杀中国人民有"功"，人人都佩戴"勋章"一枚。4月20日，在大队长吉田率领下，分乘50余辆卡车到达河间县城。4月22日，日军吉田大队800多人，连同伪军数十人，带着80多辆大车，满载给养弹药，由河间向北出动，准备寻找八路军作战。120师立刻做好应战准备。当晚贺龙召集团以上干部，下达作战命令，决定集中所部独立第1、第2旅7个团及冀中军区第3军分区部队参加围歼作战。贺龙还幽默地说："既然敌人把礼物送上门来了，能不收下吗？……我们要在冀中平原上打一个漂亮仗。"

23日拂晓，宿营在三十里铺的日军向东渡过古洋河。约9时，日军到达河间县北部的齐会村附近，旋即包围了村庄，随后派步兵在炮火掩护下向齐会村发动猛烈攻击。处在日军包围之中的第3营，在村里依托房屋工事，顽强坚守。716团按照预定计划，急调第1、第2营向敌人背后运动，配合第3营夹击日军。很快形成了日军包围八路军第3营，八路军第1、第2营又包围日军的态势。村内，第3营的坚守战打得很艰苦，连续打退了敌人的三次冲击。日军见硬攻不行，就向八路军发射毒气弹，战士们被毒气熏得直打喷嚏、流眼泪、呕吐，但仍咬牙坚持战斗。

日军估计施放的毒气弹已经发挥作用，就端着刺刀，呀呀地喊叫着，向第3营阵地扑上来。中国军队用湿毛巾捂住鼻孔，顽强抗击，与攻入村中的日军展开逐巷逐院的争夺，给敌以大量杀伤。第9连连长曾祥望从日军官手中夺过一把战刀，一气砍死3名敌人……艰苦奋战了一天一夜，第3营击毙击伤日军500多人，双方形成了对峙状态。

正当23日西路日军向齐会发起攻击的时候，任丘、大城等据点的日军都派出兵力增援齐会。120师对此早有准备，任丘日军援兵刚到麻家务，还没有渡过古洋河，就被独立第2旅第5团击退，灰溜溜地撤回了任丘。从大城出发的日军，也被第3分区第27大队阻击。另外，地方抗日游击队不断地袭扰吕公堡据点的日军，使他们缩在据点里未敢出动。

为防止齐会日军发现孤立无援后趁夜色退走，120师师部调整作战部署，命令第716团向齐会东北及外围的敌人进攻，坚守齐会的第3营与突入齐会村增援的第715团第7连一起由村内向外反攻，形成对日军内外夹击的攻势。与此同时，第120师各团已奉命分别占领齐会村周围的留古寺、东保车、西保车、张家庄和四公子村等要点，构成了对齐会村日军的反包围。

23日夜，第716团第1、第2营由齐会东北、第716团第3营及第715团第7连由齐会村中，同时对侵入齐会的吉田大队实施夹击，日军腹背受敌，慌忙向南撤退。24日拂晓，当日军逃至马村附近时，遭到第715团的伏击，掉头向东北方向溃退。第715团跟踪追击，日军以一部兵力抢占找子营村要点，掩护其主力向南留路村猛攻，企图继续向东突围。日军进至南留路村时，再遭从郭官司屯赶来的第3团的截击。战至上午，日军走投无路，被包围在找子营至南留路的树林道沟间，负隅顽抗。八路军各部队充分发挥夜战和近战特长，争先突入敌阵，敌死伤惨重。25日拂晓，日军大部被歼，其残部被压缩到南留路村西南狭小的张家坟地区。为全歼残敌，八路军紧缩包围圈，准备在黄昏发起总攻击。当晚，突然狂风骤起，尘土飞扬，被围日军乘机背风向南逃窜。715团跟踪追击20余里，又歼其一部，日军仅40余人逃脱。

齐会歼灭战歼灭大量日军，沉重打击了日军在冀中平原由"点、线"扩大到"面"的占领企图，对坚持华北平原抗日游击战争起到巨大的推动和鼓舞作用。

五台

五台，隶属山西省忻州市，位于山西省东北部，因境内五台山而得名。西周时，五台为并州北地。鲁昭公元年（前541年），地归于晋。秦朝，隶太原郡。西汉置虑虒县。三国时期属魏国。隋大业二年（606年），改名五台县，属雁门郡。唐朝，属代州。金贞祐四年（1216年），升为台州。明洪武二年（1369年），复为五台县，属太原府。1914年，五台属雁门道。1949年，属忻县专署。1985年，属忻州专署。2001年，属忻州市。

1939年5月11日，120师359旅717团奉命向河北省阜平县转移。到达五台县的铜钱沟时，与日军遭遇。3营前卫连用手榴弹打开了一条通道，冲出了日军炮火封锁线。由于日军兵力多，火力猛，打开的缺口很快又被封闭，717团主力前进被阻。团长刘转连顺着当地群众指点的羊肠小道，迅速向旅部驻地神堂堡转移。359旅旅部在神堂堡也受到了另一股日军的侵袭。进攻神堂堡的这股日军正顺着山沟向铜钱沟扑来，黄昏时候，与717团供给处辎重连相遇。717团担任前卫的辎重连受到了日军山炮的轰击和先头骑兵的袭击，又退回到铜钱沟，整个717团被挤在一条狭窄的山沟里。日军依仗优势的兵力和武器，向717团发起了猛烈的攻击，眼看日军就要冲进铜钱沟的后沟里来了。刘转连发现，在台怀镇与五台山的东台之间，日军战线有一个约3千米的空隙地段，于是决定突围。为了保证安全突围，刘转连命令7连连长谭廉禄带1个排，在后面牵制日军。带路的老乡说，有一条路可绕过台怀镇，直通北台岭。这条路虽然难走，但却十分隐蔽。夜幕降临后，在老乡的引导下，717团踏上了蜿蜒崎岖的山道。

黎明时分，717团登上了五台山的顶峰，即高达3000多米的北台岭。刘转连轻松地吐了一口气，终于跳出了日军的包围圈。在717团主力突围的同时，7连连长带领的小分队，且战且走，与日军周旋。到台怀附近，他们又虚张声势，东投几颗手榴弹，西打一梭子机枪，日军以为困住了八路军主力，大炮使劲开火，飞机也拼命轰炸，几路日军一齐冲向台怀镇，晕头涨脑地互相对射、对打起来。

13日夜里，717团到达繁峙县的上下细腰涧村，便在大山的北面宿营。此时，南面的山腰间正驻着一股日军，八路军与日军的宿营地，虽然只隔着一道山梁，但因双方都是夜间宿营，谁也没有发现谁。14日拂晓，717团起床后抬头看见山梁上一队日军正在集合，才知道山南面有日军。刘转连带着警卫连，冲上了山梁消灭了日军的警戒，占领了制高点。此时日军正在做饭，刘转连一边叫通信员飞报各营立即上山，一边命令警卫连向集结在鞍部的日军进行猛烈射击。日军被打了个措手不及，顿时人仰马翻，乱作一团。受惊的军马驮着炮架、机枪、弹药到处乱窜，有些就跑到八路军的阵地上来了。

日军稍稍清醒过来后，立即组织部队向山垭口附近的 7 连阵地疯狂反扑。日军用山炮进行密集轰击后，向山垭口直扑上来。战斗从早到晚，坚持了一整天，日军的尸体，横七竖八地躺满山垭口。但是，日军的冲锋仍没有停止，而且一次比一次更猛烈，一次比一次更密集。7 连在反复的激战中，伤亡也不小。但指战员们英勇顽强，始终坚守着阵地，7 连连长谭廉禄抱着一捆手榴弹冲进敌群。日军被炸死一片，谭廉禄也壮烈牺牲。

当天深夜，当日军又一次发起猛烈的冲锋时，其后边突然响起了清晰的枪炮声，这是 359 旅旅长王震带着 718 团和教导营，从日军的侧后包抄上来了。八路军前后夹击，把残余日军全部歼灭。

这次战斗，毙伤大量日军，缴获大量军用物资。王震高兴地说："日军给咱们 359 旅装备了第一个炮兵营。"

上下细腰涧战斗的胜利，粉碎了日军向八路军五台山地区大规模四路围攻的企图，为保卫边区作出了贡献。

白洋淀

白洋淀，位于河北省中部，太行山东麓永定河冲积扇与潴沱河冲积扇相夹持的低洼地区。它是中国海河平原上最大的湖泊，由白洋淀、藻苲淀、马棚淀、腰葫芦淀等 143 个淀泊组成，其中以白洋淀较大，故总称白洋淀。白洋淀的地形地貌是由海而湖，由湖而陆的反复演变而形成的，现在的水区是古白洋淀仅存的一部分，上游九河、潴龙河、孝义河、唐河、府河、漕河、萍河、杨村河、瀑河及白沟引河，下通津门的水乡泽国，史称西淀。到明弘治元年（1488年），淤为平地，地可耕而食，形成九河入淀之势。以后人们看到淀水"汪洋浩淼，势连天际"，故改称白洋淀。

1939年，日军侵占新安城。为抗击日本侵略者，根据中共安新县委指示，3区区委在大张庄附近动员水村猎户20人参加了3区小队。3区小队把新入伍的猎人组成了1个班。因当地猎人为了防止猎枪膛内的火药受潮，经常在火眼上插上一支雁翎，故该班被命名为雁翎班。1940年夏，经县委批准，雁翎班从3区小队中分出单独成立雁翎队。人们把在白洋淀水区的游击队统称为"雁翎队"。

1939年8月，雁翎队得到情报：安新县城的20多个鬼子和30多个伪军，分别乘坐两艘巡逻汽艇到赵北口去运东西，预计下午返回。对白洋淀环境了如指掌的雁翎队遂即决定，在李庄子村东设伏，打掉这两只日军汽艇。

战士们在大抬杆（当地的猎枪，能够把铁沙和火药混在一起发射出去，射程约为50米）里装了比平时更多的火药，铁沙也装的是最大号的，他们逐个仔细地调整小船上大抬杆的方向和角度。为了提高发射速度，他们直接用火药将两个大抬杆的引火处连接起来。一切就绪，队员孙革点燃了手中的檀香，静等敌军出现。

太阳偏西，日军的汽艇一前一后驶来。雁翎队决定速战速决，集中火力打掉第一只船。

伴随着雷鸣般的响声，一束束绿豆般大的铁沙准确地射向日汽艇。艇上的日军还没明白是怎么回事，就被消灭了一多半，有的中枪后还掉到水里头了。后面的日汽艇立刻机枪、步枪一起开火，向苇塘里拼命地开枪扫射。打了一阵后，见没有任何动静，日军便小心翼翼地进入了芦苇荡。可找了半天，连个雁翎队队员的人影也没发现。原来，雁翎队队员在日军开火之前，迅速将小船推向另一片芦苇地，他们则在高密的芦苇和大片的荷叶掩护下，朝着相反的方向安全撤离了。

此后，日军从天津、保定等地调集了大批汽艇、汽船，一起出动，在白洋淀多次进行"扫荡"，妄图一举消灭雁翎队。雁翎队利用白洋淀的天然屏障，巧妙地和日军展开周旋。经过一段毫无效果的"扫荡"后，日军只得草草收兵，躲进据点不再出动。

1943年9月，日军租用100多只包运船，由100多名伪军和17个鬼子分乘3条船押送，企图把军用物资运往保定。9月14日凌晨，雁翎队埋伏在包运船要经过的王家寨和赵庄子之间的苇塘里。这一带水域有大量的类似海带的水草，游击队员们又借着水草把铁丝下到水里……上午8点钟，黑压压的一大片包运船开过来了，第一条船上的民工看见埋伏的雁翎队队员后，朝战士们点点头，并向后指指，意思是日军的押送船在后面。

包运船开过去了，三只押运船懒洋洋地开过来，为首船上几丈高的桅杆上吊了个箩筐，筐里的伪军正拿着望远镜东张西望。雁翎队队长郑少臣抬手一枪，伪军从筐里栽了出来。枪声就是命令，30副大抬杆和各种长枪、短枪一齐向鬼子开了火，日军被这突如其来的打击打得晕头转向，几个伪军还没醒过味儿来，就被雁翎队队员给击毙了。随后，雁翎队队员们向日船冲去。突然，一只船上的日军，从舱口支出一挺轻机枪。侦察员赵波见此情况，一个箭步冲上去，左手抓起枪管往上一抬，子弹射到空中，右手一枪打死敌射手。

战斗正激烈，另一只船上的日军把重机枪架上船头，疯狂地朝苇塘扫射。十几个雁翎队员嘴叼大刀片，扎猛子朝敌船后面游去。日军只顾往前面扫射，却被雁翎队队员用大刀从后袭击，日军的重机枪不管用了……战斗很快结束，雁翎队成功地截获了全部物资，歼灭了日军，并活捉了日军中队长初士加三郎和伪军河防中队长秦凤祥。

白洋淀在抗日战争史上写下了辉煌的一页。雁翎队让日军胆寒，有"淀上神兵"之称。毛泽东专门为雁翎队题词"荷叶军"，予以嘉奖。

梁山

梁山，隶属山东省济宁市，位于山东省西南部。梁山县因境内梁山而得名，是水浒文化的聚集地、继承地和发扬地，有"中国水浒，大义梁山"之誉。梁山本名"良山"，改称"梁山"，始于汉代。说法有二：一说因西汉文帝之子梁孝王刘武游猎良山，暴病而亡，被葬于良山，遂易名"梁山"，汉景帝为之树碑；一说因东汉光武帝刘秀叔父名刘良，为避其讳，光武帝改良山名为"梁山"。

商朝时梁山县境北部为商封王庶兄微子的封地。周朝时梁山县境大部属于须句国。秦朝，属薛郡须昌县、张县和东郡范县。隋朝，属济北郡的寿张县、东平郡的须昌县、鲁郡的平陆县。唐朝，属郓州须昌、寿张、中都、郓城诸县。北宋，属郓州须城、东阿、中都、寿张县。明朝，属克州府东平州、寿张县、汶上县、东阿县、郓城县。清朝，属克州府汉上县、寿张县和泰安府的东平州、东阿县及曹州府的郓城县。1949 年，始建梁山县。1990 年，划归济宁市所辖。

梁山歼灭战，是八路军 115 师东进支队创造的兵力与敌相等而武器装备处于劣势的情况下，全歼日军 1 个大队的模范战例。

1939 年 8 月 1 日，八路军 115 师和驻地群众在梁山南坡的孟家林举行军民联欢庆祝会。9 时许，师部侦察员来报：驻山东日军第 32 师团步兵第 212 联队第 1 大队约 300 余人，加上伪警备队 50 多人，由长田敏江少佐率领，带着大炮和轻重机枪，向梁山地区进犯。115 师师长陈光、政委罗荣桓经过周密分析、认真研究后，决定歼灭该部日寇。8 月 2 日上午，日军到达梁山南面的前集附近时，特务营对其进行了袭击，并以节节阻击的方式将日军诱至梁山南麓附近。随后，日军沿梁山从南向北搜索前进，进至马振扬村时，又遭到痛击，在此设伏的特务营两个连突然向日伪军开火，歼其一部后迅速撤离。中午 12 时，日军在梁山西南的独山庄和独山高地宿营。

115 师决定晚上用三个连和独立旅 3 营从三个方向对独山庄的日军发起攻击。晚上 8 时，三发信号弹腾空而起，战士们在轻重机枪的掩护下，猛虎似地扑向敌人。3 营 10 连最先在村头歼敌一个分队，接着强攻进入村中，展开巷战。部队临时组成火力组、作业组和投弹组，在火力组掩护下，作业组在墙壁及房顶上挖洞，投弹组向屋里投手榴弹。在连续猛烈进攻下，战士们很快便冲上独山制高点。日伪军被打蒙了，纷纷向庄南的大车店院逃窜。与此同时，攻打庄西独立土墙院的 3 营 12 连和庄北小高地的 3 营 11 连也是旗开得胜，完成了预定的作战任务，并正在向 10 连的方向攻击前进。而 10 连则依托有利地形，切断了敌军的退路。

长田敏江惊魂稍定，即在密集的火力支援下，疯狂逆袭被 10 连占领的独山高地。日伪军向独山高地连续发起了 6 次冲锋，均被 10 连以手榴弹和肉搏战反击下去。当日军发起第七次攻击时，10 连仅剩 30 余人但仍然顽强坚守。危急关头，11 连从日军的侧后突然杀出，打了日军一个措手不及。日军的第七次冲锋被打垮。随后第 10 连守卫独山高地，第 11 连自南侧突入独山庄，第 12 连自东侧，特务营第 2 连、骑兵连自北侧向庄内发起进攻……战斗进行了约两个小时，双方都有较大的伤亡。随后，长田敏江把剩余残部集中起来，全部退入独山南坡的 10 多座石灰窑和大车店院内，架起机枪猛烈扫射，凭借优势的火力进行顽抗。8 月 3 日凌晨，1 团将十几挺机枪集中到独山高地，居高临下地组织起密集的火网向山脚下和大车店院内的日军扫射。在中国军队的火力压制下，大部日军都躲进石灰窑和大车店院内的房屋内，这为中国军队的进攻创造了条件。3 营突击队趁机向日军发起猛攻，与日军展开逐屋逐房的争夺。突击队冲进石灰窑和大院，将日军逼退到几间房屋里，随即登上房顶，抢锹挥镐，在房顶上挖开几个窟窿，将手榴弹丢进屋里，炸得敌人血肉横飞。没被炸死的敌人破门而出，分成多股小分队，像疯狗一样乱冲乱撞，拼死突围。骑兵连飞马扬刀，冲上去奋力拼杀……

梁山歼灭战，日军少佐长田敏江剖腹自尽，逃回汶上的仅有24人。此战是抗战以来首次成建制地重创日军一个大队的战例，极大地鼓舞了中国人民的抗日斗志。

灵寿

灵寿，隶属河北省石家庄市，位于河北省中西部。灵寿县因境内盛产灵寿木而得名。春秋战国时期，灵寿县为古中山国都城所在地。汉高祖元年（前206年），汉朝置灵寿县，属常山郡。隋改灵寿县为燕州。唐废州仍设灵寿县。宋时并入行唐县，两年后又恢复灵寿县。明清皆属正定府。1912年，属保定道。1929年，直属河北省。1958年，灵寿县并入正定县。1961年，复设灵寿县。

陈庄战斗，是发生在今灵寿县西北部陈庄镇及东至口头镇，东南至慈峪镇一带的一场对日歼灭战。

1939年9月，八路军第120师主力奉命由冀中区转移至北岳区的行唐县整训。这时，驻石家庄及正太铁路沿线的日军独立混成第8旅团第31大队及驻灵寿、行唐等四县的伪军一部，共1500余人，由旅团长水原义重少将指挥向西进犯，企图袭击晋察冀边区南部重镇陈庄。水原因惯用阴谋诡计，常常闪电偷袭，故有"牛刀专家"之称。9月24日，水原在石家庄旅团总部召开战前军事会议，妄言"一定要奇袭成功，抓住聂荣臻、贺龙、罗瑞卿"。

120师师长贺龙、政治委员关向应和晋察冀军区司令员聂荣臻获悉日军行动后，决心以少数兵力节节抗击，诱敌深入，集中优势兵力将进犯之敌歼灭于运动中。贺龙将师指挥部设在距离陈庄不足10千米的刘家沟村，命令359旅719团在慈峪以北地区，正面抗击，吸引敌人；358旅716团、独立第1旅第2团、独立第1支队和抗大二分校等部，隐蔽集结于陈庄东南口头镇、秦家台羊、牛下口等地区，准备向进犯日军侧后突击，并在正面部队配合下，将日军歼灭于东、西岔头至南、北谭庄地区；以晋察冀军区第 4 军分区第 5 团在慈峪以南地区监视日军行动。

9 月 25 日，水原亲率日伪军出灵寿县城，向北进攻慈峪镇。到中午侵占慈峪镇，当即向日军华北总部报告："25 日 12 时，攻占灵寿中部大集镇——慈峪镇。"日军攻占慈峪镇以后，兵分东西两路继续向北推进，719 团且战且退，诱敌深入。但日军进入南北谭庄之后，停止了前进。直到 26 日下午 4 时，北谭庄的日伪军才开始出动，集中火炮向山门口、大小文山进行猛烈轰炸。炮击过后，日伪军不但没有前进，反而全部撤回慈峪。傍晚，慈峪的日伪军又假装向灵寿撤退，实际是水原耍阴谋诡计，盘算着出奇计取陈庄的"牛刀子"战术。9 月 27 日凌晨，水原除留下少数人守慈峪外，亲率主力军 1100 多人，秘密沿鲁柏山南麓小径经南燕川、白家沟，翻过楸山，越过长峪岭向陈庄镇偷袭，在拂晓前赶到了陈庄东部地区。日军占领陈庄后，认为偷袭成功，水原得意忘形，向华北日军总部报告："我……找准敌方的弱点……进行巧妙袭击。故未经大的战斗，一举而攻占了晋察冀边区首府陈庄。"其实陈庄镇的居民和附近的边区政府等早已安全转移了。整个陈庄镇上看不到一个人影，找不到一粒粮食。

贺龙、关向应和聂荣臻等判断日军孤军深入，增援和补给困难，必将迅速撤离，并针对日军一般不沿原路撤退的特点，立即调整部署：第719 团，第 358 旅第 4 团担任曲阳、行唐方向的警戒；第 358 旅第 716团、独立第 1 旅第 2 团、独立第 1 支队，分别由口头镇、秦家台羊、牛下口进至陈庄以东磁河两岸的东西寺家庄及冯沟里地区设伏，歼灭进犯之敌。为了防止敌人从原路返回，又从独立第 1 旅第 2 团和独立第 1 支队各抽出 1 个营，会同第 4 分区第 5 团一部进至长峪岭。万一日军从原路撤退，则予以坚决堵截。28 日拂晓，侵占陈庄的日伪军在焚烧陈庄房屋后沿磁河大道东撤。10 时许，日伪军全部进至冯沟里、坡门口地区。第 716 团、独立第 1 支队、第 2 团突然发起攻击，日伪军夺路东逃。第 4 团奉命于 14 时赶至石嘴，占领坡门口以东阵地，堵住日伪军退路，使其四面被围。战至 23 时，日伪军被全部压缩于冯沟里、坡门口两个村寨。716 团 1 营乘胜向冯沟里日伪军主力进攻，占领了冯沟里、坡门口之间阵地，把敌人截成两段，截断了两村敌人联系，数次冲入村庄，与敌激战、肉搏，极为惨烈，歼敌甚多。被围日伪军告急，灵寿、慈峪日军 800 余人增援，在白头山地区遭第 719 团阻击。增援日军虽多次组织攻击，均未奏效。29 日拂晓，被围日伪军待援无望，突破第 2 团阵地，夺路南逃。第 5 团奉命先机抢占鲁柏山制高点挡住敌人去路，其后第 716 团、独立第 1 支队及第 2 团尾随赶到，又将在逃日伪军包围于鲁柏山北侧鞍部万寺院地区。激战竟日，全歼被围日伪军，旅团长水原义重、第 31 大队大队长田中省三郎被击毙。

陈庄战斗被称为"抗日战争相持阶段中敌后的模范歼灭战"，挫败了日伪军寻歼八路军主力、破坏晋察冀边区后方的企图。

涞源

涞源，隶属河北省保定市，位于太行山北端，太行山、燕山和恒山交汇处，是拒马河、涞水、易水三条河流的发源地。据《地学杂志》1914 年第 3 号载《拟改各省重复县名呈文并批》："该县有涞山，涞水之源出焉。县南半里，又有涞源泉"，故名。春秋时涞源境属晋国，战国时先属赵国，后入燕国境内。秦朝时属代郡。西汉置广昌县，属并州代郡。晋末并入灵丘县。北周大象二年（580 年），复置广昌县，治今涞源，属蔚州。隋仁寿元年（601 年），更名飞狐县；隋末废。唐武德六年（623 年），复置，隶蔚州。明洪武二年（1369 年），复名广昌县，属大同府蔚州。清雍正十一年（1733 年），改属直隶省易州。1914 年，改名涞源县，属直隶省保定道。1949 年，涞源县属河北省保定专区。1994 年，保定撤地设市，涞源县属保定市。

1939 年 11 月 3 日，日军独立混成第 2 旅团第 1 大队被八路军歼于雁宿崖地区。4 日凌晨，该旅团旅团长——被日军大本营称为"名将之花"、擅长运用"新战术"的"俊才"和"山地战"专家阿部规秀中将亲率旅团第 2、第 4 大队 1500 余人，由涞源城向晋察冀军区第 1 军分区腹地急进，企图进行报复。

军区司令员兼政治委员聂荣臻，命令第 1 军分区司令员杨成武："你先以小部兵力在白石口一带迎击日军，把他们引向银坊，让他们扑空，然后隐蔽起来，让日军寻找你们决战。你们在银坊北面示疑兵，诱敌东进，等他们进到黄土岭后，你们再用有利地形集中兵力歼灭他。"

根据军区命令，杨成武统一指挥第 1 军分区第 1、第 3、第 25 团，游击第 3 支队及第 3 军分区第 2 团，120 师特务团、第 715 团等部，予进犯日军以歼灭性打击。5 日，日军进犯银坊扑空后，继向涞源、易县交界的司各庄、黄土岭方向进犯。当日下午，日军进至张家坟、雁宿崖、三岔口一线。第 1 军分区游击第 3 支队和第 1 团各一部与日军保持接触，节节抗击，诱其深入。

6 日，日军进抵黄土岭。晋察冀军区利用这一带有利地形，即令第 1 团和第 25 团迅速占领寨坨附近阵地，截断日军去路；第 3 团迅速占领黄土岭至上庄子以南地区；120 师特务团进至大安，随时准备加入战斗；第 2 团尾随敌后，待敌到达司各庄后，绕到黄土岭北面占领有利地形；第 3 支队控制通往涞源的要道。当晚，聂荣臻下达了集中主力部队，歼日军于黄土岭至寨头地域的作战命令。

7 日晨，日军主力由黄土岭出发，沿山沟向东缓慢前行。下午 3 时，日军全部进入八路军伏击地域。杨成武一声号令，八路军顿时展开猛烈攻击，首先打掉了日军的电台。日军受到突然打击，阵势顿时大乱，急忙抢占了几个山头，企图冲出包围。第 1 团、第 25 团迎头杀出，第 3 团和第 2 团从西南北三面合击过来。日军主力被八路军的火力压迫到黄土岭、上庄子附近长约 1 千米、宽仅 100 米左右的沟滩上，八路军 100 余挺机关枪从各个山头一齐朝沟中射击，炮兵部队也连续发射炮弹。

　　日军凭借武器优势，向寨坨阵地猛冲，遭八路军反击后，掉头西向，妄图从黄土岭突围逃回涞源。第3团紧紧扼守西、南两面阵地，120师特务团也赶到，从第3团的左侧进行战斗，日军伤亡惨重。

　　日军将指挥部设在黄土岭东侧的教场村山坡上一个独立的农家小院里。战斗进行的当口，第1团团长陈正湘用望远镜发现一群穿黄呢大衣的军官，正站在院里用望远镜向山头瞭望。他急忙将目标指给1团的炮兵连连长杨九秤，杨九秤指挥迫击炮连发数弹，其中几发炮弹正落在敌军官群中，随着"哐、哐、哐"几声巨响，敌军官即刻倒下一片。正在指挥作战的阿部规秀被八路军迫击炮弹击中，顷刻毙命。

　　8日，日军在猛烈炮火和5架飞机掩护下，倾其全力向上庄子西北突围。此时，由蔚县等周边县城出动增援的日军有1200余人，四面合围，逼近黄土岭以南的花塔，企图对八路军参战部队形成内外夹攻之势。从涞源县城增援来的日军已到三岔口附近，同第3支队接火。八路军杀伤大量突围日军后，迅速转移隐蔽，主动撤出战斗。

　　此战，八路军击毙日军中将指挥官，这在中国人民抗战史上是第一次。日军华北方面军司令官多田骏哀叹："名将之花凋谢在太行山上。"

繁昌

　　繁昌，隶属安徽省芜湖市，位于皖南北部的长江南岸，因繁阳亭而得名。据《三国志·魏书》记载，三国时曹丕在繁阳亭受禅台接受禅让，改汉为魏，史称魏文帝。为昭示曹魏新朝伟业辉煌，繁荣昌盛，即"以颍阴之繁阳亭为繁昌县"。西汉元丰二年（前109年），始建春谷县，属丹阳郡。西晋咸宁六年（280年），属宣城郡。东晋义熙九年（413年），废春谷存繁昌。隋开皇九年（589年），废繁昌县置当涂县，属宣州。南唐升元元年（937年），复置繁昌县，属江宁府。元至正十五年（1355 年），升为太平府。明洪武四年（1371 年），太平府直隶京师。明永乐十八年（1420 年），迁都北京，繁昌属南直隶太平府。明景泰八年（1457 年），迁县治于今址。1952 年，划归芜湖专区。1983 年，改属芜湖市。

1938 年夏，新四军第 3 支队奉命在东起芜湖、西至铜陵的长江以南地区，同日军作英勇的斗争。1939 年 11 月 7 日晚，日军第 15 师团所属川岛警备部队步、骑兵 500 多人，携迫击炮 5 门、机枪 7 挺，由峨桥、三山镇、横山桥出发，进犯繁昌城。第 3 支队司令员谭震林率部进至铁门闩一带。5 团 1 营在通往横山桥的马家坝附近，以小部队在正面钳制日军，2 营隐蔽在白马山附近，待机向西北方向袭击日军；3 营在红花山、孙村加强警戒，打击荻港可能来增援的日军，保障侧翼之安全。另外，由 6 团 3 营担任城防，并扼守峨山头。

8 日早晨，日军分三路直扑繁昌城：第 1 路由峨桥、新兴街而来；第 2 路由三山、枫林口而来；第 3 路由横山、马家坝而来。第 3 路日军到达马家坝，与新四军 5 团 1 营接火，遭新四军袭击后，转向枫林口方向，与第 2 路会合后，在猛烈炮火掩护下逼近繁昌。激战到上午 11 时，5 团 1 营到繁昌北，2 营到繁昌西，将敌包围在繁昌城内。下午 3 时左右，新四军进城与日军展开巷战。经过两个小时的激烈战斗，日军从北门溃退，向七里井、松林口逃窜。此次战斗历时 12 小时，新四军击毙日军 50 余人，缴获子弹 500 余发，毒瓦斯 1 个，军旗两面。

13 日午夜时分，日军石谷 133 联队、西川大队计步、骑兵 500 多人，抵达孙村附近，向赤滩镇方向前进，企图夺取赤滩，威胁新四军后方，孤立繁昌。14 日拂晓，5 团 3 营在梅冲与日军接火。3 营主力在九龙石高地与敌进行白刃战。8 时，2 营在乌龟山附近与日军激战，2 营营长陈仁洪身受数伤，仍坚持战斗。11 时，敌 200 余人从三江口渡河增援，被新四军反复冲杀击退。下午 2 时，日军第二次增援共有 400 人，被 3 营及警卫排阻击。黄昏，6 团 3 营以一部向乌龟山之南出击，日军伤亡很大，退出乌龟山。7 时，日军又一次增援了 200 人，到达黄浒。12 时，日军被迫撤退，新四军向黄浒方向追击敌人。此次战斗，历时 22 小时，日军出动总兵力 2200 余人，伤亡 300 余人，指挥官川岛中佐被击毙。

20 日，驻荻港、铁矿山附近的日军 133 石谷联队会合川岛警备队，计 2000 余人，分孙村、红花山、横山、三山、峨桥五路进犯繁昌。新四军在繁昌城周围对日军进行袭击，以运动战使日军疲劳，并在铁门闩伏击，以期歼敌一部。20 日晨 7 时，5 团 1 营一部在繁昌城西北与日军接火。经过以排为单位的节节阻击，杀伤了日军。下午 3 时，日军大部进繁昌城，并且向峨山头 6 团 3 营阵地冲击，激战数小时后，峨山头被敌占领，经过新四军反击，又夺回来。21 日上午 8 时，日军纠集 300 余人第五次进犯繁昌。新四军 5 团一部在积谷、大行冲等地阻击，至下午 3 时将来犯之敌击退。22 日晨，敌人第六次向繁昌进犯，同时，铁矿山 500 余人，时峨桥、三山之敌 400 余人以及附重炮 10 门，分路前来增援。中午 12 时，日军进占繁昌城。新四军冒着敌人的猛烈炮火奋力反攻，反复冲锋，机动袭击，杀伤日军，致使日军困守孤城，非常恐慌。23 日拂晓，企图冲出重围的日军遭到新四军迎头痛击。随后，新四军主动让出一条道路，让日军出城，在铁门闩一线又大大杀伤了日军。

繁昌保卫战是一场军事和政治双赢的战斗。既有力地打击了日军的嚣张气焰，又扩大了新四军的政治影响，振奋了中国军民的抗战精神，鼓舞了军民夺取最后胜利的信心。

微山湖

微山湖，位于苏鲁边界，自南向北由微山湖、昭阳湖、独山湖、南阳湖四湖组成，故又称为南四湖，为我国 10 大淡水湖之一，北方最大的淡水湖。微山湖因微子而得名。微子是商王帝乙的长子，纣王的庶兄，子姓，名启，世称微子、微子启（"微"是国号，"子"是尊称），春秋时期宋国第一代国君。微子墓立于微山上，后微山塌陷，山顶成为微山岛，附近成为微山湖。

微山湖，由微山、郗山、吕孟、武家、黄山诸小湖相汇而成。这些小湖陆续出现于明弘治元年至明万历四年（1488—1567年），初现时各自为湖。明万历四年至万历十八年（1567—1590年），微山、郗山、吕孟湖连成一片，统称吕孟湖。明万历三十二年（1604年），黄河决口，经黄河水灌注，郗吕诸湖与西部的武家湖连接起来。清顺治元年至顺治十八年（1644—1661年），微山、郗山、吕孟并昭阳等湖即汇而为一。清道光十一年至咸丰十一年（1831—1861年），微山湖（南四湖）周回近350千米，总面积约2055平方千米。由于淤垫使它的面积逐渐缩小。1960年，筑成二级坝，把微山湖（南四湖）分成上下两级湖，上级湖约664平方千米，全湖最大控制蓄水面积1266平方千米。

在微山湖，有一首歌人们耳熟能详："西边的太阳快要落山了，微山湖上静悄悄，弹起我心爱的土琵琶，唱起那动人的歌谣……"，有一支抗日革命武装人们不会忘记，那就是以微山湖为根据地的铁道游击队。

1938年5月，日军占领微山湖东面的枣庄，苏鲁人民抗日义勇总队为及时掌握日军情况，选派两个排长洪振海和王志胜到枣庄建立了抗日情报站。1939年11月，洪振海召集6名铁杆弟兄，在枣庄情报站的基础上秘密成立了一支队伍。因为主要在铁路线上活动，洪振海将它命名为"枣庄铁道队"。1940年2月，由苏鲁人民抗日义勇总队整编而成的115师苏鲁支队正式将铁道队纳归直属，同时任命洪振海为铁道队队长，王志胜为副队长，并抽调3营副教导员杜季伟任政委。7月，铁道队整编为鲁南铁道大队，下辖3个中队，1个破袭队，1个掩护队，活动范围扩大到台枣支线、临枣支线及津浦铁路韩庄至界河段。

1940年，日军32师团和独立第10旅团共集结5万日伪军，对115师所在的抱犊崮山区进行大规模"扫荡"作战。

洪振海按上级命令率领铁道队迅速展开行动：5月，袭击日军"正泰国际洋行"，击毙日军谍报队员 13 名；6 月，袭击日军押款列车，缴获法币 8 万余元；8 月，破坏津浦铁路韩庄段，致使日本运兵军列脱轨；9 月，拆除枣庄至临城（今枣庄市薛城区）铁轨 1.5 千米，砍断电线杆百余根，使枣庄日军的通讯和交通同时瘫痪。

115 师政委罗荣桓在给铁道队的嘉奖信中说：你们就像一把钢刀插入了敌人的胸膛。

1941 年 7 月，日军推行第二次"治安强化运动"，对鲁南山区抗日根据地进行"拉网式扫荡"。鲁南军区命令铁道大队务必想办法搞到药品。10 月的一天，临城车站的内线宋邦珍搞到一个重要情报：有一列装载药品的货车将由青岛开到临城，然后向南行驶。铁道大队立即行动，做好了夺取药品的准备。当晚 10 时，列车从临城站开出，游击队员飞身上车，找到装载药品的车厢，列车行驶到沙沟与塘湖站之间，战士们迅速将药品掀下，由埋伏的队员运走。这次共夺得各类药品 30 多箱和一批给马注射的针剂，还有 4 架显微镜。铁道大队把这些药品及时运到鲁南军区。

皖南事变后，新四军确定了一条从盐城北上、经山东南部西去延安的秘密路线。其中，最为关键的就是穿越临城附近的津浦铁路。这段的护送任务，落在了铁道队的肩上。

1942 年夏天，正在待命的铁道队忽然接到鲁南军区的通知，要他们护送"0 号首长"通过津浦铁路，同时军区还专门嘱咐：务必保障"0 号首长"的安全。

晚上，身着长袍、头戴礼帽的"0 号首长"在铁道队的掩护下，顺利抵达姬庄附近的津浦铁路东侧。由于事先已经做好了伪军工作，顺利地经郗山渡口过微山湖。"0 号首长"平安到达 115 师后，发来了电报，最后落款是"刘少奇"。

自护送刘少奇过路后，铁道队又相继成功地护送了陈毅、肖华、罗荣桓等近千名党政干部往返延安，从未出现一次差错，受到了鲁南军区的通令嘉奖。

1945 年 8 月 15 日，日本宣布无条件投降。八路军总司令朱德下令敦促华北、华东日军立即放下武器，向所在地的抗日武装投降。然而，驻扎在临城一带的日军却拒绝向铁道队投降，而是妄图趁着夜色乘坐铁甲列车逃往徐州。当列车行驶到临城南边的沙沟附近时，铁道队将前后铁路全部炸毁，日军不得不向铁道队投降。出面代表铁道队接受临城日军司令官投降的，是刚刚继任政委、年仅 23 岁的郑惕。

昆仑关

昆仑关，位于广西壮族自治区南宁市兴宁区和宾阳县的交界处。据 1935 年的《广西一览》记载："昆仑关，在邕宾路旁，距南宁约百余里。上有台，传为马援所造。"因其地处昆仑山之昆仑台地而得名。唐元和十四年（819 年），裴行立始垒石为关。北宋景祐二年（1035 年），建关城，称昆仑关，后历代均有加固、重修。1926 年，建成的南柳公路从山下绕关而出，顺坡直下，昆仑关成为桂越国际交通线上控制着宾邕公路之扼要关隘。1976 年 5 月，昆仑古关被毁。1982 年 9 月，维修工程竣工。昆仑关地势险要，易守难攻，可谓"一夫当关，万夫莫开"，是南宁的门户和屏障，为历代军事家所重视，是兵家必争之地。

1939 年秋，日军为封锁中国后方，切断中国西南补给线，阻止中国取道越南运送军备物资，决定发动桂南战役。11 月 15 日，日军第 21 军司令官安藤利吉指挥 3 万余人集结，并从钦州湾登陆。11 月 16 日攻占防城，17 日占领钦州。随即，日军一路向北推进。11 月 24 日，日军第 5 师团第 12 旅团在空军掩护下，攻占南宁。随后，日军北犯桂南要隘昆仑关。12 月 4 日，日军占领昆仑关，并派驻重兵加强防线。中国从桂林经南宁和镇南关通往越南的国际交通线被切断。

为了恢复通往越南的国际交通线，中国军队决定收复昆仑关。国民政府军事委员会从湖南、江西、广东、贵州等地紧急调集部队增援，兵力达 15 万人。12 月 18 日,中国军队在 100 余架战机和大炮的协助下分三路向南宁发起反攻。中国军队攻势强大,日军节节败退,中国军队顺利占领昆仑关外围的金龙山、老毛岭等重要制高点。战至中午,中国第 5 军荣誉第 1 师在战车和大炮掩护下先后攻占昆仑关东北及西侧的 653 高地和罗塘高地,全歼守备高地的日军第 5 中队。随后,日军展开疯狂反击,阵地多次易手。23 日,第 5 军荣誉 1 师第 2 团向昆仑关西侧罗塘高地发动进攻。中国军队先用炮火猛轰日军工事,随后各突击队依次突入日军阵地,与敌人展开肉搏。24 日拂晓,中国军队收复罗塘高地,全歼扼守高地之日军。接着,荣誉第 1 师第 1 团和第 3 团将前来增援的日军第 5 师团第 21 旅团阻击在九塘东北枯树岭地区,并击毙日旅团长中村正雄少将。

战至 25 日,中国军队虽未攻克昆仑关,但日军在中国军队 10 多日的包围下,给养困难,出现生吞田间稻谷甚至树叶草根的情况。不少日军衣衫褴褛,甚至只剩一条短裤,狼狈不堪。27 日,中国空军第 3 大队出动 6 架飞机支援陆军战斗,争夺战异常激烈,双方伤亡甚重。第 5 军军长杜聿明经过缜密的观测,了解昆仑关周围地形和敌阵地兵力火力情况后,决定采取"要塞式攻击法",逐步缩小包围圈。29 日,第 5 军主力在炮兵和装甲车的协助下再次围攻昆仑关,与日军在隘口周围的崇山峻岭展开激战。30 日,相继攻占了同兴、界首及其东南各高地,突破了昆仑关日军防线。31 日,中国军队克复昆仑关,日军被迫向九塘方面退却。随后,日军增援部队于 1940 年 1 月 1 日到达九塘,与昆仑关溃败之师会合,向昆仑关重新发起进攻。中国守军奋力反击,打退日军多次进攻。战至 11 日,日军眼看克关无望,遂与中国军队在九塘至八塘之间形成对峙之势。

昆仑关战役是抗日战争的大型战役之一,也是桂南会战国民政府投入战力最强的一场战役。此役,中国军队歼灭日军第 21 旅团四五千人,旅团长中村正雄临死前在日记本上写道:"帝国皇军第 5 师团第 12 旅团,之所以在日俄战争中获得了'钢军'的称号,那是因为我的顽强战胜了俄国人的顽强。但是，在昆仑关，我应该承认，我遇到了一支比俄国更强的军队。"昆仑关战役是正面战场自武汉失守以来取得的一次重大胜利。

枣阳

枣阳，县级市，由湖北省襄阳市代管，位于湖北省西北部。周为唐国。西汉置蔡阳县，属南阳郡。东汉置襄乡县。三国魏黄初改襄乡为安昌。南朝宋废蔡阳县，安昌县复为襄乡县。北周改称广昌县。隋仁寿元年（601年），以避太子扬广讳改广昌县为枣阳县，以境内枣阳村得名。唐属随州。南宋置枣阳军，为军治。元废军为县，属枣阳路。明洪武十年（1377年），枣阳属湖广布政司襄阳府。清袭明制。1913年，废除府制，枣阳直属湖北省管辖。1949年，由当时枣阳境内各县组成枣阳县。1983年，枣阳县属襄樊市管辖。1988年1月，撤县设市。2010年，襄樊市更名为襄阳市后，枣阳由襄阳市代管。

武汉会战后，日军为消除豫南、鄂北威胁，巩固武汉占领区，于1939年5月间，在随枣地区与中国军队展开会战。最终，第5战区部队先后收复枣阳、随县。日军退回钟祥、应山，会战宣告结束，日军企图未能实现。1940年，日军调整战略部署，先是于4月下旬在九江附近进行"扫荡"，实施佯攻作战，隐蔽其真实战役企图，造成中国方面的错觉。日军主力部队一经集结完毕，按照预定计划，以追击并歼灭第5战区主力于唐河、白河以东迄枣阳一带为目标，采取两翼迂回、中间突破的战法，于1940年5月初发起了进攻。日军第13师团从钟祥发动攻击，很快突破第33集团军正面，然后全力北进，剑锋直指枣阳。

5月7日，日军各路分别进占唐河、随阳店和汪家集，对枣阳构成合围之势。中国军队在各阵地进行抵抗后，利用日军各路间隙，跳出包围圈及时退守到外线。第84军第173师在枣阳附近掩护主力撤退时，遭遇日军围攻，伤亡惨重，师长钟毅不幸遇难。5月8日，日军占领枣阳，但围歼守军主力的企图落空。随后，第5战区在李宗仁的指挥下，调集23个师的兵力将日军合围，准备与日寇决战。5月12日，第5战区向日军展开反攻。在北线，第31集团军等部在樊城东北与日军第3师团、石本支队展开激战，日军4000余人被歼。在南线，第33集团军总司令张自忠率部东渡汉水，挺进枣阳以西地区，堵截南撤日军。5月14日，张自忠亲率中国军队与日军血战，敌我双方互不相让，展开殊死搏斗，战斗异常惨烈。翌日，日军进攻部队增至5000余人，并调集飞机20余架，炮20余门，对张自忠部阵地南瓜店进行轮番轰炸。张自忠多处负伤，仍镇定指挥。最终，中国军队第74师与特务营弹药耗尽，伤亡殆尽。张自忠胸部又遭重伤，不幸壮烈殉国。"我力战而死，自问对国家、对民族、对长官可告无愧，良心平安！大家要杀敌报仇"——这是张自忠将军留下的最后一句话。张自忠将军是抗战以来，中国军队以上将衔、集团军总司令职亲临前线，战死沙场第一人。张自忠将军牺牲后，日军慕其英雄气概，将其遗体运至30余里外的陈家集附近装殓埋葬，并插木牌上书：支那大将张自忠之墓。随后，33集团军夺回灵柩，将张自忠在重庆安葬。为纪念张自忠将军，北京有了张自忠路。

当日，日军第33师团突破第33集团军主力防线，随即调整兵力，向枣阳集中，与集结在枣阳地区的第13师团会合。19日，日军以3个师团兵力，向中国军队发起全面攻势，将中国军队压迫在唐河一带。中国军队各师虽经奋力抗击，但终不能抵御日寇优势兵力的强大攻势，75军遭受重创，遂奉命撤退。日军紧追不舍，企图全歼中国军队。21日，当日军第39师团偷渡白河时，被中国军队发现，遂展开猛烈射击，日军联队长神崎哲次郎等300多人殒命白河。当晚，日军第11军官兵下令停止追击。随后日军迅速收缩部队，于枣阳附近进行休整。枣阳地区作战至此结束。

晋察冀边区

晋察冀边区，地处同蒲铁路线以东，正太铁路线、石德铁路线以北，张家口、多伦、宁城、锦州一线以南，东临渤海。总面积约 20 万平方千米，包括当时的山西、河北、察哈尔、热河、辽宁等省一部分，108 个县，人口 2500 万。晋察冀边区是中国共产党领导的抗日敌后根据地之一。

1937 年 10 月，聂荣臻率八路军 115 师一部在河北省阜平县开辟晋察冀根据地，尔后迅速占领了晋西北、察南、冀东北的多个县城。11 月成立晋察冀军区，1938 年 1 月，晋察冀边区军政民代表大会在阜平召开，选举成立晋察冀边区行政委员会，边区政府及军区司令部均设在该县。1948 年春，晋察冀边区政权与晋冀鲁豫边区政权合并，组成华北联合行政委员会，晋察冀边区建制撤销。

1939 年冬开始，日军以铁路、公路为支柱，对抗日根据地进行频繁"扫荡"，推行"以铁路为柱，公路为链，碉堡为锁"的"囚笼政策"，企图摧毁华北各抗日根据地。

1940 年 7 月 22 日，八路军总司令朱德、副总司令彭德怀、副参谋长左权下达战役预备命令，规定以不少于 22 个团的兵力，大举破击正太铁路。8 月 8 日，又下达战役行动命令，规定：晋察冀军区破击正太铁路石家庄至阳泉（不含）段；第 129 师破击正太铁路阳泉（含）至榆次段；第 120 师破击忻县以北的同蒲铁路和汾（阳）离（石）公路，并以重兵置于阳曲南北地区，阻击日军向正太铁路增援。在这些地区和交通线上，驻有日军 20 余万人，另有飞机 150 架和伪军约 15 万人。

战役发起后，八路军各部队和抗日根据地民众参加破击战的积极性非常高，因此各部投入了大量兵力，计晋察冀军区 39 个团、第 129 师 46 个团、第 120 师 20 个团，共 105 个团 20 余万人，还有许多地方游击队和民兵参加作战。当得知实际参战兵力达到 105 个团时，左权兴奋地说："好！这是百团大战。"彭德怀则说："干脆就把这次战役叫作百团大战好了！" 8 月 20 日夜，晋察冀军区首先发起进攻作战。在司令员兼政治委员聂荣臻的指挥下，组成左、中、右 3 个纵队，分别向正太铁路东段日军独立混成第 8 旅大部和独立混成第 4 旅一部展开攻击。经数小时激战，右纵队攻入晋冀交界的要隘娘子关，歼日军一部。随后，右纵队破坏了娘子关以东的桥梁和通讯线路。向娘子关至微水段进攻的中央纵队，连克蔡庄、地都、北峪、南峪等日军据点，并破坏桥梁两座。攻击井陉煤矿的中央纵队一部，在矿工支援下，破坏了煤矿的主要设施，迫使其停产达半年之久。20 日夜，129 师在师长刘伯承和政治委员邓小平的指挥下，组成左、中、右 3 路纵队，对正太铁路西段日军独立混成第 4 旅大部和独立混成第 9 旅一部展开攻击。经数日作战，129 师控制并破坏了正太铁路西段除阳泉、寿阳以外的大部分据点及火车站，使正太铁路西段陷于瘫痪。

9 月 16 日，八路军总部发出第二阶段作战命令，要求各部队继续破坏日军交通线，摧毁深入抗日根据地内的日伪军据点。

22 日，晋察冀军区组成左、右翼队和预备队，发起涞（源）灵（丘）战役，对日军独立混成第 2 旅和第 26 师团及伪军各一部发动进攻，相继攻占三甲村、东团堡等 10 余处据点。至 10 月 9 日，晋察冀军区主动结束涞灵战役。

129 师组成左、右两翼，发起榆（社）辽（县）战役，向守备榆辽公路的日军独立混成第 4 旅展开攻击，通过攻点打援，给予日军重大杀伤后撤出战斗。120 师为配合涞灵、榆辽地区的作战，对同蒲铁路北段进行了新的破击，再度切断了该线交通。10 月 6 日，日军聚集起万余人的兵力，对中共中央北方局、八路军总部等领导机关所在的太行抗日根据地进行连续"扫荡"，百团大战进入第三阶段。10 月 19 日，八路军总部下达反"扫荡"作战命令，要求各部队与地方党政机关和广大群众密切配合，广泛开展游击战，坚决消灭进犯之敌，粉碎日军的

"扫荡"。

29 日，129 师在彭德怀直接指挥下，于武乡县关家垴地区将日军第 36 师团的 1 个营包围，歼灭 400 余人，并给武乡、辽县增援之敌以重大杀伤。11 月 14 日，日军残部撤退。11 月 17 日，日军"扫荡"太岳区。129 师所属太岳军区将主力编成沁（源）东、沁（源）西两个支队，在游击队和民兵的配合下，活动于沁河两岸，寻机打击日军。12 月 5 日，迫使日军撤退。12 月中旬，日军以两万人的兵力对晋西北抗日根据地进行"扫荡"。120 师和晋西北地区群众空室清野，坚持"区不离区，县不离县"的游击战。1941 年 1 月 24 日，日军被迫全部撤出晋西北抗日根据地。

百团大战破坏了日军在华北的主要交通线，收复了被日军占领的部分地区，沉重打击了日军，有力地配合了正面战场的作战，鼓舞了全国军民抗战必胜的信心，成为中华民族抗日战争史上光辉的一页。

上高

上高，隶属江西省宜春市，位于江西省西北部，锦河中游。东汉灵帝中平年间，汝南上蔡百姓迁此，析建城县置上蔡县。晋太康元年（280 年），改为望蔡县。唐中和元年（881 年），置上高镇。《太平寰宇记》载："地形高上，故曰上高。"南唐升元初改置上高场，保大十年（952 年），升场为县，始名上高县，沿用至今。

上高战役是抗日战争中中国军队取得全面胜利的一场战役，被国民政府军事委员会参谋总长何应钦称为"抗战以来最精彩的一战"。

1941 年 2 月下旬，日本驻中国派遣军总司令部将独立混成第 20 旅团由上海调到南昌，以增强这一地区兵力空虚的窘境。3 月，为打击中国第 19 集团军主力，解除南昌外围中国军队的威胁，决定兵分三路分进合击，压迫、包围中国第 19 集团军主力于上高地区，进而希望突破进攻长沙的天险。3月中旬，三路日军开始昼伏夜出，秘密向预定攻击地转移集结。其实，早在1940年4月，第9战区针对日军攻占南昌后进犯赣南的可能性，制定了一个反击作战计划："敌如向高安、万载进犯时，则诱敌于分宜、上高、宜丰一带地区反击而歼之。"据此，第19集团军在上高地区做好迎击日寇的准备，决定将日军歼灭于此。

3月15日，日军第33、34师团和第20混成旅团共4万余重兵，在百余架飞机轰炸掩护下，展开了旨在消灭第19集团军主力第74军的上高会战。很快，日军突破中国军队防线，推进至上高附近。按照作战计划，中国守军第70军在潦水两岸地区抵抗日军第33师团，日军占领奉新后继续追击第70军。第70军由西转北，实行了离心退却，于3月17日退至上富、甘坊、苦竹坳之间山地。随后，第70军、第72军围攻跟踪追击日军第33师团，将其重创。日军突围而出，被迫返回奉新，转入休整，准备调往华北。第19集团军总司令罗卓英抓住这个机会，决定利用既设阵地诱敌深入，准备乘机围歼日军。

3月21日起，日军独立混成第20旅团与第34师团，以30多架飞机掩护轰炸，向官桥、泗溪第74军主阵地连续猛攻。第74军各部队英勇奋战，与日军展开拉锯争夺战，阵地多次易手。24日，日军第34师团长大贺茂中将亲自督战强攻，并出动百余架飞机向74军主要阵地投弹达1700多枚，中国守军阵地大部被毁，人员伤亡惨重，情况十分危急。74军军长王耀武指挥预备队先后发起7次冲锋，与敌展开肉搏，最终毙敌两千多人，击退日军。同时，第78军攻击棺材山，牵制住北路日军第33师团，第70、第72军则迅速南下，会同北渡锦江的第49军对日军第34师团和独立混成第20旅团构成合围，并逐渐压缩包围圈。25日，第74军全线出击，转守为攻。

武汉日军第11军总部察觉到上高一带的第34师团处境十分危险，急令其在飞机掩护下突围后撤，并令第33师团和其他后方部队紧急出动接应。但接应部队遭到中国军队的有力阻击，直到3月27日才与第34师团取得联系。连日大雨，使道路泥泞难行，日军撤退速度缓慢。

中国军队尾随追击，将日军炮兵第 8 中队在途中全部击毙，其余日军惨败而逃。到 4 月 2 日，撤退日军返回原驻地。敌我双方恢复了战前态势，上高会战结束。

上高会战是抗战史上极为惨烈的一次战役，前后历时 20 余天。会战中，第 74 军获"抗日铁军"称号，旗下 57 师被命名为"虎贲"部队。上高会战的胜利重创了日寇精锐部队，体现了中国军队视死如归的英雄气魄，极大地鼓舞了中华民族的抗日斗志。

中条山

中条山，位于山西省西南部，黄河、涑水河之间，主峰雪花山，海拔 1994 米。《清一统志》载："西有华岳，东接太行，此山居中，且狭而长，故名中条。"北魏郦道元在《水经注》中曾描绘此山："奇峰霞举，孤峰标出，罩络群泉之表，翠柏荫峰，清泉灌顶。"中条山屏蔽着洛阳、潼关和中原大地，拱卫西安和大西北，瞰视晋南和豫北，与太行、吕梁、太岳三山互为犄角，因此战略地位十分重要。

中条山战役是抗日战争进入相持阶段后，华北日军以"治安战"为名与中条山一带的国民党游击队展开的作战。太原沦陷后，卫立煌率第 1 战区 26 个师约 18 万兵力，依托中条山一带险要地势，建立游击根据地，与周边日军 3 个师团展开周旋。

1941 年 5 月 7 日，中条山外围日军在航空兵的支持下，由东、北、西三个方向，以钳形并配以中央突破之方式开始全面进攻中条山地区国民政府第 1 战区的卫立煌部。此役，日军调集第 33、36、37、41、21、35 师团等部及 12 个中队的航空兵力约 10 万人，并由华北方面军司令官多田骏指挥，志在必得。第 1 战区司令长官卫立煌针对日军分兵合击各个击破的战略企图，电令各部："以交通线为目标，加紧游击袭破，妨害敌之攻击准备及兵力集中。"但因备战仓促，上述命令未能得到有效实施，各部仓促应变，分别与各路日军交战。

随后，东线日军一部自温县出发，沿黄河北岸突进；一部向捏掌、紫陵、东逯寨、留村一带猛扑。同时，沁河北岸3000余日军，在飞机大炮的掩护下，强渡沁河。守军第9军裴昌会部在强敌进攻下施行节节防御、节节后撤的策略，8日午，即放弃济、孟两地，向西撤退。随后，第9军部署新编第24师主力、第54师在封门口一线与日军展开阻击战。日军久攻不下，遂再行增兵，于10日晨最终攻占封门口。11日，日军出动百余架飞机轰炸以封锁官阳东西渡口，迫使第54师退守河南，其余各师团退至封门口至邵源以北山地。12日，日军一部占领黄河沿岸各渡口，主力则沿封门口西进至邵源，与从垣曲东进之敌会合，完成了对第14集团军的内线包围。

7日下午，西线日军集中火力，向西村、辛犁园、王家窑头、梁家窑头王竣师右翼80团阵地猛攻。8日凌晨，日军突破张店以东第27师防线，迫使第27师溃退至曹家川、太寨一带。与此同时，敌挺进纵队于8日晚占据茅津渡以下的槐扒、尖坪、南沟等渡口。9日，第80军遭日军突袭和飞机轰炸扫射，进一步溃败。新编第27师师长王竣、参谋长陈文杞及165师姚汝崇营长等多名军官不幸牺牲，其余部队于傍晚退到黄河渡口南沟。夏县日军先头部队7000人分三股向南进犯唐淮源第3军阵地。经过一番激战，中国军队损失惨重。随后唐淮源率部向东撤退至温峪一带，遭遇日军阻击，遂与敌激战，遭受重大伤亡后，向东北、西北方向退去。13日，唐淮源部在尖山陷入日军的四面包围之中，虽经三次冲锋，突围仍未成功，战至弹尽援绝，唐淮源自杀殉国，时年57岁。同日，第3军第12师在突围至胡家峪后遭日军截击，师长寸性奇胸部中弹，身负重伤，遂拔枪自尽。

在北线，8日晨，第43军十八坪阵地被突破，军长赵世铃率部撤向望仙庄一线；第17军虽依靠工事和有利地形进行了较为有效的抵抗，终因左右两翼皆被敌突破，不得不退出防线。黄昏，日军在伞兵部队配合下，占领黄河岸边的垣曲县城，截断了中国军队与黄河南岸的联系。日

上

篇

军实现了中间突破计划，中国军队被分割成两半。至此，日军突破了中条山地区的全部防御阵地，先后占领了垣曲、济源、孟县、平陆等县城及相关的关隘据点，封锁了黄河北岸各渡口，完成了对中国军队的内外侧双重包围。

随后，日军对中条山中国守军各阵地反复进行"篦梳扫荡"。中国守军开始突围撤出中条山地区，但未能突围的中国守军几乎全部覆没。至5月28日，守军大部退出中条山地区，战役落下帷幕。

郑 州

郑州，河南省省会，简称郑，地处华北平原的南部，河南省的中部偏北，北临黄河，西依嵩山，东南为黄淮平原。西周初年，周王将其弟管叔封于今郑州，称管国。秦朝时，在今郑州境内始置荥阳县、巩县和京县，属三川郡。汉朝时，属河南郡。隋开皇三年（583年），改荥州为郑州，郑州之名由此始。唐、五代、宋、金、元、明、清各朝设为州治，有荥阳郡、北豫州、荥州等名称。清雍正二年（1724年），郑州升为直隶州。1931年，改郑州为郑县。1948年10月，设郑州市。1954年10月，河南省会由开封迁至郑州。

花园口黄河决堤以后，国民党第3集团军在总司令孙桐萱、副总司令曹福林的指挥下，以持久防御的态势，沿花园口、中牟、尉氏、扶沟、西华、周家口黄泛区一带抢占要地，拒敌于黄泛区以东，并将两个师布防在一线阵地，一个师在新郑附近机动布防，适时以主力或一部渡黄河袭击日军。

1941年10月3日夜，日军骑兵部队、机械化部队两万余人混成旅团，在飞机掩护下，由开封突袭郑州河防。其主力一部通过中牟、花园口，强渡黄泛区，迅速突破守军第一道防线。4日，日军敌机开始轰炸郑州司令总部，郑州百姓处于恐惧之中。中国军队在每个据点，与敌短兵相接，展开肉搏。一些未撤走的村民甚至手持劈刀、斧头参加了战斗。下午6时，第81师增援到达郑州，并在第二线阵地给予日军有力打击。尤其是在郑州北部的大花庄西北、李庄以东地区与敌隔河激战，甚为惨烈。81师某团第3营奉命到河边大花庄桥头接防，与敌白刃相接，该营长负伤，腹破肠拖，但仍与其连长夺回一挺机枪，毙敌数人，最后战死于桥下。中国军队与日寇激战数日，但未能阻敌于黄河以东地区，日军利用其机械化步兵、炮兵、飞机协同作战优势，给中国军队造成重大损失。为了调整作战力量争取主动，5日，中国军队放弃郑州，孙桐萱率部撤至郑州以西密县与荥阳以东之昆山山麓，利用有利地势，与敌保持对峙的局面，以逸待劳，打击敌人有生力量，待机反攻。

10月7日晚，卫立煌召开军事会议，研究最新战况、部署收复郑州计划。会上，汤恩伯向孙桐萱说："有人说，你的22师某连长出卖黄泛河口，敌人才轻而易举地渡过黄泛区的。"孙桐萱毫不退让，回应道："副长官不能听信敌人挑拨离间的宣传，所谓某连长，我敢说第12军中连长以上我是多半认识的，有的都能知其是某某地方的人。如果真有人出卖河防，只要说出姓名，除战死者外，我立刻把他抓来，以军法从事。"孙桐萱又强调，当前黄河防线已被突破，郑州及以东地形均系平原，不利守势作战，中国军队撤至郑州以西山麓易隐蔽，利于我守，与敌保持对峙，日夜以逸待劳，打击敌有生力量。随后，孙桐萱连夜返回总部，召集各师团会议，提高中国军队士气，要求加强团结，齐心协力，收复郑州。此后20多天，孙桐萱部坚守阵地杀伤日军有生力量，同时不断派部队袭击扰乱郑州日军部队。

1941年10月31日，日军以主力向81师展开前所未有的猛烈攻击。在飞机和大炮的掩护下，日军数千人向中国军队猛攻。在中国军队强大火力阻击下，日军直至黄昏才接近阵地前沿。这时，数百敌军突入我81师守军阵地黄冈寺寨内，师长贺粹之亲率手枪连上前督战，将入城日军悉数歼灭。接着，第3集团军发起全线反击，将日军击溃，克复郑州。此后部队大部分退守郑州以西休整，一部沿河继续监视日军。

顺 德

　　顺德，广东省佛山市市辖区，位于广东省南部，珠江三角洲平原中部。据《顺德县志》载，明英宗正统年间黄萧养起义失败后，朝廷为了加强对起义策源地的管治，于景泰三年（1452年），将南海县的东涌、马宁、西淋、鼎新四都三十七堡及新会县的白藤堡划出设县，取"顺天威德"之意，命名顺德。早在先秦时期，顺德已有越族先民活动，属于百越之地。秦朝统一岭南，设置南海郡。秦末，此地建立南越国。隋朝，并入南海县。唐代时开始出现市集。五代十国时期，南汉乾亨元年（917年），分新会县为咸宁、常康二县及永丰、重合二场。咸宁县治所在今佛山市顺德区北滘镇简岸路村。宋开宝五年（972年），并咸宁、常康二县与永丰、重合二场及番禺、四会为南海县。明景泰三年（1452年），置顺德县。明、清两代由广州府管辖。1950年，顺德县隶属珠江行署。1958年，顺德和番禺两县合并，改名番顺县，隶属佛山专区。1959年，顺德、番禺两县建制恢复，顺德隶属佛山专区。1992年，顺德撤县设市。2003年，顺德撤市设佛山市顺德区。

　　西海村位于顺德北滘镇，是珠江三角洲抗日部队的重要基地。1941年7月中旬起，伪军开始频繁攻扰西海。伪军第20师40旅调集2000多人进驻西海外围的三善、紫坭、龙湾、碧江、韦涌等地，对西海形成包围的态势。

　　10月5日，伪军以1个营的兵力，对西海进行试探性进攻。广州游击队第2支队和群众疏散到蔗林隐蔽。伪军窜进西海后，逐家逐户搜索掳掠，无所不为。不久，2支队司令部获得伪军将大规模进攻西海的情报。南番中顺中心县委成员、2支队独立第1中队队长林锵云迅即召

· 116 ·

开小队长以上干部参加的军事会议。会议决定保卫西海的战斗分三步进行：第一步，当伪军发起进攻时，以伏击战、袭击战等迟滞和消耗敌人，挫其锐气；第二步，当伪军消耗到一定程度后，即集中兵力歼其一路，伤其元气；第三步，在歼灭伪军一路之后，即对其实施全面反击，将其击溃。当时 2 支队驻西海及其附近的部队有独立第 1 中队、警卫小队和第 2 大队何保中队，加上中心县委办的军政干部训练班，能直接参战的兵力约 250 人。

10 月 17 日凌晨，伪军第 40 旅 79 团、80 团、补充 1 团和伪护沙总队等共 2000 余人，在伪 40 旅少将旅长兼 79 团团长李朗鸡的指挥下出动。

早晨 6 时许，伪军分三路向西海发起进攻。南路伪军在 79 团副团长祁宝林带领下，由西海涌口大江边和隆围登陆。2 支队前哨小分队对进犯伪军猛烈射击一阵，杀伤部分敌人后撤进蔗林。伪军攻占了糖厂，继而又在猛烈炮火掩护下，向南炮楼右侧之 2 支队司令部驻地发起进攻，受到 2 支队军政训练班和部分民兵的阻击。9 时许，伪军一度突破南炮楼涌尾阵地。2 支队两个小分队立即反击，将突入阵地的伪军大部歼灭，俘 10 余名，封闭了突破口。伪军暂时退缩至南炮楼对面的堤围。

东南路伪军护沙总队在河滘登陆，避开村庄，沿着路尾围北面堤围直上，企图占领横岸岗后向西海攻击前进，伪军进至石尾岗时，预先埋伏的 2 支队一个小队，突然以猛烈的火力向伪军射击，毙伤多人，余敌逃窜。

东北路伪军第 80 团和补充 1 团从碧江、泮浦方向来犯，在猛烈火力掩护下，向桃村岗发动进攻，遭到 2 支队顽强阻击。在延缓伪军进攻后，2 支队边打边撤回到西海。双方形成对峙状态。

中午 12 时，2 支队司令部决定集中预备队配以近 10 挺轻重机枪及迫击炮，首先对南炮楼方向的伪 79 团实施包围聚歼。2 支队反击部队凭借两侧蔗林的掩护，以密集火力向伪军射击。蔗林深处杀声震天，伪军顿时慌乱，纷纷涌向堤围，有的跳到河里，有的跑进蔗林。伪 79 团

· 117 ·

副团长祁宝林带了少数人突围，逃至林头河急流涌口边时被击毙。伪79团大部非死即伤。与此同时，路尾围方向的伪军，在军政干部训练班和民兵的反击下，再次受到沉重打击，狼狈逃窜，退回紫坭。

歼灭伪军79团后，2支队集中兵力攻击已经进至西海涌东北面的伪军80团和补充1团。部队先将两座行人便桥拆掉，阻止伪军过涌，并在房顶上架起轻机枪扫射敌人；接着，向涌东北伪军发起攻击，将80团和补充1团击溃。战斗于下午4时左右全部结束。

此战沉重打击了日本侵略者，被誉为"西海大捷"，大大提高了珠江三角洲人民抗战的信心。

常 德

常德，湖南省所辖地级市，古称"武陵"，别名"柳城"，位于长江中游，湖南省西北部，东临洞庭，西接黔渝，南通长沙，史称"川黔咽喉，云贵门户"。常德之名源于《诗经·常武》"有常德以立武事"。周赧王三十八年（前277年），秦国设黔中郡。西汉高祖时取"止戈为武，高平为陵"之意，改黔中郡为武陵郡。东汉建武二十六年（公元50年），郡治迁至临沅县。三国时隶属荆州，仍名武陵郡。唐代隶属江南西道。五代为朗州治。北宋大中五年（1012年），改朗州为鼎州，后世因此称常德城区为鼎城。政和七年（1117年），置常德军，为常德之名始。南宋乾道元年（1165年），升为常德府。元改常德路。明初复为常德府。1913年，废府置常德县。1988年，设立地级常德市。

常德细菌战（1941年11月），是日军在侵华期间，在湖南常德散播鼠疫的生化作战。

1940年夏，日军侵占了湖北，并将指挥部设立在鄂西的恩施地区。湖南常德靠近恩施，且连接第6战区和第9战区，战略位置十分显要，日军极为看重。国民党军队在长沙会战中屡屡挫败日军，日军在正面战场上难以攻下常德。1941 年 8 月，为了早日占领这一战略要地，侵华日军司令部参谋井本熊男中佐下令对常德实施细菌战。

11 月 4 日晨，日军一架 97 式轻型轰炸机在常德上空投下了谷粒、高粱、烂布条、破棉絮等杂物，当地民众均感到非常诧异。政府立即派人焚烧这些垃圾，并抽出其中一部分送检。次日，常德境内出现了死老鼠。对此，广德医院的副院长谭学华预感到事态严重，怀疑日军投放的杂物中含有鼠疫病菌，遂召开紧急会议。谭学华说："昨日敌机空投物，经我院初步检查，有类似鼠疫细菌的发现。鼠疫是传染最速、死人最快的病疫，常德从未有过。政府应尽快采取措施，以防鼠疫流行。"县政府立即发动了紧急防疫动员，并向民众发放疫苗。4 日晚，一位 12 岁的小女孩突发高烧，两天后便不治身亡，成为这场细菌战的第一位受害者。11 月 7 日，谭学华将这些杂物的检测报告上报给重庆政府。由于鼠疫尚没有大规模爆发，政府并没有对这份报告给予足够的重视，致使防疫错过了最佳时期。11 月 8 日，县政府召开防疫会议，制定了关于防疫的一系列具体措施。尽管如此，鼠疫一直在蔓延。在灾情最为严重的距离常德市区 25 千米处的石公桥镇，很多户人家有多名家庭成员因为身染鼠疫而殒命，有的家庭甚至全部成员都染病身故，甚为悲惨。

11 月 18 日，日军发动了常德会战，将常德烧为一片焦土。

其后，鼠疫仍在不断蔓延，并由城区影响到郊区，人们处于一片惊恐当中。为了避免疫情传播，很多交通线被封锁。直至 1942 年 8 月，疫情才基本被控制住。常德细菌战使得鼠疫大规模流行，并持续数月之久，造成大量中国军民死亡，其中有姓名可查的就有 7600 余人。细菌战还造成了当地经济的瘫痪，很长时间都难以恢复。

日本侵略者曾先后在我国东北、广州及南京等地建立制造细菌武器的专门机构，并在我国的 20 个省内进行细菌战。他们在进攻、退却、"扫荡"、屠杀难民、攻击游击队、摧毁航空基地等方面，无不使用细菌战，在中国形成了疫病大流行。据统计，有 27 万无辜平民死于细菌战。而由于疫病蔓延造成的死亡人数更是不计其数。这些都是日本侵略者犯

上
篇

下的极端灭绝人性的罪行。

长沙

长沙，湖南省省会，简称长，别称"星城"，位于湖南省东北部，湘江西岸，岳麓山东侧。长沙之名始见于《逸周书·王会解》，周成王时诸侯所献方物中有"长沙鳖"的记载。自秦朝开始，历代为县、郡、州、路、府、省治所。秦置湘县及长沙郡。汉高祖五年（前202年），封吴芮为长沙王，建立长沙国，并改湘县为临湘县。西汉景帝元年（前156年），复置长沙国。东汉初复置长沙郡。隋开皇九年（589年），改临湘县为长沙县，废郡，改湘州为潭州。大业三年（607年），废潭州，复为长沙郡。唐武德四年（621年），复置潭州。五代唐楚王马殷置长沙府。元置潭州路，后改天临路。明洪武五年（1372年），置长沙府。1913年，废府，复置长沙县。1933年8月，长沙设市。

抗日战争时期，日军不惜一切代价发动了三次长沙会战，中国军队第9战区集结重兵与日军对峙，在长沙战场组织了顽强的防御战。前两次长沙会战，中日双方并未分出胜败，中国军队的损失更大，但从战略上有效阻止了日军的战略目的。第三次长沙保卫战则是一场典型的防御反攻战，中国军队与日军展开殊死搏斗，终将日军击退。

第一次长沙会战。武汉、南昌会战后，长沙的战略地位明显上升，成为屏障中国大西南的门户。另外，长沙还是华中战略要镇，处在粤汉铁路要冲，第9战区司令长官部亦设于长沙。日军作战目的为击败第9战区的粤汉线敌中央直系军主力，同时加强确保作战地区内的安定。

1939年9月中旬，日军第11集团军在司令官冈村宁次的指挥下，集结4个师团及3个旅团约10万兵力，在赣北、湘北、鄂南三个方向，向岳阳至长沙之间的中国军队发起攻击，围逼长沙。中国军队第9战区代理司令长官薛岳指挥16个军30多个师的40万兵力参战，利用赣北、鄂南、湘北的有利地形及既设阵地，或采取游击战术，或采取诱敌深入，各个击破的战术，展开有力抗击。中国军队在赣北将日军第101师、106师团重新击退至武宁、靖安、奉新，并乘胜克复罗坊、会埠、三都、修水等地。在湘北，日军第6师团及奈良支队强渡新墙河，逐步占领中国军队阵地，并与第33师团逐步形成对我第15集团军的夹击之势。26日，国民政府军事委员会向第9战区下达了在长沙附近与日军决战的命令。中国军队遂利用新墙河、汨罗江、捞刀河等河川地形不断打击日军，并实施反击，将日军击退至新墙河以北。在鄂南，中国第15集团军第79军、第27集团军第20军与日本第33师团展开作战，最终将日军击退至通城。第一次长沙会战，中国军队以运动战与阵地战相结合的战略战术，极大地消耗了日军的有生力量，粉碎了日军消灭第9战区主力的企图。

第一次长沙会战结束不久，国民政府军事委员会在南岳召开军事会议。会上蒋介石认为中国抗战的国内环境已大为转变，确定了"反守为攻，转静为动，积极采取攻势"的作战方针。1941年6月22日，德国进攻苏联，苏德战争爆发。日本为了尽快结束中日战争，从中国战场上解脱，以便在太平洋地区与美、英争霸，日本第11集团军司令官阿南惟几根据大本营"继续对华实施压力，不容稍懈；尤须利用国际情势，以谋解决中国事变"的作战方针，于1941年9月在岳阳、临湘地区集结12万兵力，从新墙河一线开始南攻，企图消灭中国第9战区主力，第二次长沙会战正式打响。中国军队在第9战区司令长官薛岳的指挥下，集中12个军33个师的兵力，利用有利地形，与敌展开激战。至9月14日，日军凭借其机械化军事装备将中国守军各个击破。26日，开始向长沙发起猛攻，中国军队虽顽强抗击，日军还是于28日突进长沙。日军已经达到严重打击9战区主力的目的，遂于10月1日撤退。中国军队随即转入追击和截击，致使日军在撤退过程中遭遇重创。5日，日军渡过汨罗江，8日，渡过新墙河，构筑坚固工事，中日双方形成对峙。

第二次长沙会战沉寂两个月后，第三次长沙会战爆发。太平洋战争爆发后，为配合英美等同盟军在亚洲战场打击日军，1941年12月9日，国民政府军事委员会发出各战区对日军发起进攻的命令。日军第11集团军在其司令官阿南惟几的指挥下，集结第3、6、40等师团主力12万余人，向中国第9战区的中国军队主力发起进攻。12月24日，日军强渡新墙河向南进犯，连续攻占关王、犬荆街、龙凤桥、黄沙街。随后日军渡过汨罗江，进驻株洲、衡阳一带。1942年1月1日，进至金盆岭一带，其第3和第6师团向长沙以东迂回，向长沙发起猛攻。我长沙守军顽强抗击来犯日寇，与敌展开数日激战，连续打退日军猛攻，战斗空前激烈。4日，中国军队开始向长沙外围日军发起总攻，中国军队英勇奋战，日军死伤惨重，且将弹尽粮绝。长沙外围中国各路部队，不断向长沙实施合围，日军不得不突围北撤。中国军队遂展开全线反击，乘胜堵击、侧击和尾追。1月15日，日军狼狈逃窜至新墙河以北地区，双方恢复到战前态势。中国军队取得第三次长沙会战的胜利。

长沙会战，重创了日本侵略者的狂妄气焰，取得了重大胜利，同时粉碎了日本速战速决的战略企图，使日本侵略军陷入困境。

辽县

辽县，即今左权县，隶属山西省晋中市，位于山西省东部边缘，太行山山脊中段，清漳河中游。辽县因境内辽阳山而得名，后因八路军副总参谋长左权将军牺牲于此，为纪念左权将军，更县名为左权县。夏朝时属冀州之域。春秋时期属晋。战国时期先属韩，后属赵。秦时属上党郡。东汉建安二十五年（220年），东汉始置轑河县，属乐平郡。西晋时改名轑阳县，属乐平郡。北魏太平真君九年（448年），废轑阳县，并入乡县（今武乡）。孝昌二年（526年），恢复县置，将"轑"改为"辽"，即辽阳县，属乐平郡。隋开皇十年（590年），更名辽山县，属并州。开皇十六年（596年），置辽州，辖辽山、交漳二县。隋大业二年（606年），废州，裁交漳县并入辽山县，属并州。宋元丰八年（1085年），复置辽州，辽山属辽州。1912年，废州，辽州改为辽县。1942年，易名左权县。1958年，左权、和顺两县合并为和顺县。1959年，恢复左权县。

1942年5月，日军由正太、同蒲、平汉等地出发，以"抉剔扫荡"、"分路合击"等战术，合围八路军总部驻地，妄图消灭八路军指挥机关。八路军遂决定将主力部队转移到外线作战，而腹地则积极准备反"扫荡"斗争。在辽县突围战中，八路军副总参谋长左权将军不幸遇难，他也是八路军在抗日战场上牺牲的最高指挥员。

1942年5月19日，日军出动包括空军第29独立飞行队在内的20个大队，共10000余人，兵分三路，对抗日根据地展开大扫荡。

鉴于当时敌情较为严重，考虑到八路军总部、中共中央北方局各机关均驻此附近，且机关庞大、非武装人员多、战斗部队少、后勤部门物资多、机动速度慢等特点，彭德怀和左权果断决定：迅速跳出日军合击圈，向东转移，必要时可转入"敌后之敌后"的冀西一带。

25日拂晓，总司令部、北方局与野战政治部、后勤部的各路转移队伍，不期同时进入南艾铺地区。由于日机不断袭击，且敌情不明，彭德怀和左权命令各部隐蔽地疏散在南艾铺、高家坡一线山沟里休息，待黄昏后再分路转移。中午时分，一架日军飞机在南艾铺上空不断低空盘旋，后投下两颗炸弹飞离。左权马上意识到，转移队伍已经暴露。彭德怀、左权、罗瑞卿、杨立三及北方局负责人等紧急碰头。大家认为，必须分路突围，各自为战。具体行动方案：一是总司令部、北方局由左权率领沿清漳河东侧向北突围；二是野战政治部由罗瑞卿率领向东南突围转武安方向；三是后勤部由杨立三率领向东北黄泽关、羊角方向突围。

总部的突围命令下达后，各路队伍迅速行动。下午2时许，八路军总司令部、北方局机关突围队伍到达十字岭，被日军精锐部队包围，局势异常危险。左权遂令作战科科长王政柱和两个参谋强行带彭德怀先行

上篇

突围，自己留下率领大部队。左权果断命令驮着辎重的骡马队伍走通向山顶的道路，徒手人员则分头经岭东绕道翻山突围。队伍沿着山坡，像数条长龙向十字岭北部蜿蜒伸去……日军发现了突围的总部队伍，集中火力对十字岭猛烈轰击。十字岭上硝烟弥漫，地动山摇，人声、马声、枪炮声响成一片……左权一面指挥警卫连进行掩护，一面催促机关人员迅速突围。由于左权的周密安排，总部机要科的译电员们最终都一个不少地安全归队。

护送彭德怀突围的警卫分队返回来接应左权。左权毅然拒绝："我有我的职责，只要还有一名同志没有突围出去，我就不能离开战斗岗位！"走到山腰时，左权发现挑夫没有跟上来，挑夫的文件箱里有机密文件和密码，绝不能落在日军手里。他叫警卫员郭树宝回去找："党的机密比什么都重要！你熟悉情况……不要为我担心，相信你能完成任务！"他拍着小郭的肩膀补充道："回来后向北艾铺方向去找，我在那儿等着你。"

"不要害怕，快冲呀！翻过山梁就安全了！"左权声嘶力竭地喊着，率队来到十字岭西北的山垭口。这是最后一道山梁，也是日军组织的最后一个火力封锁区，冲出去就是胜利。一步，两步……再有数十步，仅需几分钟，就可以翻过山冈，进入安全地带了。不料，日军几发炮弹突然呼啸着飞来，在山梁上爆炸……随着硝烟散去的，还有左权将军的身影……战士们不顾一切地奔向山冈，左权静静地躺在小路旁，头部中弹，身边的山土和小草已被他的鲜血浸红。

时间仿佛蓦然停止，殷红的热血映衬着夏日西斜的太阳，构成一个永恒的瞬间——1942年5月25日下午5时许，一代抗日名将左权，满怀报国之志壮烈殉国，时年36岁。

深泽

深泽，隶属河北省石家庄市，位于太行山东麓，河北省中部偏西，石家庄市东部边沿。因地势低洼，大雨时，滹沱河、磁河、木刀沟三水横溢，篱久不固，几成水国，故名深泽。据《太平寰宇记》卷60祁州："以界内水泽深广名之。"秦代，县境属巨鹿郡。汉高祖八年（前199年），深泽为侯国，属中山郡，是"深泽"地名载于史籍之始。汉武帝元朔五年（前124年），深泽侯国改为深泽县。西汉末，深泽改称南深泽县，隶涿郡。北魏时，去"南"字为深泽县，隶博陵郡。北齐、北周时，省深泽县，归入博陵郡安平县。隋开皇六年（586年），复置深泽县，属定州。唐景福二年（893年），置祁州于无极，深泽隶祁州。宋熙宁六年（1073年），深泽省入鼓城县，降为深泽镇，隶祁州。宋至和三年（1056年），复置深泽县，隶河北西路祁州。金代，深泽县属祁州。清代，深泽初隶保定府祁州，雍正十二年（1734年），改属定州。1913年，深泽属直隶省范阳道。1914年，范阳道改名保定道，深泽属保定道。1949年，属河北省定县专署。1954年，划归石家庄专署。1993年，属石家庄市。

宋庄位于深泽县东北7.5千米，分南北两部，称南北宋庄，北部大，南部小。每座院落都有土坯墙围着，并且挖有地道，是个有利于进行村落战的村庄。1942年6月，为掩护群众转移出日军"扫荡"包围圈，并寻找战机大量歼灭日军，以扭转敌人"扫荡"的被动局面，八路军冀中军区22团决定在宋庄伏击日军。

6月9日凌晨3时许，22团到达宋庄。团长左叶带领各连连长察看地形、划分任务，制定作战方案；团总支书记贺明负责动员群众向村外转移。拂晓前，一个从村里到村外的火力配系初步构成。工事是无形的掩体，叫"壁里藏身"，把散兵孔挖在墙下面，墙内外各一半，墙里的半边孔用砖垒边，盖板覆土。日军炮击时，战士们就到散兵孔的墙内一侧躲避；日军冲锋时，他们就到散兵孔的墙外一侧阻击。

清晨7时许，刚刚就任冀渤特区司令官的坂本吉太郎带领大队日军向宋庄开来。待日军进入1连阵地30米范围时，左叶向连长吴浚池一挥手，吴浚池大喊一声："打！"顿时1挺重机枪、3挺轻机枪和1个掷弹筒，一齐开火。掷弹筒打得特别准，一颗炸弹落在坂本跟前，坂本应声落马。日军被打蒙了，胡乱组织了几次冲锋，便丢下200多具尸体，溃退下去。

这时，附近伪军开始陆续增援，分别从东、北、西三面包围了宋庄。八路军决定利用宋庄的坚固工事和地道，狠狠打击并歼灭日军的有生力量，以挫其锐气，争取主动，待到天黑再行突围。

八路军战士严格遵守"三不打"的命令，即日军不到50米以内不打，不是成群日军不用手榴弹打，不发动集团冲锋不用机枪打。到下午2时许，已打死、打伤日军800余人。下午3时许，日军将进攻的重点转移到南宋庄。八路军顽强抗击，打退日军多次进攻。但因兵力较弱，南宋庄部队一部向南突围，一部退至北宋庄。日军对北宋庄的包围圈逐渐缩小。晚7时许，日军发起猛烈的进攻。北宋庄村里、村边硝烟弥漫，弹片横飞，砖头瓦片腾空而起，各连阵地历经几次争夺。日军虽然在指挥刀的威逼下向前冲，但一到长官看不到的地方，就把子弹埋在土里往回跑……到天黑时分，八路军共打退日军近40次进攻。

天气炎热，八路军战士们的嘴唇因为干渴都裂开了一道道血口。许多群众冒着日军的炮火，给伤员端水送饭。疲惫干渴的日军多次到井边抢水，都被打退。

晚8时，左叶和贺明决定把突围的时间定在0时40分。突围后，以两个"起花"（一种烟花，点燃后可飞向高空，明亮，有时会伴有响声）为号，第一个集合点为西内堡，第二个集合点为东内堡，最后全部到定县赵庄会合。八路军先将伤员抬进地道里，留下医护人员、药品和足够的给养，封闭地道口，做好伪装。

0时40分，八路军和民兵群众从村东北角的墙缺口悄悄地向西北方向突围。到达东内堡的部队，按预定信号，点燃起了"起花"。不久，最后突出包围圈的部队，也点燃起了报信的"起花"。

10日天一亮，日军对宋庄又发动了进攻。经过长时间炮击后，进行大规模集团冲锋。日军从四面八方向村里进攻，主力则从村东向西夹攻……打到 11 点，才发现是自己打自己，村子是空的。

深泽宋庄战斗，狠狠地打击了日本侵略者的嚣张气焰，极大地鼓舞了中国人民抗日的决心。据当时的《解放日报》报道，此战歼灭日伪军1200 人以上，其中日军伤亡超过 900 人，而八路军伤亡 73 人。宋庄战斗中，八路军创造的"壁里藏身"修筑防御工事的新经验，在以后的战争中大放光彩。

沁源

沁源，隶属山西省长治市，位于山西省中南部，长治市西北部，地处太岳山东麓。因沁河发源于县境西北部而得名。沁源，春秋为晋之地，战国前期属韩国后属赵国，秦朝时属上党郡，西汉置谷远县。王莽时，改谷远为谷近县。北魏建义元年（528 年），始置沁源县。隋开皇十六年（596 年），设沁州，州治在沁源县城南。同年，沁源北部始置绵上县，属西河郡。唐天宝元年（742 年），改沁州为阳城郡，领沁源、和川、绵上。北宋太平兴国二年（977 年），将沁州从沁源迁到沁县，沁源县仍属沁州。1914 年，沁源属冀宁道。1930 年，属山西省。1945年，沁源和绵上合并为沁源县。1958 年，合并入沁州。1959 年，沁县、沁源、襄垣又按原地分为三县，沁源县政府从沁县迁回城关镇。

1942 年 10 月，日军企图进山对太岳区根据地沁源进行大规模的清剿"扫荡"，预谋在沁源建立"山岳剿共实验区"。20 日，日军占领沁源县城，并在沁源周围广建据点，长期驻扎。据此，八路军总部、太岳军区、太岳区党委全面分析了敌我态势，制定了"依靠广大群众，广泛地开展群众性游击战争，实行长期围困、战胜敌人"的战略方针。早在日军进攻前几天，县城周边 10 里以及主要交通线沿线两侧 5 里范围内共计 16000 多名群众，已在中共沁源县委动员下，开展"空室清野"行动，埋粮填井搬净用具，提前转移到周边的深山里。为了扰乱敌人，民兵们在碉堡附近埋上地雷，堆放上干草或玉茭秆，下面撒上火药，插上点燃的香火，定时让香火引燃火药，日军一夜数惊，不能休息。民兵还发动群众上山砍回酸枣圪针，趁夜色埋在日军碉堡周围和行军的路上，并在圪针下面埋上地雷、石雷，一条、两条、三条……日军要想通行，必须拔掉圪针，一不小心就会拉响地雷。民兵们还发明了铺草战，在日军出行的路上，把切成一两尺长的玉茭秆、谷草撒在路上，下面埋上地雷、石雷，使鬼子的排雷兵也无法辨别，稍有不慎就会触动地雷，引起连环雷爆炸。这两种方法配合地雷战，大大增加了地雷的杀伤力，给日军的出动造成了极大的困难。

1942年冬天，天寒地冻，滴水成冰。日军为了运送军用物资，从外地抓了些民夫，来修筑沁县至沁源城关的道路。当汽车勉强可以通行时，民兵在下留村（今尚义村）南河湾的"喘口坡"上，连夜担水泼在路上，冻成了一道冰坡，为了迷惑日军，还在上面撒上浮土。次日上午，日军首次通车运输，出动了三辆卡车。汽车上到半坡时，第一辆车打滑后退撞了第二辆车，第二辆车又撞翻了第三辆车。这时，事先埋伏在附近的民兵拉响了地雷，猛烈开枪射击，打得日军弃车而逃。民兵炸毁了日军的汽车，缴获了数千斤白面、大米及一批弹药物资，迫使日军放弃了汽车运输。

1943年2月，城关群众转移进山前将粮食埋藏，携带不多，普遍都已吃完。"围困指挥部"就组织城关群众在部队和民兵的掩护下，乘夜回城将埋藏的粮食取出，背回山中。抢粮运动持续一个多月后，城内所藏约10万斤粮食基本取完。群众在抢粮过程中已经有了经验，熟悉了日军驻扎防卫情况，常常三五成群，乘夜进城潜入日军据点，瞅机会劫取日军的物资、粮食及弹药。据当时统计，共夺回牛羊四五百头，截获弹药数十箱，白面、大米4000余斤。

1943年5月，被围困的日军望着县城外大片即将成熟的小麦，垂涎欲滴，妄图收获充当军粮。县"围困指挥部"每天派人到地里察看成熟情况。麦子刚一成熟，县围困指挥部就组织山里的群众出动乘夜抢收小麦。抢收的群众每人胸前挂着一个大布袋，手拿剪刀或镰刀，在月光下潜入城边近处剪取麦穗，黎明时退回山里。连续两夜，将城附近的小麦差不多全收完了。日军气得暴跳如雷，放火烧了地里的麦茬。

日军占领沁源的两年半期间，转移到山里的群众生活极其困难。为克服生计困难，县委拟定在15处避难群众相对集中的地方，组织山头集市。为了搞好山头集市，县、区派人秘密到平遥、霍县、安泽等地买回咸盐、布匹、药品、肥皂、农具和粮食，原价或降价卖给群众，用这种特殊的贸易缓解山里群众的生活困难，坚定群众对敌斗争的信心和决心。

1945年4月11日，缺粮少水的日军不得不放弃建立所谓"山岳剿共实验区"的妄想而撤退。两年半的围困战中，太岳根据地抗日军民与日寇进行了2700多次战斗，共击毙日伪军3000多人，取得了最终胜利。4月17日，延安《解放日报》刊发了《向沁源军民致敬》的社论，"模范的沁源，坚强不屈的沁源，是太岳根据地的一面旗帜，是敌后抗战中的模范典型之一"。

郯城

郯城，隶属山东省临沂市，位于山东省东南部。因春秋时期郯国都邑古城而得名。郯城建置，始于春秋时期的郯国。周威烈王八年（前418年），郯国为越国所灭。秦朝，先属薛郡后为东海郡，是郡治所在。汉朝，郯为县、郡和徐州刺史部治所。隋朝，郯郡废，郯县隶泗州。唐贞观元年（627年），称郯城乡。唐朝后期，郯城县并入临沂县，历经五代十国、宋、金直至元前期，未再复县，其县原治所称"郯城"。元末，郯城县复置。明代，隶属兖州府沂州。清朝，隶沂州府。1913年，隶济宁道。1948年，郯城县解放，隶属临沂专员公署。1994年，隶属临沂市。

1942 年年底，日伪军队对滨海地区大规模"扫荡"。处于敌后的郯城，仅留有 1 个日本小队和部分伪军守城。八路军 115 师政委罗荣桓抓住这一有利战机，决定攻克日军在鲁南的重要堡垒——郯城。

1943 年 1 月 18 日夜，115 师教导 2 旅在代师长陈光的指挥下，一夜急行军 40 多千米，隐蔽挺进郯城东面的马陵山区。1 月 19 日夜，教导 2 旅 6 团 3 营以迅速的动作突然攻占城南外围据点，准备攻城。23 时，攻击开始。8 连 1 排长令 2、3 班掩护，1 班架桥。1 班一部分同志扶住桥板的后端，另一部分用绳子拴住桥板，用力向后拉，将桥板前端拉起，向宽、深各一丈的外壕对岸推动。由于桥板上下晃动，移动困难，加之日伪军 4 挺机枪向我严密封锁，1 班架桥数次未成。这时，排长令 3 班接替 1 班架桥。3 班根据 1 班的经验教训，研究了具体措施，在火力掩护下，继续架桥。当 3 班将桥板向北岸推进时，战士侯殿经手持木棍，冒着日伪军的火力封锁跳进壕内，用棍顶住桥板前端，将桥板平稳地推向对岸。3 班战士唯恐桥搭得不牢靠，纷纷跳下炸塌的沟沿，用肩膀扛着桥板，保证全连顺利通过。

3 班架桥成功后，旅长曾国华、政委符竹庭命令各团轻重机枪和迫击炮集中火力封锁敌城头碉堡，掩护 8 连攻城。3 排战士肩着木梯，112 排紧跟其后，迅速通过外壕，逼近城墙根下。此刻，城上日伪军一片慌乱，哨子声、咒骂声、惊恐的嚎叫声搅在一起。3 排立即把梯子搭在城墙上，日伪军则在城上用长杆子推梯子，敌推我架几个回合后，3 排 10 多名战士竭尽全力把梯子按住。城上日伪军把手榴弹投在 3 排战士身边，他们极快地拾起来向日伪军扔回去。尽管日伪军用机枪疯狂射击，3 排战士仍然顽强地按着梯子，保证 2 排爬梯攻城。

梯子刚一架好，2 排就冒着敌人的火力向上爬，突击组的 6 班长吴兴中高喊口号："杀出一条血路，彻底消灭日伪军！"带头顺梯向城上冲去，到梯子中间负伤，从梯子上掉下来，光荣牺牲。战士张桂林继续向上爬，当接近城垛口，他突然把身子向下一缩，飞速地朝城上甩出几颗手榴弹，随着一连串爆炸，浓烟飞腾，他就在这时"飞"上了城墙，把手榴弹塞进敌碉堡内，炸死了碉堡内的日伪军，又用手榴弹消灭了向他扑来的伪军。紧随其后的 6 班战士全部顺利登上城头，并击退反冲之敌。全连攻上城头后，副连长命令 7 班迅速迂回至南门北边，并亲率 4、6 班向南门攻击，击毙城门守敌 7 人，俘 50 余人，占领并打开了城门。7、9 连立即突进城内，迅速向纵深发展。同时，4 团 3 营也攻占了北门。战至拂晓，城内南大街一带全部被 6 团控制。20 日晨，残余的日伪军依仗院落和房屋负隅顽抗，以各种武器封锁街道巷口，并组织兵力反扑，6 团前进受阻。于是，8 连采取了挖墙掏洞，逐屋占领的战法。同时，组织了特等射手，利用高房屋脊封锁要道、房门，狙击日伪军。经数小时激烈战斗，南大街一带日伪军残部被 6 团俘虏。

这时，残余日伪军龟缩在炮楼内固守待援。8 连根据地形，组织了攻占炮楼的战斗。根据安排，1 排在炮楼东南；2、3 排在南面对炮楼进行火力攻击；6 班进行爆破。全连以爆破声为令，向日伪军炮楼发起冲击。机枪手和特等射手对准炮楼枪眼射击，压制敌火。6 班在火力掩护下，爆破成功，炸死日伪军 12 人，活捉日军小队长等 2 人。此时，4 团一部将伪政府院内之敌歼灭。上午 10 时许，战斗胜利结束。

郯城战斗，创造了在日伪军后方攻城的范例。郯城是八路军在山东敌后战场打下的第一个县城。

淮阴

淮阴，江苏省淮安市市辖区，位于江苏省北部平原腹地，因古代县域在淮河南岸而得名。夏，分属徐、扬二州。商，为东夷、淮夷之地。春秋末，先后属吴、越。秦王政二十四年（前 223 年），始设淮阴县。汉高祖六年（前 201 年），封韩信为淮阴侯。王莽篡汉，改淮阴为嘉信。隋大业初，并淮阴于山阳县（今楚州区）。唐武德初年，复置。元初，清河、淮阴、新城三县并。元至元二十年（1283 年），并淮阴入山

阳。泰定元年（1324年），迁清河县城于甘罗城，后移址。明崇祯元年
（1628年），复迁治甘罗城。清乾隆二十五年（1760年），移治清江浦，
古淮阴之地归清河县所有。1914年，清河县复称淮阴县。1983年3月，
淮阴地改市，淮阴县属淮阴市。2001年，淮阴市更名为淮安市，撤销
淮阴县，设淮安市淮阴区。刘老庄乡位于淮安市淮阴区西北28千米处。

1943年3月18日，新四军第3师第7旅第19团第4连82名官兵，
在刘老庄地区与日伪军1000多名展开激战，击毙日伪军170余人后全
部壮烈殉国。

1943年春，侵华日军对江苏北部淮海抗日根据地进行大规模残酷
"扫荡"。3月17日，日伪军1000余人，分兵11路合围驻六塘河北岸
的淮海区党政领导机关。该部奋勇阻击各路日军。当日，日伪军进行第
二次合围，该部与日伪军在淮阴北老张集、朱杜庄一带遭遇。激战半
日，于黄昏后再次突围，转移至老张集西北的刘老庄地区。18日晨，
日伪军进行第三次合围。新四军第7旅第19团第2营第4连奉命组织
防御，掩护主力部队和淮海区党政机关转移。

1943年春，日军第13军第17师团藤原联队，纠集伪军第36师李
实甫部，分南北两路合围"扫荡"江苏北部淮海抗日根据地，以包围
歼灭新四军军部和第3师及国民党韩德勤部。韩德勤部被日军击溃后，
小部投敌，大部退入新四军第3师根据地。退入第3师根据地后，韩德
勤部背信弃义，侵入淮北抗日根据地中心区山子头一带，并暗中勾结安
徽王仲廉部，企图东西夹击新四军。

为粉碎韩德勤等的阴谋，新四军被迫决定进行反击战。3月17日，
在接到代军长陈毅的命令后，7旅19团将活动在淮（阴）涟（水）地
区的部队迅速集结，星夜向山子头进发。19团2营（欠5连）由于连
日与敌激战，十分疲惫，未能及时赶到集中地点，遂宿营刘老庄，准备
第二天拂晓追赶大部队。

日军第17师团藤原联队一部在向淮海区撤退途中，沿途继续"扫
荡"，寻歼分散活动于这一带的新四军主力。

3 月 18 日早晨，就在部队准备开拔时，不远处传来稀疏的枪声：鬼子来了！2 营 4 连迅速占领阵地，做好战斗准备，掩护营主力和群众撤离。

这是一场不期而遇的战斗。交火不久，连长白思才等发现敌情远超预计，日军人数有 1000 多人，装备精良，仅大小炮、掷弹筒就有百余门（具）。待阻滞日军的目的达到后，4 连立即沿交通沟转移。没走多远，发现交通沟（即交通壕。作战时期，为了躲避子弹和地方炮火的威胁，挖一条深约 1.7 米宽约 1 米的相连的战壕，方便弹药运输人员转运）断头，这时大批日军压了过来，4 连顿时陷入重围。

为取得弹药补给，指导员李云鹏决定组织突击小组到阵地前沿抢日军尸体旁的枪支弹药。一排长尉庆忠主动站了出来，带领突击小组爬出交通沟，冒着日军的枪林弹雨，抢回了一批枪支弹药，可尉庆忠在撤回途中却不幸牺牲。

接着，日军又连续发起了 3 次冲锋。战斗中，白思才右手被弹片炸伤，仍然坚持指挥战斗；李云鹏虽然多处负伤，仍然坚持写好战斗报告。报告叙述了战斗情况，并请求批准他们火线接纳新党员。连部通信员在火线入党申请书中写道："在党最需要的时候，我将把我的生命献给党和人民，绝不给我们党丢脸，绝不给中华民族丢脸！"

由于数次冲锋无效，日军改变了战术，集中所有山炮、步兵炮、掷弹筒，向 4 连阵地轰击。4 连指战员凭借着比钢铁更坚强的革命意志，顽强抗击。工事被摧毁，立即修复；掩体炸塌了，背包填上去；人员负伤了，包扎好继续战斗……经过一整天的战斗，全连仅剩 20 余人，子弹也基本打光了。白思才下令，把余下的子弹集中给重机枪使用，轻机枪全部拆散，步枪也拿下枪栓，装上刺刀，准备肉搏战。该毁掉的枪支全部拆毁了，零部件一一埋入地下，文件和报刊也都销毁了。

日军又开始进攻了，炮火的浓烟把太阳都遮住了，昏天暗地。4 连的勇士们，紧握着手中枪，纵身跃出战壕，冲向敌群……4 连 82 位勇士全部壮烈殉国，但日军也付出了死 170 余人、伤 200 余人的巨大代价。在收殓烈士遗体时，意外发现一位奄奄一息的年轻战士，他以坚强的毅力，忍受着难耐的伤痛，断断续续地向大家叙述了战斗的情况。但是，由于伤势太重，失血过多，这位年仅 24 岁的战士，不久也牺牲了。

3 月 18 日，刘老庄战斗打响时，山子头自卫反击战已取得阶段性胜利。下午 2 时左右，山子头自卫反击战结束，全歼韩德勤总部、独立第 6 旅、保安第 3 纵队。

八路军总指挥朱德在《八路军新四军的英雄主义》一文中，称赞全连为"我军指战员英雄主义的最高表现"。

3 月 29 日，19 团在郑潭口小学院内召开追悼大会，隆重悼念为国捐躯的战友。同时，将 4 连在刘老庄抗击日军全部壮烈牺牲的英雄事迹向上级写了报告。当地党委立即作出决定从淮涟地方部队涟水县总队抽调 82 人补入 3 师 7 旅 19 团，重新组建 2 营 4 连。新四军 3 师党委命名 19 团 4 连为"刘老庄连"。当地人民群众为 82 位烈士举行公葬，修建了"新四军抗战八十二烈士之墓"的墓碑。1955 年，人民政府建立新四军刘老庄连纪念园，又称淮阴八十二烈士陵园。2014 年 8 月，经党中央、国务院批准，刘老庄连八十二烈士列入民政部公布的第一批著名抗日英烈和英雄群体名录。

石牌

石牌村，位于湖北省宜昌市夷陵区三斗坪镇。上有三斗坪，是抗日战争时期的军事重镇，第 6 战区前线指挥部、江防军总部等均设于此；下有平善坝，与石牌仅为咫尺之遥，是石牌的前哨，亦为中国军队在河西的补给枢纽。石牌距离宜昌城仅 15 千米，自日军侵占宜昌后，便成为拱卫陪都重庆的第一道门户，战略地位极为重要。

石牌保卫战是国民党军队抗战时期以弱胜强并且最终以较小的代价取得较大胜利的一次著名战役，其意义极其重大，是抗战的重大军事转折点，被西方军事家誉为"东方斯大林格勒保卫战"，对中国抗日战争的最后结局也产生了深远的影响。

日军对石牌要塞早有觊觎之心。1941年3月上旬，日军派重兵一部从宜昌对岸进攻石牌正面的平善坝，另一路则进攻石牌侧翼之曹家畈。两路日军被中国军队痛击，惨败而归。因此，日军这次不敢贸然从正面攻击石牌要塞，而是采取迂回战术从石牌背后发起攻击。蒋介石对石牌要塞的安危极为关注，他不止一次地给第6战区司令长官陈诚、江防军吴奇伟发送电报，强调确保石牌要塞。1943年5月22日，蒋介石又发来电令："石牌要塞应指定一师死守。"

5月25日，日军集结了两个师团和一个旅团，其中有被称为"钢铁猛兽"的野战部队第11军，一共10万兵力向石牌要塞扑来。第18军负责戍守石牌要塞，以第11师胡琏部守备石牌要塞的核心阵地。

5月26日，蒋介石从重庆传手令指出，石牌乃中国的斯大林格勒，是关系陪都安危之要地，并严令江防军胡琏等诸将领，英勇杀敌，坚守石牌要塞，勿失聚歼敌军之良机。死守石牌要塞的第11师师长胡琏当即立下遗嘱，决心与石牌共存亡，并把师指挥所推进到前沿阵地，亲临指挥。胡琏利用石牌周围有利地形，指挥中国军队构筑坚固工事，并在山隘要道层层设置鹿砦，凭险据守。

5月28日，日军第3、第39师团开始向石牌展开全面进攻。日军第3师团与第11师在第一道防线南林坡阵地展开激战，一场争夺石牌的战役在西陵峡就此展开。南林坡阵地是日军的主攻目标，中国军队先后打退日军的五次冲锋，双方损失惨重。由于屡攻不下，日军于29日上午9时出动飞机5架，直射钢炮数门，对南林坡7连阵地进行狂轰滥炸。周围树木几乎被扫光，山堡也被炸平。中国军队迫击炮炮手全部牺牲，重机枪排死伤惨重，技术兵幸存无几。30日，日军一部在飞机的支援下，继续向我第7连阵地攻击，掩体和工事破坏殆尽，但该连余部仍顽强坚持战斗。31日，第7连奉命撤离南林坡，仅剩下70多人，官兵伤亡达四分之三。在石牌保卫战的日日夜夜，第7连自始至终坚守阵地，没有后退一步。

在进攻南林坡阵地的同时，29日，日军第39师团主力经余家坝向曹家畈展开进攻。第11师官兵凭借有利地形沉着应战，与数倍于己的敌军在牛场坡激战数日。日军为了攻占主峰大松岭，在飞机支援下，向坚守主峰阵地的第11师一个连发起数次冲锋。胡琏师长通过电话向连指挥部下达死命令："弟兄们，积极报效祖国，死守阵地，战斗到最后一个人，流尽最后一滴血！"经顽强抗击，该连死伤过半，终因众寡悬殊，被迫撤离阵地。

与此同时，日军第3师团另一部越过桃子垭，向天台观一线的中国军队18军暂编第314师阵地进犯。天台观是这一带的军事制高点。守卫天台观的暂34师1排战士，临危不惧，死守阵地，与敌顽强拼搏。日军派出飞机对中国军队阵地展开狂轰，把树木炸成秃桩，土被翻了几层，1排勇士们视死如归，与敌肉搏，最后全部壮烈牺牲。日军攻下天台观后，骑兵队突入窄溪口，又遭到龙家岩阵地守军迫击炮的攻击，日军骑兵落荒后撤。随后，日军在飞机的掩护下卷土重来，才得以强行通过窄溪。

石牌要塞保卫战一方志在必得，一方拼命死守，打得异常艰苦。5月29日，胡琏对团长们悲壮发令："从明天起，我们将与敌人短兵相接……战至最后一个，将敌人枯骨埋葬于此，将我们的英名与血肉涂写在石牌的岩石上。"30日，日军大部突破外围防御，开始强攻石牌要塞。敌我双方都不惜任何代价争夺着石牌的前沿阵地，11师官兵在胡琏师长指挥下，在曹家畈附近阵地与日军扭作一团，展开肉搏战，号称"第二次世界大战中规模最大的白刃战"就此爆发。白刃肉搏持续了三个小时，日军败退，中国军队1500名士兵战死沙场。当时，中央社向全国播发消息称："宜昌西岸全线战斗已达激烈，每一据点均必拼死争夺。"《中国国家地理》曾这样描写在这场白刃战中战死的少年："那时候，中国农民家的孩子营养普遍不好，十六七岁的小兵，大多还没有上了刺刀的步枪高。他们就端着比自己还长的枪上阵拼命。如果他们活着，都已是七八十岁的老人了。他们也会在自家的橘园里吸着小口的香茶，悠闲地看着儿孙，温暖地颐养天年。可他们为了别的中国人能有这一切，死掉了。"不禁让人掩面，令人唏嘘。

为保卫石牌要塞，中国空军和美国盟军战机频频出动，对日军进行攻击，切断敌人的增援和补给。5月31日，中国空军与地面部队联合作战，击落敌机6架。由于中国守军意志坚决，日军久攻石牌不下，损兵折将，士气和信心完全丧失。是日晚，日军各部纷纷掉头东去。

石牌保卫战粉碎了日军攻打重庆的部署。此后，日军再无能力对鄂西及大西南发动如此规模的军事行动，直到1945年8月日本无条件投降。

1943 年 8 月—1945 年 9 月

海阳

海阳，县级市，由山东省烟台市代管，位于山东半岛东南部。据《登州府志》记载："以其地在海之阳，故名。"汉置观阳县。明洪武三十一年（1398 年），为防御倭患，在张家庄等渔村建起一座卫城，因处嵩山之阳，故名大嵩卫。并于今乳山境置海阳所，海阳之名始此。清雍正十三年（1735 年），析大嵩卫置海阳县，隶属登州府。1941 年，废府设道，属胶东道。1925 年，属东海道。1928 年道废，直属山东省政府。1941 年 4 月 9 日，海阳县抗日民主政府成立，属山东省胶东区东海专署。1950 年 5 月，属文登专署，1956 年属莱阳专署。1958 年 10 月，属烟台专署（后改称烟台地区行政公署）。1983 年，属烟台市。1996年 4 月，撤县设市。

抗日战争爆发后，民兵成为全民族抗战中的一支重要力量。但民兵武器装备不比正规军队，枪支很少，弹药也极其匮乏，容易制造、杀伤力较强的地雷自然就成为民兵打击日军的主要武器。在胶东革命斗争史上，海阳地雷战在抗日战争中发挥了巨大作用。抗日战争中，海阳民兵缴获各种武器 600 余件，沉重打击了日本侵略者的嚣张气焰。

1940 年 2 月，日军入侵山东海阳县，迅速占领了行村、大山所、鲁古埠和凤城等沿海村庄并建立据点。随后，日伪军开始疯狂地实行烧光、杀光、抢光的"三光"政策，海阳人民陷入了水深火热之中。中共海阳县委积极发动群众，建立起青年抗日先锋队、农民自卫团等抗日武装，配合主力部队、地方武装与敌人展开了顽强斗争。1943 年秋，赵疃民兵负责人赵同伦从区武委会领来了两颗地雷，并同民兵们一起研究出拉线、绊线等几种埋雷方法，并于 10 月初利用两颗绊雷一下炸死 13 个来抢粮的日伪军。后来，他们把漫山遍野的石块利用起来，研制成功了"石雷"，并制成各种拉雷、绊雷、滚雷。与此同时，附近村庄的民兵也都学会了使用地雷的方法。一天，外出掳掠的四五个日军在野虎岭被两颗地雷炸飞，日军官吩咐士兵到赵疃找门板回来抬尸体，不料几个士兵也踩到了地雷，3 人当场毙命，日军见状急忙逃回据点，此后一个多月没敢再出来"扫荡"。

　　地雷战的成功实践，大大鼓舞了海阳县民兵的抗日斗志。经过不断实践，埋雷技术和地雷战术也得到了改进和提高。民兵们先后发明制造出拉雷、踏雷、绊雷、夹子雷、梅花雷、头发丝雷、真假子母雷、丁字雷、水雷、标语雷、飞行雷等 30 多种。埋雷方法也由预埋待炸发展到飞行爆炸，由单一布雷发展到大摆地雷阵。赵疃的民兵创造的空中绊雷，专打日军的指挥官和骑兵，大小路口、山坡、树林、河套、瓜田、菜园、门阶下、水桶底、箱子里……到处是地雷，令日军入侵时心惊胆寒、步步惊心。后来，日军强迫老百姓走在前面开路，但民兵们随即发明了"长藤雷"，把引爆索线加长，等群众安全走过雷区后再迅速拉线，使地雷只在敌人脚下开花。

　　1944 年夏，日军从青岛调来 300 多名士兵，准备配合行村据点的日军进行"扫荡"反扑。民兵于化虎乔装成日军，在夜里将 4 颗 100 多斤的地雷埋在操场上，然后悄悄返回村庄。第二天早晨，据点里的日军集合后，地雷炸响，33 人当场毙命，4 人重伤，敌人出师未捷先遭打击。1945 年 5 月 8 日，赵同伦、赵守福等预先获取了行村据点的日军企图偷袭赵疃的情报，随即率民兵在村里摆下地雷阵。日军闯进村后被地雷毙伤 16 人，另有 1 匹战马被炸死。5 月下旬，日伪军在孙家夼村、夼里村设置了据点，给民兵活动和附近群众造成很大威胁。20 余名民兵爆炸能手，在区武委会主任于东山率领下，经常在夜间埋设地雷，使日军频频被炸，死伤累累，致使据点里的日军魂飞丧胆，轻易不敢出来进行"扫荡"。

海阳民兵还奉命多次组织远征爆炸队，赴周边县区配合当地部队作战，为当地民兵和部队培训爆炸能手，大力支援胶东其他地区的抗日斗争，从而有力地推动了整个山东地区的抗战，为抗战胜利作出了突出贡献。

衡 阳

衡阳，湖南省所辖地级市，位于湖南省中南部，湘江中游，衡山之南。因山南水北为"阳"，故得此名。又因"北雁南飞，至此歇翅停回"，栖息于市区回雁峰，而雅称"雁城"。战国时属楚。秦属长沙郡。三国吴太平二年（257 年），置衡阳郡，衡阳之名始于此。后历为州、郡、路、府、道、县治所。五代周显德年间，立木栅为城。北宋咸平年间，始筑土城。元泰定年间建石郭。明洪武年间，衡阳成为一座正规的城池。清康熙十七年（1678 年），吴三桂据此称帝，改衡阳为天府。1914 年废府，改为衡阳县。1983 年，设立地级衡阳市。

衡阳保卫战，是中日双方兵力最悬殊、战斗时间最长、敌我双方伤亡最多的城市攻防战，直接促使东条英机内阁垮台。史学家将它喻为"东方之莫斯科保卫战"。

为打通粤汉线以利作战，1944 年 5 月底，日军投入 8—10 个师团的兵力，兵分三路，由湖南北部向南进犯。6 月中旬，日军第 4 次围攻长沙，中国军队阵地很快相继被突破，19 日，长沙沦陷。长沙失守后，日军第 11 军顺势南下，并于 23 日向衡阳发起进攻，中国抗战史上最悲壮、最惨烈的衡阳大战正式揭开序幕。27 日，日军在付出巨大伤亡后，扫清了衡阳的外围阵地，中国外围守军几乎全部血战而死，且无一人逃跑、投降。28 日，日军第 68、第 116 师团及其预备队展开了对衡阳的第一次总攻。日军在飞机、重炮的掩护下，向衡阳城发起一波又一波潮水般的冲锋，并惨无人道地对中国守军施放了毒气弹。值得一提的是，预备 10 师 30 团 3 营 7 连在连长张德山的带领下，于衡阳西南张家山阵地南侧与日军展开血战。为争夺这个阵地，日军不惜血本，派一个大队的兵力反复冲锋，但均被击退。战斗持续一天，7 连伤亡一半，日军伤亡 500 多人。翌日，日军又派 117 大队向 7 连阵地冲锋。第 30 团团长在电话里命令张连长设法突围，张德山接过电话大笑，说："我张德山的连队什么时候后退过！"随后他放下电话，率领残部向日寇发起冲锋，最终全连除一名火夫外，全部壮烈牺牲在阵地上。中国军队在敌人强大的攻势面前毫不畏惧，英勇顽强地与日军展开激烈的攻防拉锯战，经过 5 个昼夜连续的搏杀，最终挫败了日寇的第一次总攻。随后，日军急调援军，补充兵力和弹药，战事稍稍得到缓和。

7 月 11 日，日军野炮四个大队和迫击炮两个大队的增援赶到，遂发动了对衡阳的第二次总攻。战斗最为激烈的地点是张家山阵地。号称"日军最悍勇"的 116 师团第 133 联队与坚守在阵地的预 10 师 30 团在此展开激战，在中国守军的英勇抗击下，133 联队被打退并遭重创。他们在得到补充兵员后，师团长又给他们以打击，这使得联队长黑濑平一大佐大为光火，遂配属第 122 联队一个炮兵大队，准备再次进攻张家山。黑濑平一向全体官兵训话：只要 133 联队还有一个人活着，就要把队旗插上张家山。中国军队同仇敌忾，誓死保卫阵地，日军虽经过连续三昼夜的疯狂进攻，仍未在张家山前进一步。随后日军发起了更为疯狂的进攻，中国军队在多次打退敌人的进攻后，到 7 月 13 日，包括新增援上去的 6 个连几乎全部阵亡。第 10 军军长方先觉命令坚守张家山的所剩人员撤退，放弃张家山。中国守军击毙日军 120 联队联队长和尔基

上
篇

141

隆大佐，伤毙日军 8000 余人，而日军也只是占了衡阳防线的一线阵地，日军的第二次总攻又遭惨败。

衡阳久攻不下，震惊了日本天皇和日军大本营。随后横山勇调集日军 58 师团、13 师团的两个主力师团，增援衡阳的第 68、第 116 师团。此时，中国第 10 军的有生力量已经基本消耗殆尽，轻伤员、马夫、火夫也都上了战场。日军集四个师团兵力对衡阳发起第三次总攻。终因力量悬殊，衡阳失守。

中国陆军第 10 军在湖南衡阳以孤立无援的病惫之师抗击近 6 倍于己的日军，血战了整整 47 天。第 10 军以坚韧与勇敢，取得了辉煌的战绩。衡阳保卫战是中国军队的骄傲，也是中国人民的骄傲。

松山

松山，位于云南省龙陵县，松山海拔 2690 米，扼守滇西进入怒江东岸的交通咽喉，战略地位十分重要。其紧靠怒江惠通桥，"前临深谷，背连大坡"，左右皆山。松山突兀于怒江西岸，形如一座天然桥头堡，扼滇缅公路要冲及怒江从打黑渡向北 20 千米的江面，进可攻，退可守，且与腾冲、龙陵形成掎角之势，互相呼应，被称为"东方的直布罗陀"。

松山战役是滇西战役中关键性的战役。日军于 1942 年占领松山后，派第 56 师团下属精锐部队拉孟守备队驻守此地，指挥官为金光惠次郎少佐。该守备队配备强大火力，有 100 毫米重炮群、高射机枪、坦克等，兵力上千人。日军用了一年的时间修建了极为复杂的永久性工事，形成进可攻、退可守的战略据点。

1944 年 6 月 4 日，30 架美军战机以猛烈的轰炸开始了松山大血战的前奏。随后，国民党第 11 集团军第 71 军新 28 师官兵从山脚开始了正面仰攻，该军另外两个主力师则绕过松山进攻龙陵县城，以切断龙陵之敌对松山进行增援。但是，当中国军队士兵接近山顶之时，日军从隐蔽的地堡中喷出火舌，形成交叉火网，中国士兵顿时惨遭扫射和轰炸，尸体滚满山坡。第 82 团 1 营只退回一排人，营指挥官全牺牲在山头。军长钟彬悲痛之余下令对松山进行猛烈的炮轰，更大规模的进攻开始了。尽管如此，中国军队损失惨烈，仍以失败告终。接下来的数天里，中国军队组织各团各营轮番进攻，战斗异常惨烈，但在日军坚固的工事面前一时陷入了无计可施的境地。

　　血战至 6 月底，伤亡惨重的中国军队终于攻入了腊勐寨，同时扫清了松山的外围阵地，将日军压缩于松山主阵地。至此，钟彬军长才获悉松山日军的实情。遂一面火速上报军情，一面指挥新 28 师继续对松山进行钳制攻击，松山前线出现僵持状态。随后，日军自腾冲火速率师团主力 5 个大队驰援松山、龙陵，只留下不足 1 个联队固守腾冲；与此同时，命令日军第 29 联队、第 119 联队之一部向龙陵进发，打算合击并消灭龙陵城外中国第 71 军的两个师，然后在松山将中国远征军的左翼击败，最后返回腾冲围歼中国军的右翼，以实现怒江大捷的战略构想。卫立煌意识到战局严重，于是给 71 军的两名师长下了死命令："战至一兵一卒，不许后退半步，否则军法从事！"由于松山日军据点的火力牢牢地控制着滇缅公路，中国军队的粮食弹药均靠人力和畜力经由山间小路运抵松山和龙陵前线，因此前线的供应发生了危机。此时，战场错综复杂：在左翼松山龙陵，中国军队与日军增援部队展开了激战，阵地犬牙交错，枪炮昼夜不停，双方不断地在战场上拉锯；在右翼腾冲，20 集团军的 6 个师围攻日军 148 联队，日军顽强抵抗，寸步不让，一时也厮杀得难解难分。这样一来，夺取松山成为中国军队制胜的关键！

　　1944 年 7 月 5 日，第 8 军在炮火准备之后，麾下的荣誉 1 师、82 师、103 师在荣 1 师师长李弥的指挥下，从四个方向轮番进攻松山。由于腊勐以上的大垭口、阴登山、滚龙坡、子高地等处的山势更为陡峭，大雨中山坡非常泥泞，中国军队进攻再次受阻。翌日，在美国飞机、百余门大炮整整轰炸了 1 天之后，中国军队再次进攻，但松山日军的阵地依然坚如磐石。

随后，李弥打破常规，把指挥所搬上了前沿阵地，带领参谋人员和美军顾问督战数天，终于发现了问题所在。他在作战日记里写道："……攻打松山，乃余一生最艰巨任务。敌之强，强其工事、堡垒、火力。若与敌争夺一山一地得失，中敌计也。须摧毁其工事，肃清其堡垒，斩杀顽敌，余始克有济。"于是他调整战术，命令部下从外围着手，将日军地堡分别摧毁，逐步向山头地堡群中心推进。为了配合李弥的战术，美军把当时的新式武器——火焰喷射器交给中国军队使用。到了7月下旬，第8军士兵的阵地已经稳步推进到离主峰子高地不到500米的阴登山、大垭口、黄家水井一带。

1944年8月20日，中国军队从松山下面挖通了到子高地的地道，并在里面布满炸药，然后对子高地的日军地堡实施了定点轰炸。随后，中国士兵迅速向山顶冲击，没等炸懵的日军清醒过来，第8军荣誉3团的士兵已经登上主峰，与残敌展开了激烈的近战。战至8月29日，日军断粮三天，无奈之余将阵亡的中国军队遗体作为食物充饥。9月1日，蒋介石下令限第8军在九一八国耻日前必须拿下松山，否则正副军长依军法从事。李弥亲自带领特务营冲上松山主峰阵地，一连激战数日，直至9月6日，他被人从主峰扶下来，当时的情状，据目击者描述："……胡子拉碴，眼眶充血，打双赤脚，呢军服成碎条状，身上两处负伤，人已经走形。"9月7日，在中国军队强有力的攻势下，日本守军最终全部被歼灭，松山战役结束。

松山战役的胜利不仅大大增长了抗日胜利的信心，还打破了滇西战役的僵局，拔下滇缅公路上最硬的钉子，为最终打通公路奠定了基础，拉开了中国大反攻的序幕。

腾冲

腾冲，隶属云南省保山市，位于云南省西南部。西汉时名越赕，又称滇越。东汉属永昌郡。唐代称腾充。腾冲以产藤著称，旧称藤充，后因自古为中、印、缅的交通要冲，演变为腾冲。宋时，大理国设立腾冲府。元代至元十一年（1274年），腾冲府改置藤越州，后置藤越县，至元十四年（1277年），增置腾冲府。明代改腾冲府为腾越州。清嘉庆二十五年（1820年），改腾越州置腾越直隶厅。道光二年（1822年），改腾越厅。1912年，设腾冲府，1913年，改设腾冲县。2015年，撤县设市。腾冲地理位置十分重要，历代都派重兵驻守于此，明代还建造了石头城，被称为"极边第一城"。

腾冲战役为抗日战争中滇西缅北战役的一部分。1942年5月，腾冲被日寇占领后，日军一直派重兵驻守。1944年5月11日，中国远征军霍揆彰率第20集团军强渡怒江，展开腾冲反攻战。翌日晨开始仰攻高黎贡山，日军第56师团148联队主力和146联队一部凭借险要地势，与中国军队展开血战。20日，日军力战不支，开始溃退，中国军队攻占高黎贡山。随后，中国军队势如破竹，经过10余日的激烈战斗，推至腾北马面关、界头、瓦甸、江苴附近。日军急调军队火速增援，向高黎贡山及桥头、江苴等重要据点猛烈反扑。岂料中国远征军将士士气高昂，锐不可当，与日军血战20余日，歼敌半数，继而乘胜攻下腾北敌军的中心据点桥头、江苴，并沿龙川江南下，形成合围腾冲城之势。此时，日军将溃逃的附近兵力与腾冲守城日军合编为一个混成联队，由148联队长藏重康美大佐指挥，死守腾冲城。

经过日军两年多的经营，腾冲和来凤山两地的工事坚不可摧，日军准备了充足的粮弹，奉命死守至10月底，以待援军到来。7月26日，中国军队在战机掩护下，以优势兵力向来凤山的5个堡垒群同时发起猛攻。28日，中国军队攻占来凤山，旋即扫清腾冲南城外之敌，对腾冲城形成四面包围之势。腾冲城墙全系巨石筑成，高且厚，城墙上堡垒环列，城墙四角更有大型堡垒侧防。8月2日，中国军队开始搭建云梯，登城进攻，但日军居高临下，将我进攻将士屡屡掀下城楼，中国军队伤亡惨重。随后，中国军队利用空军轰炸，将城墙炸塌十余处缺口，强行登城，与日军展开拉锯战。8 月 14 日，中国军队整整 4 个师兵力终于从南城墙突进市区，遂与日军展开激烈的巷战。由于腾冲城内街巷稠密，房屋相连，日军利用民房家家设防、巷巷筑堡。战斗进行得异常激烈，中国军队每前进一步，都要付出惨重的代价。正如《20 集团军腾冲会战概要》所言："攻城战役，尺寸必争，处处激战，我敌肉搏，山川震眩，声动江河，势如雷电，尸填街巷，血满城垣。"最终，经过 42 天的"焦土"之战，中国军队将守城日军全部歼灭，于 1944 年 9 月 14 日光复腾冲。腾冲也是抗日战争以来，中国军队收复的第一个有日军驻守的县城。

腾冲反击战中，盟军美国空军承担了大量空运任务。激战之时，盟军飞机日夜飞行，将大批弹药、粮食等军需品运抵腾冲，支援地面作战，为战斗胜利作出了重大贡献。由于日军的炮火攻击、天气因素以及迷航等原因，部分盟军战机和运输机失事坠落。飞行员有的壮烈牺牲，有的被老百姓救起受到中国人民的亲切善待，令他们终生难忘。时隔半个多世纪，有的飞行员还专门嘱咐自己的儿女万里迢迢来到腾冲，寻找当年的救护者，以表达感激之情。中美两国人民将永远铭记并珍惜这份在反法西斯的共同战斗中结下的深情厚谊。

清 苑

清苑，河北省保定市市辖区，地处北京、天津、石家庄三角腹地，自古有"北临三关，南通九省"之称。据《太平寰宇记》记载，清苑因清苑河而得名。清苑历史悠久，早在 6000—7000 年以前，这里就有人居住。西汉元朔二年至五年（前 127—前 124 年），清苑县属涿郡。北齐天保七年（556 年），废清苑县。隋开皇十八年（598 年），改乐乡县为清苑县。宋太平兴国六年（981 年），改清苑县为保塞县。金大定十六年（1176 年），改保塞郡为清苑县。蒙古太祖九年（1214 年），设清苑郡。明洪武元年（1368 年），改保定路为保定府，辖清苑县。1928年，清苑县直隶于河北省。1960 年，清苑、完县、满城合并，称清苑县。2015 年，撤销清苑县设立保定市清苑区。

1938 年春，清苑县西南部的冉庄人民为保护自己、抗御外侮，开始在自己家中挖单口隐蔽洞（俗称蛤蟆蹲），很快遭到日伪军的破坏。民兵们把单口隐蔽洞改造成能进能出的双口隐蔽地道，再从双口洞发展到多口洞，最后形成地道网。整个村落设有各种构思巧妙的地道口，并筑有多处战斗工事，构成一个立体火力交叉网。

1941 年春，根据刘少奇"把地道战的战术发扬光大"的指示，冀中军区开始在整个根据地推广地道战。1942 年夏，整个冀中初步形成户户相通、村村相连，既能隐蔽、转移，又便于依托作战的地道网络，成为长期坚持冀中平原抗日斗争的坚强地下堡垒。冉庄的地道也有较大发展，共有 4 条主干线、24 条支线，村内户户相通，向外可通往孙庄、姜庄、隋家坟、河坡等村，全长 16 千米。地道一般宽 1 米，高 1.5 米，顶部土厚 2 米以上；地道内设有瞭望孔、射击孔、通气孔、陷阱、活动翻板、指路牌、水井、储粮室等，便于对敌斗争。

从 1943 年开始，地道战进入了一个新的发展阶段，在冀中平原和冀南一些地方，逐渐形成了房连房、街连街、村连村的地道网，形成了内外联防，互相配合，打击敌人的阵地。地道战开始后，敌人也曾费尽心机，采用寻找洞口和放火、放水、放毒等办法进行破坏。但是，共产党领导群众不断改进地道，使其更加完善。为使敌人不易发现洞口，除对群众进行必要的保密教育外，还把洞口巧妙地隐蔽起来，用墙壁、锅台、水井、土炕做掩护；为使敌人不敢进入洞内，在洞口修筑陷阱、埋设地雷、插上尖刀，或者在洞内挖掘纵横交错的"棋盘路"；为了防止敌人用水、火、毒气破坏地道，还在洞内设有卡口、翻板和防毒、防水门，或者将地道挖得忽高忽低、忽粗忽细，并且设有直通村外的突围口。这样，地道便成了进可攻、防可守、退可走的地下堡垒。

1945 年 4 月 1 日，日伪军 500 余人向冉庄发动进攻，冉庄民兵 20

余人利用地道进行作战，毙伤日伪军 13 人，迫其撤退。6 月 20 日，驻保定日军率伪军第 14 团千余人向冉庄进犯，冉庄民兵 30 余人先在村边进行阻击，然后迅速转入地道，通过瞭望孔观察到一群伪军冲到村东企图破坏地堡工事，当即拉响地雷，炸死伪军数人。经数小时激战，毙伤其 29 人，日伪军被迫撤退。

日伪军又调集 2000 人的兵力，再次进犯冉庄，先用迫击炮向村内猛烈轰击，随后，步兵迅速向村内冲击，当其进至村口时，踏响了民兵用水壶、铁桶等简便器材制造的地雷，数名日军被炸死。日伪军进村后，见四处空无一人，便东冲西撞，盲目射击。一群伪军刚进至东街，其中 1 名伪团长就被小庙工事里的民兵击毙，1 名伪军去拖曳尸体，又被击毙。当大批日伪军进入村北布雷区时，守候在暗室里的 5 名民兵立即拉响 11 颗地雷，炸死日伪军多人。接着，民兵又用步枪毙其 10 余人，日伪军乱作一团，分头溃逃。数十分钟后，20 余名伪军前来收尸，民兵再次拉响地雷，又炸死其 5 人。经 13 小时激战，冉庄民兵仅以轻伤 1 人的代价毙伤日伪军 33 人，打退了日伪军的进攻。从 1942 年至抗日战争胜利，冉庄民兵沉重打击了日本侵略者，缴获大量物资。

地道战是冀中平原人民对敌斗争的伟大创举，在抗日战争史上闪烁着灿烂的光辉！

武阳

武阳，隶属湖南省绥宁县，位于湖南省西南部。北宋熙宁六年（1073 年），置武阳砦。明朝时称青坡司，并在此设立巡检司。清代后期始称武阳。民国时期属李熙桥区。新中国成立后，曾先后设立武阳区、武阳乡、武阳人民公社。1984 年，改置武阳镇。

1944 年下半年，美军战机从中国机场起飞，开始了对日本本土重要军事基地的轰炸，日本国内处于一片恐慌之中。1945 年初，为了解除来自芷江和老河口的空中打击，威胁战时首都重庆，日本集结兵力，决定对老河口和芷江展开进攻。1月29日，侵华日军总司令冈村宁次召开"南京会议"，决定以第20军为主力进攻湘西，目标是夺取芷江。4月15日，日军第34师团在付出惨重代价后攻占新宁，其后休整数日，便继续向芷江方向进犯。4月23日，日军强渡巫水遇挫，渡过河的200多名日军几乎来不及抵抗，就被中国军队第27集团军44师歼灭。随后，日军几次强渡，全部被中国军队的优势炮火击退，迫不得已转向进攻武阳。

　　4月27日，日军第68师团开始向武阳发起进攻。武阳位于绥宁、洞口至洪江的交通枢纽，此时驻武阳的中国守军很少，日军攻势强大，激战两日便攻占了大半个武阳县城。随后，中国第27集团军44师于4月29日火速增援武阳并从侧翼突袭日军，日军被迫停止对武阳的进攻，转而调头对付44师。在44师士兵的誓死抗击下，日军侧翼很快就被突破。第27集团军总司令汤恩伯随即从贵州黄平、镇远调94军火速赶至武阳，决心将日军68师团彻底歼灭。30日，94军开始向武阳附近的日军发动总攻。日军稍作抵抗便成溃败之势，随后狼狈逃窜。中美联合空军两个编队的"野马式"战机和14架"P-40鲨鱼式"战机也前来助战，连续几天轮番攻击武阳附近据点的日军。夜间，美空军出动"黑寡妇式"轻型轰炸机频繁轰炸日军各据点，武阳日军十分狼狈。翌日，中国军队气势如虹，将日军全部击溃。日军残部狼狈鼠窜，阵地上甚至丢满了吃饭用的碗筷。是役，日军第68师团遭遇重创。

　　5月6日，何应钦在芷江向前来采访的中外记者宣布："武阳之捷开湘西战役胜利之先声。"

雪峰山

　　雪峰山，位于湖南省中部偏西，沅江与资江之间，南临大南山，北止洞庭湖，西靠湘西丘陵，东连湘中丘陵。山脉主体为东北—西南走向，是沅水与资水的分水岭。雪峰山因山顶常年积雪而得名。雪峰山为正向构造的古老隆起山地，绵亘 300 余千米，横跨 80—120 千米。中段山脊标高 1200—1700 米，主峰罗翁八面山苏宝顶海拔 1934 米，位于黔阳与洞口之间。山体受继承间歇式抬升活动和外力作用的影响，呈现多级剥夷面，加之断层发育，岭壑交替起伏。整个山体两侧，大致呈现出东坡陡峻、西坡缓倾的地势。沅江支流巫水、溆水、夷望溪，资水西源及其支流平溪、辰溪等均出自山地两侧。两条干流切过雪峰山体中北段，河道呈"S"状转折，形成峡谷。

雪峰山战役即湘西会战，是日军在极为不利的形势之下被迫发动的一次毫无胜算的进攻战，也是中国人民抗日战争中的最后一次会战。中国军队以雪峰山为依托，节节抵抗，诱敌深入，给日军以歼灭性打击，最终取得了会战的胜利。

1945 年 1 月 29 日，侵华日军总司令冈村宁次召开"南京会议"，制订"芷江攻略战"计划，妄图占领中美空军芷江机场。为此，日军第 6 方面军纠集 5 个师团加 3 个独立混成旅团，在 20 军司令官坂西一郎的率领下，兵分三路进攻芷江：中路担任主攻，由第 116 师团从邵阳沿宝榆公路西进，进而突破安江，直取芷江；北路是 47 师团重广支队和独立混成第 86 旅团组成，进攻安化、辰溪、溆浦；南路是 34 师团和 68 师团关根支队，准备攻占新宁、武冈、绥宁、洪江。

针对日军作战意图，中国军队由何应钦任总指挥，率第 10、第 20 集团军及新 1 军，以雪峰山为依托，与日军决战，保卫中美空军基地。

4 月 9 日，北路日军 47 师团的重广支队 4000 余人进攻蓝田，拉开了雪峰山会战的序幕。驻守蓝田的第 73 军在日军尚未集结完毕前，先以两个团的兵力向日军主力方向进攻。日军措手不及，被打得狼狈不堪。作战近 1 个月，日军 47 师团在 73 军的狙击下伤亡惨重，只占领了黑回铺、月光山、洋溪几个无关紧要的区域，遭遇完全的失败。4 月 12 日，南路日军 34 师团进攻新宁。新宁守军 74 军 58 师负责守城的 1 个营和日军激战 4 天，杀伤日军数百人后撤出了新宁，新宁被日军占领。23 日，新宁日军强渡巫水。中国第 27 集团军 44 师待日军半渡而击，将日军的几次强渡全部挫败。日军只得转向进攻武阳。在进攻武阳的同时，日军 68 师团主力关根支队包括坦克部队在内，全力进攻战役关键重镇武冈县城。中国守军 74 军 58 师依托有利工事，顽强防守。激战 3 天，日军除了丢下大量的尸体以外，只突破了城外的两道简易防线。5 月 1 日，日军集中火力进攻武冈西门，随后以人海战术进行强攻。日军一度架起梯子爬上了城墙。但中国守军依然顽强地再次打退攻城日军。此时，原驻防武阳的中国军队 44 师一部前来增援。日军被 44 师打了个措手不及，顿时大乱。此时武冈守军也出城夹攻，日军大败，溃退到武阳外靠近绥宁一线。

4 月 17 日，中路日军主力 116 师团一部渡过资水，向中国军队 100 军主阵地发动进攻。日军首先攻击芙蓉山外围阵地岩口铺。守军只有 1 个连 196 名官兵，面对 1000 名日军的四面围攻，居然坚守小镇 12 天，确保阵地不失。日军被迫绕过芙蓉山继续推进。芙蓉山的固守，使日军始终不能利用湘黔公路。兵员、辎重输送必须绕山区崎岖小路，补给线更为延长，时间及精力耗费严重，极大地影响了日军的战斗力。到 4 月底，中路日军 116 师团推进到雪峰山中段主峰下的江口、青岩、铁山一带。其右翼 109 联队则已越过雪峰山主峰进至龙潭司附近。5 月 1 日，日军 116 师团以 130 联队和 133 联队连续向雪峰山中段主峰下的江口、青岩、铁山一带中国军队猛攻。当日，中国军队接连击退日军 9 次冲击。随后中日军队展开拉锯战。连续 7 天 7 夜都是战火纷飞，炮声隆隆，空气中都是硝烟的味道。5 月 8 日下午 4 点多钟，枪炮声渐渐平静下来，日军像潮水一样溃败了。这次战役被称为青岩之战，是整个雪峰山会战的转折性战役。

遭受严重打击的日军 47、116 两个师团联合发电报给南京的冈村宁次，要求中止芷江作战。9 日，侵华日军总部下达终止芷江作战命令，日军各部开始全面撤退。5 月 11 日，北路日军被中国 73 军迂回包围。

结果日军 47 师团趁中国军队包围圈尚未合拢，立即后撤。最前方的重广支队被中国军队围歼，以致全军覆没，只有少量残兵和 47 师团会合后撤。5 月 21 日，南路日军 34 师团和关根支队被芙蓉山中国守军狙击。经过两天激战，日军伤亡惨重，只得从小路溃逃。6 月 7 日，日军全部退回原出发地，战役结束。

雪峰山会战的胜利，标志着日军中国战场攻势的结束，中国抗日正面战场由战略防御转入战略反攻阶段。

芷江

芷江，全称芷江侗族自治县，隶属怀化市，位于湖南省西部，地处武陵山系南麓，云贵高原东部余脉的延伸地带。县城所在地芷江镇距离怀化市不到 40 千米，素有"滇黔门户、黔楚咽喉"之称。秦属黔中郡。西汉高祖五年（前 202 年），置无阳县，为芷江建县之始。东汉废县，并入辰阳县。晋属武陵郡。唐开元元年（713 年），置潭阳县。宋熙宁七年（1074 年），改潭阳县为卢阳县。明洪武九年（1376 年），废卢阳县入沅州。清乾隆元年（1736 年），置芷江县。清同治《芷江县治》载："芷溪源出明山，流入潕水，向产芷草，邑之得名以此。"1986 年，撤销芷江县，设芷江侗族自治县。

1945 年 8 月 21 日，中国抗战胜利受降洽谈会议在芷江举行，芷江因此声名远播，成为抗战胜利受降名城。

1945 年，世界反法西斯同盟国军队在各战场势如破竹，世界反法西斯战争临近最后胜利。5 月 8 日，德国正式宣布无条件投降，欧洲战事结束。在亚洲战场，日本困兽犹斗，垂死挣扎。7 月 17 日—8 月 2 日，波茨坦会议召开，并发布敦促日本投降的公告，但日本公开拒绝投降。美国遂于 8 月 6 日和 9 日先后在日本广岛和长崎投下原子弹，使日本政府的心理防线到了崩溃的边缘。8 月 8 日，苏联对日宣战，并出兵中国东北，向关东军发起全线进攻。另外，中国共产党所领导的八路军、新四军等抗日武装也在敌后战场向日寇发起猛烈攻击，在中国大陆的日本军队遭到灭顶之灾。日本天皇见大势已去，遂于 8 月 15 日宣布无条件投降。

1945 年 8 月 18 日，中日双方以湖南芷江为洽降地区，商谈日军投降事宜。本来预定在芷江举行受降签字仪式，后来蒋介石决定把正式受降签字典礼改在南京举行。这样，在芷江只是接见日军降使，商议受降事宜，以便作出具体受降规定。8 月 21 日，冈村宁次派遣副参谋长今井武夫一行 8 人，乘日本飞机自汉口起飞，在盟军飞机的监护下由汉口飞抵湖南芷江。上午 11 时，日本投降使节今井武夫等一行 8 人乘机到达芷江。下午，中国接受日军洽降的会议正式举行。今井武夫向中方呈递了投降文件，包括日本在华兵力部署图表。23 日，中国陆军总司令参谋长萧毅肃将中国战区陆军总司令部备忘录第 1 号由今井武夫转交给冈村宁次，其中详细规定了中国受降的事项。23 日下午，受降会议结束后，何应钦召见了日本洽降代表今井武夫，并告知日本投降书签字地点定为南京。

"八年烽火起卢沟，一纸降书落芷江。"芷江洽降标志着日本侵华战争结束，中国人民抗日战争胜利。为纪念芷江洽降这一重大历史事件，国民政府于 1946 年 2 月，在芷江修建抗日胜利受降纪念坊，以"中国凯旋门"著称于世。

下篇
XIAPIAN

1938 年 10 月—1941 年 12 月

慕尼黑

　　慕尼黑，位于北纬 48°08′，东经 11°34′，地处德国南部巴伐利亚州低矮的上巴伐利亚高原，距离阿尔卑斯山北麓约 45 千米，海拔 520 米，名称源于 8 世纪此地出现的本笃会修道院。"慕尼黑"在德语中有"僧侣之地"的含义。

　　1175 年，慕尼黑正式获得城市身份，建立了要塞。1255 年，慕尼黑成为上巴伐利亚公国的都城，从此开始了该市的建都史。1506 年，慕尼黑开始成为整个巴伐利亚公国的首府。16 世纪，慕尼黑是德国反宗教改革的中心，也是德国文艺复兴的艺术中心。1806 年，巴伐利亚由公国升为王国，慕尼黑也升格为王都，并建立了慕尼黑—弗赖辛总教区。1871 年德国统一后，慕尼黑仍然作为巴伐利亚王国的首府，直到 1918 年自由德意志共和国成立。

　　慕尼黑是纳粹的发祥地。1933 年纳粹党在德国掌权后，将总部设在慕尼黑，并称该市为"运动首都"。

　　《慕尼黑协定》（1938 年 9 月 30 日），是德国元首阿道夫·希特勒、意大利总理贝尼托·墨索里尼、英国首相亚瑟·内维尔·张伯伦和法国

下
篇

总理爱德华·达拉第在该市签署的协定，全称《关于捷克斯洛伐克割让苏台德领土给德国的协定》。

1937年6月，德国拟订了代号为"绿色方案"的侵捷计划，企图以支持"民族自决"为名，占领捷克斯洛伐克西部和北部的苏台德地区。1938年4月，以康拉德·汉莱因为首领的德意志人党举行代表大会，提出把苏台德地区从捷克斯洛伐克分裂出去的"自治"纲领。阿道夫·希特勒以此为由，在德捷边境集结兵力，以战争相威胁。5月20日，捷克斯洛伐克政府被迫宣布局部动员，德捷边境局势紧张，史称"五月危机"。由于法国与捷克斯洛伐克签订互助条约，1938年9月13日，法国内阁授权总理达拉第邀请英国首相内维尔·张伯伦出面调解。1938年9月15日，张伯伦飞往德国，与希特勒会晤。会谈结束后，张伯伦连夜赶回伦敦，与法国一起向捷克斯洛伐克政府施压，要求捷政府根据"民族自决"原则解决苏台德地区问题。1938年9月22日，希特勒又要求在10月1日前，将捷境内其他操德语的地区统统划归德国。捷克斯洛伐克总统爱德华·贝奈斯断然拒绝了德国的要求，同时宣布全国总动员。1938年9月27日，希特勒下令德军7个师进入德捷边界前沿阵地，战争有一触即发之势。1938年9月29日，张伯伦、达拉第、希特勒和墨索里尼，在慕尼黑举行英、法、德、意四国首脑会议。会议从1938年9月29日12时45分开始，至30日凌晨1时30分结束。四国正式签署了将苏台德地区割让给德国的《慕尼黑协定》。随后，一直在隔壁房间里等候的两名捷克斯洛伐克代表被带进会议厅，并被告知协定的内容。迫于英法两国的压力，捷克斯洛伐克政府被迫接受了《慕尼黑协定》。

《慕尼黑协定》包括8条正文、1个附件和3项声明。其主要内容是：捷将苏台德地区割让给德国，德军于1938年10月完成对上述地区和对其他德意志族占据多数的地区的占领，这些地区存在的任何设备必须完好地交给德国；对尚不能确定德意志族是否占居民多数的捷其他地区，应暂由英、法、德、意、捷代表组成的国际委员会占领，于11月底前举行公民投票，以确定其归属，并划定最后边界；捷政府应在4周内释放正在服刑的苏台德政治犯；有关政府须在3个月内解决捷境内的波兰和匈牙利少数民族问题，否则，德、英、法、意首脑将再次开会讨论；英法保证捷新边界不受侵略；当捷境内少数民族问题已解决时，德国仍将对捷提供保证。

英法等国害怕卷入与德国的战争，企图牺牲弱小国家的利益，满足德国的侵略要求，以换取自身的和平。这就是二战前的绥靖政策，而《慕尼黑协定》的签订是英法绥靖政策的顶峰。协定使捷克斯洛伐克丧失了2.85万平方千米的领土、360万居民和1/2以上的经济资源，丧失了作为边境地区安全屏障的防御要塞。协定还破坏了英、法在东欧的同盟体系，加强了德国的经济和军事实力，助长了德、日、意法西斯的侵略气焰。1939年3月15日，希特勒悍然撕毁《慕尼黑协定》，出兵占领捷克斯洛伐克全境，英法却拒不履行保护捷新疆界的义务。希特勒吞并捷克斯洛伐克全部领土后，于9月1日进攻波兰，第二次世界大战全面爆发。

波兰

波兰，位于北纬49°—54°50′，东经14°08′—24°09′。国名源于斯拉夫语Polanie，意思是居住在平原上的人。波兰地处欧洲大陆中部，南北长约649千米，东西长约689千米，首都为华沙。

波兰起初是西斯拉夫人中的波兰、维斯瓦、西里西亚、东波美拉尼亚、马佐夫舍等部落的联盟。10世纪中叶，以格涅兹诺为中心的波兰部落逐渐统一了其他部落，建立了早期封建国家。1320年，瓦迪斯瓦夫一世（1314—1333年在位）实现了波兰统一，在克拉科夫加冕为波兰国王。1385年，为抵抗条顿骑士团的侵略，波兰王国和立陶宛大公国实行了王朝联合，立陶宛大公瓦迪斯瓦夫二世·亚盖洛就任波兰国王。1505 年，波兰王国和立陶宛大公国合并成立了波兰共和国，首都从克拉科夫迁到华沙。1772—1795 年，沙皇俄国、普鲁士、奥地利三次瓜分波兰，存在了 800 多年的波兰就此灭亡。1918 年 8 月 29 日，苏俄政府宣布废除沙俄与普、奥签订的关于瓜分波兰的一切条约，承认波兰独立。11 月 18 日，约瑟夫·毕苏茨基在华沙组成联合政府，就任波兰共和国元首。1919 年 2 月—1921 年 3 月，波兰与苏俄之间进行了一场领土战争。1921 年 3 月 18 日，波兰与苏俄在里加签订《里加条约》，规定波兰获得苏俄西部边境的大片领土。

德国闪击波兰（1939 年 9 月 1 日—10 月 2 日），是第二次世界大战期间德军对波兰发动的一次"闪电战"。德军借此迅速占领了波兰。

1939 年 9 月 1 日凌晨 4 时 45 分，德国轰炸机群对波兰的部队、军火库、机场、铁路、公路和桥梁进行地毯式轰炸。同时，德军远程火炮的炮弹如倾盆大雨般落在波军阵地上。约 1 小时后，德军地面部队发起了全线进攻，很快突破了波军的防线。9 月 3 日，英、法分别向德国发出最后通牒，要求德国停战。德国对此置之不理，英法两国相继对德宣战。德军突破波军防线后，以每天 50—60 千米的速度向波兰腹地突进。德国南方集团军群司令伦思德麾下赖歇瑙的第 10 集团军为中路主力，李斯特的第 14 集团军为右翼，布拉斯科维兹的第 8 集团军为左翼进行掩护，从西面和西南面向维斯瓦河中游挺进；德国北方集团军群司令冯·博克麾下克鲁格的第 4 集团军担任主力，进攻波兰西北海岸，另以屈希勒尔的第 3 集团军从东普鲁士向南直扑华沙及华沙后方的布格河。德国装甲兵创始人古德里安率领德军精锐部队即北方集团军群第 4 集团军第 19 装甲军，下辖 1 个装甲师、2 个摩托化师和 1 个步兵师。9 月 3 日晚，古德里安率部将波军的"波莫瑞"集团军合围，4 日，全歼波军"波莫瑞"集团军的 3 个步兵师和 1 个骑兵旅，而古德里安的部队仅死亡 150 人，伤 700 人。德军闪电式的进攻使波军完全陷入了被动挨打的境地。英法对德宣战后，虽然在西线陈兵百万，但因推行绥靖政策，不愿陷入与德国的战争，因而按兵不动，宣而不战。6 日，波军总司令斯密格莱·利兹元帅下令所有部队撤至维斯瓦河以东，组成维斯瓦河—桑河防线。14 日，南方集团军群所属赖歇瑙的第 10 集团军和布拉斯科维兹的第 8 集团军占领波兰中部地区，华沙面临被包围的危险。15 日，古德里安的第 19 装甲军包围了布列斯特。16 日，第 14 集团军第 22 装甲军合围了退集在布格河、桑河与维斯瓦河三角地带的波军。17 日，德军完成对华沙的合围。17 日凌晨，苏联白俄罗斯方面军和乌克兰方面军越过波兰东部边界向西推进，18 日，与德军在布列斯特—立陶夫斯克会师。25 日，德军开始进攻华沙。28 日，华沙守军投降。10 月 2 日，最后一个城市格丁尼亚停止抵抗。10 月 6 日，波军全军覆没，德波战争结束。

此战中，波军死亡 66300 人，伤 133700 人，被德军俘虏 69.4 万人，被苏联红军俘虏 21.7 万人。德军死亡 10600 人，伤 30300 人，失踪 3400 余人。战争中，德军为突破波军防御，首次使用了快速重兵集团——坦克军、坦克师和摩托化师，与航空兵密切协同作战，展现了坦克兵团在航空兵协同下实施大纵深快速突击的威力，在军事史上影响深远。

大西洋

大西洋，横跨北纬 66.5°—南纬 66.5°，西经 100°—东经 40°，是世界第二大洋，北面连接北冰洋，南面与南冰洋接连，东面为欧洲和非洲，西面是美洲。大西洋的名称出自古希腊神话中英雄大力神阿特拉斯的名字。传说阿特拉斯住在极远的西边，人们看到大西洋海域宽广，无边无际，以为它就是阿特拉斯的栖身之所，就把它称为 Atlantic。1845 年，伦敦地理学会统一定名为 Atlantic Ocean。其中文名称最早来自于 1583 年意大利传教士利玛窦的《山海舆地全图》，其中将拉丁文名称意译为大西洋。

　　大西洋海战（1939年9月3日—1945年5月8日），是第二次世界大战期间，德国同英、美为争夺大西洋制海权而进行的海战。

　　大西洋海战可以划分为三个阶段。

　　第一阶段（1939年9月—1941年12月）：德国投入各型水面作战舰只、潜艇和航空兵，以破坏英国的海上交通线。英国以海军和空军兵力保护交通线斗争，并对德国实施海上封锁。9月3日，英国正式对德宣战。当天，德潜艇舰队司令卡尔·邓尼兹派出的U-30号潜艇便初战告捷，击沉英邮轮"雅典娜号"，拉开了大西洋海战的序幕。9月19日，德U-29号潜艇在通往不列颠群岛的西航道附近一举击沉了英国航空母舰"勇敢号"，为此英国人不得不将航空母舰从德国潜艇活动频繁的地区撤离。10月14日，邓尼兹指派U-47号潜艇长途奔袭英国本土的海军基地斯帕卡湾，击沉英战列舰"皇家橡树号"，舰上近800名官兵葬身海底。此后，英国人被迫放弃了斯帕卡这一重要海军基地。另外，德潜艇还击伤了"纳尔逊号"、"巴勒姆号"战列舰和"贝尔法斯特号"巡洋舰。德方仅损失14艘潜艇，计约9500总吨位。1940年6月，法国沦陷，德国获得了距离大西洋更近的大陆西海岸的海港和潜艇基地。邓尼兹决定实施其以前难以施展的潜艇战新战术——"狼群战术"，即多艘潜艇协同作战，一旦发现盟国护航舰队，便由其中一艘搜索追击，并用无线电引导其余潜艇集结，抢占护航队上风，然后连续数日夜袭，直到歼灭猎物为止。德国"狼群"在大西洋为所欲为。10月17—18日，6艘德国潜艇在北海结群袭击了由加拿大驶往英国的"SC-7"护航运输船队，击沉17艘货船；10月19—21日，5艘潜艇将英"HX-79"护航运输队的14艘英国货船送入了海底。从1940年7月到10月，德国潜艇共击沉了205艘英国舰船，总吨位达108.9万吨，而德国仅损失了6艘潜艇。1941年5月中旬，德国新造的水面舰艇巨型战列舰"俾斯麦号"随同新巡洋舰"欧根亲王号"驶入大西洋，以图扩大对盟军的战果。5月24日晨光初现之时，两舰在格林兰海域与出击拦截的英战列巡洋舰"胡德号"和"威尔士亲王号"遭遇，于是在间距仅 22.5 千米之处四舰同时开火。德国两舰集中对付英最大的"胡德号",使其爆炸起火,几分钟内便沉入海底,"威尔士亲王号"也中弹撤离战场。但德舰不久就遭到以"皇家方舟号"航空母舰为主的英联合舰队的追击。27 日,"俾斯麦号"在鱼雷、重炮和炸弹的轰击下成为一团火焰,缓缓沉入波涛之中,舰上 2000 余人葬身鱼腹。从此邓尼兹的潜艇成为德国海军的主要作战力量。

第二阶段(1942 年 1 月—1943 年 5 月):美国参战后,德国实行无限制潜艇战,数个潜艇群在整个大西洋范围内袭击同盟国的商船队。盟军则以反潜航空母舰编队和远程反潜巡逻机,给德国潜艇以更为沉重的打击,迫使德国于 1943 年 5 月将剩余的潜艇撤离大西洋。1943 年盟国机载雷达、大功率探照灯和高效长时间照明弹的发明,使德国潜艇逐渐失去了夜幕的掩护。而盟国大量的护航舰船尤其是护航航空母舰下水服役,更成为德国潜艇的克星。5 月 24 日,邓尼兹下令潜艇撤离北大西洋,大西洋潜艇战就此告终。

第三阶段(1943 年 6 月—1945 年 5 月):1944 年,美国的航空母舰已增至 125 艘,英国也达到 40 艘。盟军掌握了大西洋的制海制空权,舰载和岸基反潜飞机迫使德国潜艇难以经比斯开湾航道进入大西洋,猖獗一时的德国潜艇蒙受巨大损失。1945 年 5 月 8 日,邓尼兹命令德国的700 艘潜艇全部浮到海面上,向英国投降。大西洋海战结束。

大西洋海战是战争史上时间最长、过程最复杂的持久性海战,标志着潜艇时代的终结。大西洋潜艇(反潜)战对日后世界各国海军的战略战术及装备研制均产生了深远的影响。

挪威

挪威,位于北纬 57°—71°,东经 4°—13°,斯堪的纳维亚半岛西部。挪威一词大约出现于 9 世纪,由 Nolreweg 转来,意为"通往北方之路"、"北方航道"。当时来往于斯堪的纳维亚半岛的航道主要有三条：东路经波罗的海，西路经北海，北路沿着半岛的北岸出入。当时，北路一线的海岸地区依据航线的名称被叫作"诺雷韦格（Nolreweg）地区"，是将日耳曼语的 nolre（北）和 weg（路）拼合而成的地名。在英语中，将其后半部的"韦格（weg）"换成英语的"威 way（路）"，读作"挪威（Nolway）"。挪威领土南北狭长，海岸线漫长曲折，沿海岛屿很多，被称为"万岛之国"，首都为奥斯陆。

900 年，国王霍尔法格统一挪威。公元 9 世纪形成统一的王国。在 9—11 世纪的北欧海盗时期，挪威不断向外扩张，进入鼎盛时期。1397 年与丹麦和瑞典组成卡尔马联盟，挪威受丹麦统治。1814 年，丹麦把挪威割让给瑞典，以换取西波美拉尼亚。1814 年 5 月 17 日，通过宪法规定挪威为世袭君主立宪国。1905 年，挪威成立君主国，并立丹麦王子卡尔为国王，称哈康七世。

挪威战役（1940 年 4 月 9 日—6 月 10 日），是德国夺取丹麦和挪威的进攻战役。

1940 年 4 月 9 日凌晨 5 时 15 分，德国以维护丹麦和挪威的中立为由突然发起进攻。丹麦国王命令部队不抵抗。德军仅用 4 个小时便占领整个丹麦。4 月 9 日 5 时 50 分，德军在挪威沿岸的各主要港口实施登陆，同时出动 800 架作战飞机和 250 架运输机，从空中压向挪威。在纳尔维克，10 艘德国驱逐舰将港内 2 艘挪威装甲舰击沉，300 名挪威水兵全部阵亡。在卑尔根，海岸炮台虽重创德轻巡洋舰"葛尼斯堡号"和 1 艘辅助舰，却没能阻止德军登陆，港口很快沦陷。在特隆赫姆，挪威守军未作任何抵抗便交出港口。约 12 时，西南海岸的港口斯塔万格和附近的苏拉机场落入了德军之手，德军由此掌握了挪威南部和中部的制空权。南部海岸的克里斯丁海岸炮台两次击退了由德轻巡洋舰"卡尔斯卢合号"率领的德国舰队的进攻。但这些炮台很快就被德国空军炸毁，港口于下午 3 时左右沦陷。然而，"卡尔斯卢合号"在当晚离开港口的时候，被英国潜艇用鱼雷击沉。9 日午后，英国主力舰队出现在卑尔根附近，德军轰炸机迅速出动，炸沉英军的 1 艘驱逐舰，炸伤 1 艘战列舰和 2 艘重巡洋舰。英国舰队被迫撤到设得兰群岛地区。进攻挪威首都奥斯陆的德国舰队在 80 千米长的奥斯陆峡湾入口遭到了挪威布雷舰"奥拉夫·特里格佛逊号"的拦截，1 艘德国鱼雷艇被击沉，轻巡洋舰"埃姆登号"被击伤。在奥斯陆以南约 24 千米的地方，德国舰队又遭岸炮轰击和鱼雷攻击，旗舰"布吕歇尔号"重巡洋舰被击沉，舰队司令奥斯卡·孔末茨海军少将被俘，德国舰队被迫撤退。9 日中午，约 5 个连的德国空降兵在奥斯陆附近的福纳步机场着陆，在已经倒戈纳粹的挪威将领吉斯林的"第五纵队"配合下占领了奥斯陆。挪威王室、政府和议会撤到奥斯陆以北 128 千米的哈马尔。14 日和 16 日，英法联军在挪威北部的纳尔维克和中部的特隆赫姆附近登陆。中部登陆的英法联军在德国飞机的狂轰滥炸下遭到惨重损失，于 5 月 2 日撤离挪威。在纳尔维克的争夺战中，英法联军得到舰队和空军的支援，占有巨大的优势。德军于 5 月 28 日放弃纳尔维克，退向瑞典边界。1940 年 5 月 10 日，德军在西线发起大规模攻势，英法自顾不暇，于 6 月 7 日前从挪威撤出全部军队，挪威国王和政府成员流亡伦敦。德军 6 月 10 日占领挪威全境。

此役令德军损失 5700 余人，以及巡洋舰 3 艘、驱逐舰 10 艘、潜艇 4 艘。英法和挪威军队伤亡 5000 余人，损失航空母舰 1 艘、巡洋舰 2 艘、驱逐舰 7 艘。挪威战役首次使用了陆、海、空立体作战战术，在人类战争史上写下新篇章。德国不仅获得了出击英国和驶向大西洋的出海口，还得到了向苏联进军的重要战略基地，并使中立的瑞典转向德国。

奥斯维辛

奥斯维辛，位于东经 19°10′42″，北纬 50°2′09″，是波兰东南部的一个小镇，在克拉科夫西南 60 千米，距离首都华沙约 230 千米。奥斯维辛（Oświęcim）得名于波兰语，意为"宁静之地"。1939 年，德军占领波兰后，"Oświęcim"一词被纳粹德国改成用德语"Auschwitz"拼写。

奥斯维辛集中营（1940年4月27日—1945年1月17日），是纳粹德国时期建立的劳动营和灭绝营的统称，包括3座主营和39座小营，有"死亡工厂"之称。

1940年4月27日，纳粹德国党卫军首领海因里希·希姆莱下令在奥斯维辛建造集中营。选择在此建营，主要是因为这里是铁路交通枢纽，便于运输"犯人"。

1号集中营是整个奥斯威辛地区集中营的管理中心。1940年6月14日，该营收容了首批728名波兰和德国政治犯。1941年6月，德国入侵苏联后，苏联战俘被陆续送往这里关押。大约7万名波兰知识分子、同性恋者和苏联战俘在这里被杀害。为德军服务的军用经济企业都位于这里。

2号集中营，又名"比克瑙营"，是一个"灭绝营"，其主要任务是利用毒气室进行大规模屠杀，有大约100万名犹太人，7.5万名波兰人、同性恋者和1.9万名吉普赛人在此遇害。

3号集中营，又名"莫诺维茨营"，是德国最大的化学公司I.G.法本公司的劳动营，约1.1万名"犯人"在这里挖煤，生产水泥和橡胶等。

当"犯人"被运至集中营，往往会根据身体状况被分成可以劳动或进毒气室两类。纳粹医生甚至会掰开年长者的嘴巴，观察他们的牙齿，以确定他们的年龄和断定他们是否能劳动。大部分的犹太人、妇人、儿童、老人或是被判断为没有价值的人，会被直接送往比克瑙营的毒气室。

纳粹分子认为屠杀的效率取决于受害人走上刑场的秩序，所以他们会将骗局持续到最后一秒钟。不能劳动的人被送到比克瑙营后，会听到广播里温和地劝告受害者应先洗个澡，除去身上的虱子。"浴室"门前的地面上铺着青草皮，栽着时令鲜花。走进"浴室"时还可以听到动听的音乐，一支小乐队在"浴室"前厅为"欢迎"新来者演奏着轻松的乐曲，乐队队员穿着白衫和海军蓝的裙子，都是文雅、漂亮的年轻姑娘。

看守们"友善地"给每个人发放毛巾，提醒人们记住自己衣橱的号码，免得出来时找不到自己的东西……墙上写着欢迎来奥斯维辛集中营工作的标语，甚至写着洗浴时间和规定等。人们争先恐后地脱掉衣服涌进"浴室"。当"浴室"内变得越来越拥挤，以至于前胸贴着后背时，沉重的大铁门已经关闭，看守们在门外加上了锁和密封条。

地面上的看守开始走向草坪中的小"白蘑菇"，这些隐蔽在草丛中的白蘑菇雕塑是毒气室的通气孔，看守们向气孔中投放"齐克隆-B"——德国化学家弗里茨·哈伯发明的氰化物化学药剂，杀人快速而且成本低廉。

人们正仰头望着喷头。突然，所有的灯全灭了。接着，离喷头最近的人摇晃着倒下了，所有人的喉咙都好像被一只手卡住了……15分钟后灯亮了，屠杀者通过窥视孔观察里面的动静，若有人还在挣扎，就熄灯再等10分钟。看守们用抽气机抽走毒气，然后就是可以多活几个星期的杂役打开大门处理尸体。他们在焚尸前敲掉受害者的金牙，剥下文身人的皮肤做灯罩，并剪下女人的长发编织地毯。1943年，集中营内建立起了炼金车间，将金首饰、金牙熔化成金锭，1天产量高达10千克。

没有送往毒气室的人则被带到"检疫区"，在那里被剪掉头发、领取囚服并进行拍照、登记，然后送往奥斯维辛、莫诺维茨或其他集中营干苦役。服苦役的囚徒生存条件非常恶劣，死神随时都会降临。许多人来到这里几个月就死去了，快的甚至在几天内就死去。

纳粹们还在集中营内设立了用活人进行"医学试验"的"病房"和试验室，利用被关押者进行医学试验，如试验便捷的绝育方法，对孪生子女进行活体或尸体解剖等。

1945年1月27日，苏联红军攻克了奥斯维辛集中营。当时集中营内的幸存者仅有7千多人，其中包括130名儿童。同时被发现的还有

1.4 万条人发毛毯和纳粹德军没来得及运走的 7.7 吨头发。

1947 年，波兰国会立法把集中营改为纪念纳粹大屠杀的国家博物馆，作为纳粹德国所犯的恶名昭彰罪行的历史见证。1979 年，联合国教科文组织将奥斯维辛集中营列入世界文化遗产名录，以警示世界"要和平，不要战争"。2007 年，联合国教科文组织把集中营命名为"奥斯维辛-比克瑙德国纳粹集中和灭绝营"。

印·记

法兰西

法兰西，位于北纬 42°—51°，西经 5°—东经 8°之间（穿过本初子午线，法属科西嘉岛最南端为北纬 41°20′，最东端东经 9°35′），全称法兰西共和国，国名源于中世纪前期的法兰克王国。法兰克王国分裂后，原法兰克王国的西部沿用其名称，并演变为法兰西。"法兰西"（France）这一称呼最早出现于 11 世纪的《罗兰之歌》。远古时期，在法兰西的土地上就有人类居住。公元前 1000 年左右，克尔特人迁居于此。481 年，国王克洛维建立法兰克王国。800 年，国王查理曼由教皇加冕为皇帝。到 15 世纪末，勃艮第、比卡第、布列塔尼、普罗旺斯、鲁西永也并入法兰西王国的版图。1559 年，法国取得加莱以及梅斯、图尔、凡尔登 3 个主教区的统治权。1789 年，法国进入资本主义确立和发展时期。1939 年 9 月 3 日，法国对德宣战。1940 年 6 月 22 日，法国沦陷。1944 年 8 月 25 日光复。

法兰西战役（1940 年 5 月 10 日—6 月 22 日）又称法国沦陷，是德国结束西线僵持半年多的"静坐战"之后，攻陷法国和低地国家（对欧洲西北沿海地区的称呼，广义上包括荷兰、比利时、卢森堡，以及法国北部与德国西部，狭义上则仅指荷兰、比利时、卢森堡三国，合称"比荷卢"或"荷比卢"）的一次战役。

1940 年 5 月 10 日凌晨，成群的德军俯冲轰炸机对法国、荷兰、比利时和卢森堡的机场、铁路枢纽、重兵集结地区和城市进行猛烈的轰炸。5 时 30 分，德军地面部队从北海到马其诺防线之间 300 多千米长的战线上向荷兰、比利时和卢森堡发起了大规模进攻。

德军先由冯·博克元帅率领的 B 集团军群对荷兰和比利时发起猛攻，并很快突破荷兰和比利时边境，迫使集结在法国北部的英法主力越过法比边境火速增援。随后，担任中路主攻的冯·龙德施泰特 A 集团军群向卢森堡和比利时的阿登山区实施主要突击。卢森堡当天不战而降。古德里安率领的 A 集团军群第 19 装甲军轻易地突破了比军的松散抵抗，只用了两天时间便穿越了阿登山脉 110 千米长的峡谷，深入法境。12 日下午，古德里安的 3 个装甲师已经到达马斯河北岸，并攻下了法国著名的要塞城市——色当。13 日上午 11 时，德军出动近 400 架轰炸机，分批次对马斯河南岸的法军阵地和炮兵群进行了长达 5 个小时的狂轰滥炸。下午 4 时，德军分乘数百艘橡皮艇，开始强渡马斯河。下午 5 时 30 分，德军在马斯河南岸攻占了第一个立足点，随后开始架设浮桥。下午 8 时，古德里安属下第 1 装甲师打穿法军阵地，继续南下。16 日，古德里安率军西进，23—24 日，先后占领布洛涅和加莱。24 日下午，古德里安的第 19 装甲军到达格拉夫林，距离敦刻尔克只有 16 千米。在其右翼，莱因哈特的第 41 装甲军也到达了艾尔-圣奥梅尔-格拉夫林运河一线。然而此时，装甲兵团司令海因里希·冯·克莱斯特却突然命令第 19 装甲军和第 41 装甲军停止前进，并称"敦刻尔克之敌将全部留给戈林元帅的空军去解决"。随后的大雾天气帮了联军的大忙，联军借此机会实施了从海上撤退的"发电机计划"，从敦刻尔克先后撤走 33.8 万人。5 月 27 日，比利时国王利奥波德三世遣使向德军请求休战，德国则提出比利时军队无条件投降的条件。28 日清晨，比利时投降。6 月 5 日拂晓，冯·博克的 B 集团军率先在右翼发起全线进攻。当天，隆美尔的第 7 装甲师抢先渡过索姆河。7 日，隆美尔将防守阿布维尔—亚眠一线的法国第 10 军团拦腰斩断，德军其他军队从这个缺口如潮水般涌入法国各地。10 日，法国政府从巴黎撤出，并宣布巴黎为不设防城市。14 日，冯·库席勒的第 18 军团进入巴黎。18 日，法国政府宣布停止抵抗。6 月 22 日，法国签署投降书，战役结束。

法国投降是二战中的一件大事，纳粹的铁蹄从此统治了几乎整个西欧大陆。但法国的自由之火并没有就此熄灭，戴高乐将军流亡伦敦，开始领导"自由法国"继续战斗。

敦刻尔克

敦刻尔克，位于北纬 51°03′，东经 2°23′，是法国北部靠近比利时边境的港口城市。城市名"Duinkerke"来自荷兰语 duine（沙丘）和 kerk（教堂），意为"沙丘上的教堂"。

公元 9 世纪，敦刻尔克成为西欧的重要港口，也是英国在欧洲大陆上的重要贸易据点。1662 年，英格兰国王查理二世以 20 万英镑的价格将敦刻尔克卖给法国。1694—1695 年，敦刻尔克 3 次遭到英国军舰的猛烈炮轰，后又在两次世界大战中饱经战争摧残。

敦刻尔克大撤退（1940 年 5 月 26 日—6 月 4 日），是第二次世界大战期间，德国闪击法国致法国迅速战败，英法军队为保存有生力量，从法国领土经英吉利海峡撤退到英国的一次行动。这次大撤退也是战争史上规模最大的撤退行动，共有 338226 名士兵成功撤离。

早在 1940 年 5 月 19 日，英国就制定了从欧洲大陆撤出远征军的计划，代号"发电机计划"。该计划拟由多佛尔军港司令海军中将伯特伦·拉姆齐全权指挥，从法国沿岸的加莱、布伦和敦刻尔克三个港口，每天撤退 1 万人，并集结 30 艘渡船、12 艘扫雷舰。

5 月 26 日晚 18 时 57 分，英国海军开始执行"发电机计划"。这时，布伦已于 23 日被德军占领，加莱也危在旦夕（于 27 日沦陷）。计划中的三个港口只有敦刻尔克可以使用，而需要撤出的人有 40 万之多。由于受到德军的猛烈轰炸，敦刻尔克的 4 个船坞和 8 千米长的码头尽被炸毁，唯一可供船只停泊的是由木桩和木板搭起来的 1200 米长的简易岸堤。从敦刻尔克到英国的三条航线中，唯一能够使用的只有 90 海里的 Y 航线，驶完全程需要 6 个小时，在途中遭遇德国空袭的危险很大。

26 日晚，即"发电机计划"的第一个晚上，首批 1312 人撤回英国。德军发现联军的撤退行动后，开始加紧攻击。英国海军动用了所有可以征用的船只，包括各式驳船、拖船、货船、客轮、渔船、汽艇乃至私人游艇，总计 693 艘英国船只和 168 艘法国、荷兰和比利时船只驶往敦刻尔克。27 日，德国空军第 2、第 3 航空队向敦刻尔克发动大规模空袭，英国空军为此出动了 200 架次战斗机拦截德机。英军没能阻止德机向敦刻尔克投下 1.5 万枚高爆炸弹和 3 万枚燃烧弹，但击落德机数十架。当天，盟军撤离 7669 人。当晚，德军装甲部队再度投入战斗，敦刻尔克危在旦夕。英军第 3 步兵师在师长蒙哥马利的率领下，夜行军 60 千米，赶到德军前面，组织起新的防线，有力地保障了敦刻尔克的安全。

28 日上午，大雾，德国轰炸机大队因敦刻尔克能见度太低被迫带弹返航。联军则加紧撤退。由于港口损毁严重，官兵们 50 人一组，由 1 名军官和 1 名水手带领，以组为单位，从海滩涉水登上小船，再由小船摆渡到大船。下午，德军不断以 3—5 架飞机组成的小编队对敦刻尔克实施骚扰性空袭，但大部分炸弹都落到海里和空旷地带。即使有炸弹在士兵集结地点的附近爆炸，柔软的沙滩也吸收了爆炸的绝大部分能量，甚至在士兵身边爆炸也不过是震动一下，飞溅一脸的泥沙。联军士兵纷纷从隐蔽处走出，有的在海滩上踢足球、打板球，有的在海水里洗澡，还有的甚至悠闲地玩起了沙雕……28 日这天有 17804 人撤离。

29 日，英军吸取前三天的经验，利用木板、木梁甚至球门的木门柱作为临时跳板，又将卡车沉在海滩，作为临时栈桥。下午，天气转晴，德国空军大举出击，联军有 3 艘驱逐舰、5 艘大型渡船和 13 艘其他渡船被击沉，7 艘驱逐舰被重创。在陆地上，德国坦克部队的攻势越来越猛，德军地面的炮火已经打到了海滩和近海航道。尽管联军损失惨重，但撤退速度也大幅提升，全天共撤走 47310 人。30 日，大雾，德国空军无法前来攻击，英吉利海峡风平浪静。当天撤出 53822 人。31 日下午，天气放晴，德国空军出动了 9 个轰炸机大队，英军也尽最大努力向敦刻尔克派出了战斗机，竭力掩护撤退的部队和船只。

在地面上，德军的攻势一浪高过一浪，英法联军的后卫部队拼死坚守防线。这一天，哈罗德·欧文·安德鲁上尉因其英勇表现，荣获了敦刻尔克撤退中英国颁发的唯一一枚荣誉勋章——维多利亚十字勋章。安德鲁带领他的连队，顶着猛烈的炮击，在长达 10 余个小时的时间里，打退了德军一次次冲锋，确保阵地不失。当侧翼的友方部队出现缺口时，他又主动率领 36 名士兵赶去支援，击退了至少 500 名德军。在弹药消耗殆尽后，他才带着仅存的 8 名官兵撤回到后面的阵地。联军的英勇顽强遏止了德军的攻势，赢得了宝贵的时间，当天撤回 68014 人。6 月 1 日，英德空军爆发大规模空战，联军虽损失惨重，仍然撤出 64429 人。2 日，由于德军飞机的巨大威胁，联军被迫停止了白天的撤退，只利用夜间进行撤退，当晚撤出 26256 人。3 日，撤回 26175 人。4 日 9 时 40 分，德军第 18 集团军装甲部队冲入敦刻尔克，担任后卫的 4 万法军全部被俘，但仍有 26175 名法军官兵撤离敦刻尔克。满载法军的英军"布卡里号"驱逐舰是最后一艘撤离敦刻尔克的船只。14 时 23 分，拉姆齐宣布"发电机计划"结束。

不 列 颠

不列颠，位于北纬 56°—59°，东经 2°—8°，欧洲西方外海的岛屿群，是英国领土的主体。其地名源于凯尔特语 brith，意为杂色多彩，因为古代不列颠部族的人们喜欢在身上涂上各种颜色。古罗马统帅恺撒称这块地方为 Britannia，意为不列颠人的土地，简称 Britain。

约公元前 13 世纪，伊比利亚人从欧洲大陆来到大不列颠岛。约公元前 700 年，克尔特人迁移到不列颠群岛。43 年，不列颠成为罗马帝国的行省。5 世纪初，盎格鲁－撒克逊人等日耳曼部落征服不列颠。1707 年，不列颠与苏格兰合并，1801 年，与爱尔兰合并，"大不列颠及爱尔兰联合王国"正式建立。

不列颠空战（1940 年 7 月 10 日—1941 年 6 月 22 日），是第二次世界大战乃至世界军事史上规模最大的一次空中战争。

1940 年 7 月 10 日—8 月 23 日，德国空军主要攻击英国南部港口英吉利海峡的商船，目的是引出英国战机并歼灭之。英国皇家空军司令休·道丁为保留有生力量，很少派出战机迎战，而是综合使用战斗机、雷达和高炮，对德机截击作战。整个 7 月，道丁以 148 架飞机的损失，击毁德机 296 架。8 月 13 日，德国空军司令赫尔曼·威廉·戈林下令实施"鹰计划"。15 日，德国空军总计出动了 2000 多架次。道丁则凭借新的雷达技术准确监测到德机的动向，选择最有效的时间地点对德机进行拦截，以 34 架战机的损失，击毁 75 架德国飞机。18 日，德军发动了强劲攻势，遭到英军的顽强抗击，被击落 71 架，而英军仅损失 27 架。19 日—23 日，由于天气原因，空战暂停了 5 天。8 月 24 日—9 月 6 日，德军每天出动飞机 1000 架次以上，对英国的飞机制造厂、地下控制指挥中心和战斗机场进行大规模空袭，先后破坏了英国南部的 5 个前线机场和 7 个关键地下控制指挥中心中的 6 个，击落英机 195 架，重创 171架。英国空军元气大伤，通讯指挥系统也濒于崩溃。德国战机虽然损失了 214 架战斗机和 138 架轰炸机，但仍然有足够的力量继续发动攻势。8 月 24 日，在对英国的夜袭中，德军一个轰炸机中队迷航，把炸弹投到了伦敦市内。25 日，作为报复，英国空军出动 81 架轰炸机夜袭柏林。当时柏林上空一片乌云，英国轰炸机看不清地面目标，只是盲目地扔下一些炸弹就返航了。空袭没有给柏林造成多大损失，但在心理上极大地震撼了德国。希特勒被激怒了，叫嚣要彻底毁灭伦敦，下令把空袭目标改为伦敦等英国主要城市。9 月 7 日下午 5 时，德军出动 625 架轰炸机和 648 架战斗机，对伦敦进行大规模空袭。英国空军没料到德军会空袭伦敦，以为德军仍然要袭击他们的战斗机基地，因此主动让出了飞往伦敦的通道。当英国飞行员发觉德机改变了攻击目标时，已经来不及进行拦截了。短短一个小时内，德军向伦敦投下了 300 吨炸弹和燃烧弹。轰炸一直持续到 8 日清晨，伦敦被浓厚的黑烟笼罩，以致阳光都无法穿透。

对伦敦大规模的轰炸持续了整整一个星期。伦敦市民在猛烈的空袭下，依然保持着乐观和幽默。有位裁缝轰炸期间在店门上贴着"营业照常"的纸条。而当他的小店被炸毁后，他在废墟上挂出了"营业更加照常"的纸条。9 月 15 日堪称不列颠空战的转折日。缓过气来的英国空军先后出动了 300 余架战斗机，迎战由 200 架轰炸机和 600 架战斗机组成的德军机群。激烈的空战持续了整整一天。英军在空战中损失了 26 架飞机，还有 7 架伤重报废。56 架德机被击落，另有 12 架在返航和着陆途中伤重坠毁。10 月 12 日，希特勒决定将"海狮计划"推迟到 1941 年春，实际上放弃了在英国登陆的计划。

11 月 14 日夜间，不甘失败的德空军组织了"月光奏鸣曲"行动，即空袭英国航空工业基地考文垂。当时，英军通过破译德军的埃尼格玛密码机，事先已经确切掌握了德军的空袭计划，但是为了不让德军察觉这一"超级秘密"，英国既没有增加考文垂的防空力量，也没有提前发出警报疏散平民。当晚，德军共出动 449 架轰炸机，将 394 吨爆破弹、56 吨燃烧弹和 127 枚延时炸弹倾泻在考文垂，导致考文垂伤亡 1408 人，5 万多幢建筑被炸毁，12 家飞机零部件企业被破坏，飞机减产 20%。德军这次空袭被很多军事家誉为战略轰炸的"雏形"，在军事史上具有非常深远的影响。

1941 年 6 月 22 日，德国因闪击苏联而停止了英国的空袭，不列颠之战结束。

基 辅

基辅，位于北纬 30°31′，东经 50°26′，乌克兰中北部，第聂伯河中游。第聂伯河是贯穿乌克兰的主要河流。基辅城由基伊、谢克和霍利夫三兄弟创始，以长兄之名命名。

基辅始建于公元 6 世纪末 7 世纪初，公元 822 年成为基辅罗斯的国都。基辅罗斯是第一个俄罗斯民族国家，因而基辅被称为"俄国城市之母"。10 至 11 世纪的基辅号称第聂伯河上的"帝王之城"，可见基辅在当时的重要地位。到了 12 世纪，基辅也成为整个欧洲的主要城市。1240 年蒙古进攻欧洲，基辅被蒙古大军攻陷，成为蒙古人建立的钦察汗国的重要城市。1918 年，基辅成为独立国家乌克兰的首都。

基辅会战（1941 年 7 月 5 日—9 月 26 日），是二战中德国与苏联之间的重要战役，是世界战争史上规模最大的包围战。

1941 年，德国已经占领了波兰，打败了英法，而苏联成为德国的下一个进攻目标。于是苏联不断加强乌克兰的军队部署，调集了西南方面军的 4 个集团军、南方面军的 2 个集团军，另有 69 个步兵师、11 个骑兵师和 28 个装甲旅，由苏联元帅谢苗·米哈伊洛维奇·布琼尼统率。1941 年 7 月 5 日，德国陆军元帅冯·龙德施泰德指挥的德军南方集团军群开始向基辅发起进攻。7 月 7 日，德军以坦克兵团为第一梯队，突破了苏军在新米罗波尔以北的防御，傍晚夺占别尔季切夫。8 日，又在沃伦斯基新城以南实施突破。9 日，夺占了日托米尔，进逼基辅。苏军则在基辅外围组织防线，加强守卫力量。7 月 11 日，德军第 1 坦克集群进抵基辅以西的伊尔片河，距基辅不到 20 千米。7 月 16 日，德军中央集团军群的前锋部队古德里安第 2 装甲兵团攻占了斯摩棱斯克，敲开了通往莫斯科的大门。经过 11 天的交战，苏军伤亡约 24 万人，损失飞机 1218 架、坦克 4381 辆，被割裂成几个孤立集团，战斗力严重下降。

8月2日，德军南方集团军群从基辅南面的乌曼盆地、杰斯纳河北岸的图比齐夫斯克、第聂伯河河湾的克里门巧格等地开始对苏军的10余万人进行合围。3日，德军在乌曼地域完成了对苏军的合围。4日，德军南方集团军群克莱斯特的第1装甲兵团攻占乌克兰西部平原上的五一城。到13日，总计有10.3万苏军被俘，其中包括第6集团军司令穆济琴科中将和第12集团军司令波涅杰林少将，缴获苏军坦克317辆、火炮858门。8月19日，苏军西南方面军主力奉命撤至第聂伯河东岸，苏联最高统帅部要求西南方面军尽一切可能保卫基辅。21日，德军中央集团军群的第2集团军和第2装甲军集群奉命南下，突击苏军西南方面军。8月25日，古德里安率第2装甲兵团突然南下，次日突进到杰斯纳河北岸。苏军布良斯克方面军在司令安德烈·伊万诺维奇·叶廖缅科的指挥下，对古德里安兵团的正面和两翼发起反突击，但未获战果。31日，古德里安的第24装甲军第4装甲师终于突破杰斯纳河，并在南岸建立了桥头阵地。右翼的德军第10摩托化师渡过杰斯纳河后遭到苏军的顽强反击，被迫退回北岸。

9月9日，德军古德里安的第24装甲军全部渡过杰斯纳河。当晚，德军第3装甲师在古德里安的亲自指挥下，冲破苏军第40集团军的防线，占领了罗姆尼。11日，德军克莱斯特第1装甲兵团强渡第聂伯河在克列缅丘格据点。苏军第38集团军未能清除这个登陆场。12日，德军坦克第1集群从该登陆场向卢布内总方向发起进攻。13日，斯大林解除布琼尼元帅的职务，由铁木辛哥元帅接替。15日，由于布良斯克方面军的叶廖缅科未能实现他向斯大林作出的"粉碎古德里安"的保证，古德里安与克莱斯特在基辅以东210千米的罗赫维策会师，形成对苏军西南方面军的合围。16日，德军以第2集团军和第6集团军为主，对被围之苏军发起围歼作战。17日，斯大林下令同意西南方面军突围，但为时已晚。困守在袋形阵地的苏军拼死抵抗，在既无燃料又无弹药的情况下，端起刺刀向德军的坦克、大炮和机枪发起多次勇猛攻势，企图突破包围向东撤退。然而除少数部队得以逃脱外，其主力仍处于围困中。20 日，德军第 46 装甲军赶到，并作为生力军投入战斗。与此同时，苏军也不断地投入生力军，意图协助被困的苏军突围，但均被德军击退。19 日，德国南方集团军群第 6 集团军攻占了基辅。9 月 26 日，基辅会战结束，德军取得了重大胜利。但从战略上看，德军被牵制在基辅长达两个多月，使得其进攻莫斯科的行动受到了很大的影响。

斯摩棱斯克

斯摩棱斯克，位于北纬 54°47′，东经 32°03′，东欧平原中部，第聂伯河上游。斯摩棱斯克得名于松香（Смола），当地到处都是茂盛的松树林，松香是其主要特产。

斯摩棱斯克建于公元 863 年。公元 882 年，并入基辅罗斯。12 世纪繁荣一时，是俄罗斯的战略中心。1404 年至 1514 年，先后经历了立陶宛人和波兰人的入侵。1611 年，被波兰占领。1667 年，回到俄国的怀抱。1812 年拿破仑入侵俄国时，俄军同法军在此激战。第二次世界大战中，苏军同德军于 1941 年和 1943 年两次在此大战。1985 年，斯摩棱斯克被授予"英雄城市"的称号。

第一次斯摩棱斯克战役（1941 年 7 月 10 日—9 月 10 日），是德军执行"巴巴罗莎计划"闪击苏联时，苏德两国军队在此实施的攻防战役。德军企图以冯·博克率领的中央集团军群围歼苏联斯摩棱斯克集团军，夺取西德维纳河与第聂伯河之间的地带，打开通向莫斯科的门户。苏联西部战区司令兼西方方面军司令员谢苗·康斯坦丁诺维奇·铁木辛哥率领苏军西方面军、预备队方面军、中央方面军和布良斯克方面军固守斯摩棱斯克，阻止德军向莫斯科突进。

1941 年 7 月 10 日，德军从波洛茨克、维捷布斯克、罗加乔夫一线发起进攻，以第 2 和第 3 装甲集群主力向斯摩棱斯克方向实施钳形突击，以部分兵力向大卢基方向和罗斯拉夫尔方向实施辅助突击，第 2 和第 9 集团军随后跟进。13 日，苏军第 21 集团军西方面军左翼向博布鲁伊斯克方向实施进攻，解放了罗加乔夫市和日洛宾市，并将德军第 2 集团军主力长时间地牵制于第聂伯河和别列津纳河之间的地带。14 日，苏军在奥尔沙附近的反突击中首次使用在二战中名声大噪的"喀秋莎"火箭炮。16 日，德军在航空火力的支援下攻占斯摩棱斯克和奥尔沙，20 日占领叶利尼亚。苏军第 16、第 19 和第 20 集团军在斯摩棱斯克地域陷入德军的合围。苏军第 13 集团军则在击退德军的多次坦克冲击后，守住了莫吉廖夫。

23—25 日，苏军西方面军以 4 个集团军集群从别雷、亚尔采沃、罗斯拉夫利地域向斯摩棱斯克地域实施向心突击，意图与第 16、第 20 集团军协同，夹击并粉碎斯摩棱斯克周边的德军集团。苏德双方在两条战线上展开激烈的争夺：一个在斯摩棱斯克、叶利尼亚地域，另一个在索日河以及第聂伯河和别列津纳河之间的地带。在反攻过程中，苏军虽然未能达到消灭斯摩棱斯克周边德军集团主力的目的，但支援第 20、第 16 集团军突破了合围圈，并将主力撤过第聂伯河。26 日，德军再次封闭斯摩棱斯克合围圈。27 日，苏军的莫吉廖夫方面军被歼灭。30 日，苏军在西方面军后方组建预备队方面军，以掩护莫斯科方向。同日，德军奉命转入防御，进行休整补充。

8 月 8 日，德军第 2 集团军和坦克第 2 集群转而向南，进攻苏中央方面军。苏军被迫向南方和东南方向退却。16 日，苏军向德军杜霍夫希纳集团和叶利尼亚集团发起进攻，虽然重创德军，但未取得有效战果。同日，为掩护布良斯克方向，苏军组建了布良斯克方面军。21 日，德军第 2 集团军和坦克第 2 集群进抵戈梅利、斯塔罗杜布一线，并深深楔在苏军的布良斯克方面军和中央方面军之间，对苏军西南方面军翼侧和后方造成严重威胁。为解除威胁，苏军最高统帅部派遣 460 架飞机对德军发动空中打击，虽然重创坦克第 2 集群，但亦未能阻止德军向南进攻。29 日，德军充分利用坦克的突击优势，夺取了托罗佩茨，苏军被迫退向西德维纳河东岸。

8月30日—9月6日，苏军以10个师的兵力向叶利尼亚突出部实施反突击，重创德军，收复叶利尼亚。9月1—9日，苏军以4个集团军的兵力在斯摩棱斯克附近再次进攻，却没有取得有效战果。10日，苏军奉命转入防御，战役结束。此役中，苏军以顽强的抗击和反突击削弱了德军攻势，为准备莫斯科防御赢得了时间。

第二次斯摩棱斯克战役（1943年8月7日—10月2日），是苏军在1943年夏季至秋季对德军实施的战略性攻击行动，目的是收复由纳粹德国占领的斯摩棱斯克至布良斯克地区。

8月7日清晨6点30分，苏联西方面军投入3个集团军，向罗斯拉夫利方向的德军发动攻势。德军凭借掩体顽强抵抗，并在坦克、突击炮、重炮和迫击炮的支援下发起了多次反突击。苏联方面将包括通讯人员及工兵在内的所有力量全部投入战斗。当天，苏军仅仅前进了4千米。尽管苏军攻势猛烈，但3个集团军的兵力不足以突破德军防线，因此苏军预备队第68集团军也投入战斗。为遏制苏军攻势，德军从奥廖尔地区调来1个装甲师和2个步兵师。在接下来的6天里，苏军缓慢地突入德国防线，但损失惨重。11日，红军在各地前进了15—25千米不等。战争进入相持阶段。

13日，苏联加里宁方面军向杜霍夫希纳方向展开进攻，也遭到德军的顽强抵抗。当天，德军在坦克、突击炮及空军的支援下组织了24次旅级单位的反攻。苏军虽然重创了德军的有生力量，但自身损失也很大。到9月初，仅向杜霍夫希纳方向楔入德军防御线6—7千米。在此情况下，苏联最高统帅部鉴于布良斯克方面军前进顺利，决定将西方面军主力集中到斯摩棱斯克方向。由于确认德军将在斯摩棱斯克进行阻击，苏军在斯摩棱斯克市周围建立了一个大型的要塞防御体系，沿杰斯纳河、乌格拉河的沼泽地带埋下大量地雷，在俯瞰该市的高地上架设了重型机关枪。

20—27日，苏军向西方面军增援了大量坦克和火炮。28日，苏军由第10近卫集团军、第21集团军和第33集团军负责主攻，并给予3

个坦克军、1个机械化军和第1航空集团军的支援。4个集团军沿着36千米长的战线,向德军展开进攻。在持续90分钟的猛烈炮击和航空轰炸后,苏军地面部队通过激烈的战斗,将战线向前推进了25千米。29日,苏军数个狙击师进一步前进,形成了一个30千米宽、12—15千米深的突出部。苏联第2近卫坦克军快速突进30千米,到达叶利尼亚郊区,并开始形成包围圈。30日,德军部队被迫放弃叶利尼亚。

9月1日,苏军强渡第聂伯河,解放多罗戈布日。14—15日,苏联加里宁方面军组织了杜霍夫希纳—杰米多夫战役,西方面军组织了斯摩棱斯克—罗斯拉夫利战役。14日,加里宁方面军第39、第43集团军的12个步兵师在空军第3集团军的配合下开始左翼进攻。在苏军预定主攻的杜霍夫希纳方向,德军部署有第4集团军第27军的6个师(含第25装甲步兵师)和党卫军"帝国领袖"旅,以及1个步兵师的部分兵力。为了打垮德军,司令安德烈·伊万诺维奇·叶廖缅科在突破地段,平均每千米摆上了128门火炮迫击炮和24辆坦克。集中轰击的炮火和大批坦克从多处冲破了德军第一防御地带。顺着这些突破口,苏军当天推进了3—13千米,并把突破口拓宽为30千米,其后4天,苏军对德军穷追猛打,将德军的防御打得土崩瓦解。18日夜,苏联第39集团军攻占了杜霍夫希纳,打开了斯摩棱斯克的北部门户。21日,第43集团军占领了杰米多夫,加里宁方面军由北面逼向斯摩棱斯克,已在该方向丧失主要阵地的德军只得西撤。29日,加里宁方面军在追击西撤德军的过程中,攻占了交通枢纽鲁德尼亚,逼向维捷布斯克。10月2日,加里宁方面军左翼进抵波尼佐维耶以西和鲁德尼亚一线。但德第3装甲集团军右翼也撤退至此,再度建立起防线,阻止苏军推进。

9月15日,在加里宁方面军从斯摩棱斯克以北猛攻的同时,西方面军也从斯摩棱斯克正(偏北)面和南面发起了最后的冲击。为了增强突击的威力,瓦西里·丹尼洛维奇·索科洛夫斯基最大限度地将兵力集中到狭窄的正面,突破地段每千米的正面火炮迫击炮达150门,坦克和自行火炮48辆。经过凶猛炮击和空袭后,苏军发起猛烈冲击,16日攻占亚尔采沃市，强渡杰斯纳河。

德军一面向斯摩棱斯克撤退，一面依托沿途的据点逐次抗击，但形势已无法逆转。西方面军中部的突击集团以坦克和骑兵为前导，23日在波奇诺克切断了斯摩棱斯克—罗斯拉夫利铁路，南北德军战线被撕裂。24日，苏军进抵索日河，从南面包抄斯摩棱斯克。25日凌晨，古老的斯摩棱斯克获得解放。为了庆祝斯摩棱斯克和罗斯拉夫利解放，莫斯科以224门大炮齐鸣20响。10月2日，西方面军进抵韦利日以西、鲁德尼亚、德里宾及沿普罗尼亚河一线，进入白俄罗斯东部。斯大林下令苏军就地转入防御，第二次斯摩棱斯克战役结束。

凭借此战，苏军肃清了加里宁州部分地区和斯摩棱斯克州全境的德国占领者，为解放白俄罗斯奠定了基础。

纽芬兰岛

纽芬兰岛，位于北纬46°37′，东经51°38′，是北美大陆东海岸的大西洋岛屿，西控圣劳伦斯湾口，北隔贝尔岛海峡与拉布拉多半岛相望，西南通过卡伯特海峡与布雷顿角岛相隔，南有法属圣皮埃尔和密克隆群岛。1497年意大利航海家约翰·卡伯特发现这个由印第安人和因纽特人居住的岛屿，认为发现了新的陆地，将之命名为Newfoundland，"纽芬兰"一词为其音译。

大西洋会议（1941年8月9—12日），是苏德战争爆发后，在第二次世界大战的范围进一步扩大的危急和关键时刻，美英首脑为协调反法西斯的战略举行的一次会议。这次会议是在极端保密的情况下举行的。

7月底，罗斯福声称要去进行一次"钓鱼旅行"，先乘游艇从新伦敦出发，在海洋中换乘"奥古斯塔号"巡洋舰抵达纽芬兰岛上的阿金夏湾，并把游艇留在后面以作迷障。9日上午，丘吉尔乘"威尔士亲王号"到达，双方随后开始了紧张的会谈。会谈内容广泛，大体可以归纳为四个方面：

一是对付日本可能发动的进攻。英国要求美国向日本发出一份措辞强硬的照会："日本在西南太平洋区域内的任何进一步侵略，将使美国不得不采取对抗措施。即便引起美日战争，也在所不惜。"但8月17日美国递交日本的照会措辞很温和。会议对远东问题的讨论让英国很失望。

二是援助苏联。会议决定派遣一个美英使团前往莫斯科，直接和斯大林商讨对苏进行物质援助。美国认为，只要使战争远离美国海岸，无论花费多少，都是微不足道的。

三是美英双边关系，包括美国对英国供应军事物资。美国除继续按照租借法案向英国提供援助外，美国军舰将在冰岛以西为商船提供护航，实际上开始和德国在海上不宣而战。

四是拟定联合宣言，即《美国总统和英国首相的联合宣言》，统称《大西洋宪章》。签署联合宣言的建议，是由罗斯福在和丘吉尔最初的会晤中提出来的。他认为，两国最好能够拟定一项联合宣言，规定一些广泛的原则，以便沿着同一条道路引导两国政策。丘吉尔表示赞同，并于第二天提交给罗斯福一篇包含五点内容的宣言大纲。12日，罗斯福、丘吉尔在奥古斯塔号正方形大船舱内，逐字逐句地对大纲进行了修改和定稿。13日，宣言由罗斯福和丘吉尔共同签署，14日，在华盛顿和伦敦同时公布。全文如下：

美利坚合众国总统和代表联合王国的首相丘吉尔，经过会商，觉得把他们两个国家政策上的若干共同原则（对更好的未来世界的希望即以此为基础）在此时向世界宣布，是合适的。

第一，他们两个国家不寻求任何领土的或其他方面的扩张。

第二，他们不希望看见发生任何与有关人民自由表达的意志不相符合的领土变更。

第三，他们尊重所有民族选择他们愿意生活于其下的政府形式之权利。他们希望看到曾经被武力剥夺其主权及自治权的民族，重新获得主权与自治。

第四，他们要在尊重他们现有的义务下，努力促使所有国家，不分大小，战胜者或战败者，都有机会在同等条件下，为了实现它们经济的繁荣，参加世界贸易和获得世界的原料。

第五，他们希望促成所有国家在经济领域内最充分的合作，以促进所有国家的劳动水平、经济进步和社会保障。

第六，在纳粹暴政被最后消灭之后，他们希望建立和平，使所有国家能够在它们境内安然自存，并保障所有地方的所有人在免于恐惧和不虞匮乏的自由中，安度他们的一生。

第七，这样的和平将使所有人能够在公海上不受阻碍地自由地航行。

第八，他们相信，世界上所有国家，为了现实的和精神上的理由，必须放弃使用武力。如果那些在国境外从事或可能以侵略相威胁的国家继续使用陆海空武器装备，则未来的和平将无法维持。所以他们相信，在一个更普遍和更持久的全面安全体系建立之前，解除这些国家的武装是必要的。同样，他们会协助和鼓励一切其他可行的措施，来减轻爱好和平的人民在军备上的沉重负担。

同年 9 月，苏联等国表示同意宪章的基本原则。

《大西洋宪章》不仅标志着英、美两国在反法西斯基础上的政治联盟，也是后来《联合国宪章》的基础。美国作为一个尚未参战的国家，与英国一起发表如此明确的声明，对德意日法西斯国家来说是一个沉重的打击。

列宁格勒

列宁格勒，今称圣彼得堡，位于北纬 59°55′，东经 30°25′，俄罗斯西北部，波罗的海沿岸，靠近涅瓦河口，因该城由彼得大帝奠基兴建而得名"圣彼得堡"。1712年俄国首都从莫斯科迁到圣彼得堡。圣彼得堡在后来的200年中一直是俄国的首都。1914年一战爆发后,因"堡"源于德语发音,而一战中德国与俄国是敌对国,所以将圣彼得堡改称彼得格勒。在俄语中,格勒是城市的意思。1917年,列宁领导的十月革命在彼得格勒取得胜利。1918年苏俄首都从彼得格勒迁往莫斯科。1924年列宁逝世后,彼得格勒改为列宁格勒。1991年苏联解体,列宁格勒又改为圣彼得堡。

列宁格勒战役(1941年9月9日—1944年1月27日),又称列宁格勒保卫战,是第二次世界大战中轴心国为攻占列宁格勒而实施的军事行动。

1941年9月8日,德国陆军元帅冯·莱布率领的北方集团军群从三面包围了列宁格勒。列宁格勒只有拉多加湖一边可以与外界保持水上和空中的联系。拉多加湖面积广阔,是欧洲最大的湖泊,由涅瓦河通向芬兰湾东岸的列宁格勒。1941年9月9日,德军开始从南面向列宁格勒发起正面强攻,主攻方向为列宁格勒西南的乌里茨克和正南的普尔可沃高地,这是通向列宁格勒的必经之地。10日,德军在苏军第3近卫民兵师的防地上撕开了一个缺口。11日,德军占领杜德戈夫,12日,逼进乌里茨克。苏联守军司令格奥尔吉·朱可夫意识到列宁格勒防御战已到了最紧要的关头,提出"不是列宁格勒惧怕死亡,而是死亡惧怕列宁格勒",要求即使战至最后一人,也要守住列宁格勒,并将最后一个预备队——步兵第10师投入战斗。14日,步兵第10师在炮兵和航空兵的支援下,对敌实施迅猛突击。德军没想到苏军会突然发起反击,一时大乱,被迫放弃了索斯诺夫卡和芬兰科伊洛沃,苏军恢复了原来的态势。早在9月6日,希特勒就发布了第35号训令,将作战重点转到了莫斯科轴线上。希特勒要求莱布最迟15日将赫普纳第4装甲兵团和一部分空军调归冯·博克元帅的中央集团军群。经莱布请求,德军总参谋部准许他推迟4天移交军队。总参谋长哈尔德意味深长地说:"许多事情和许多人的前途将在这4天决定。"16日,德军突入苏军防御,攻占了列宁格勒以南 18 千米的普希城，并向左迂回到列宁格勒正南的普尔可沃高地，向右迂回到东南的科尔皮诺。然而，在苏军的顽强抵抗下，德军的进攻速度就像蜗牛爬行一样慢。19 日，绝望的莱布孤注一掷。德军步兵在坦克的掩护下向普尔可沃高地等处发起猛攻，炮兵对列宁格勒连续实施了 17 个小时的轰击，航空兵出动近 300 架次的飞机对该城进行了 6 个波次的轰炸。但是列宁格勒军民顶住了德军的最后攻击，挫败了莱布的最后一搏。此后，德北方集团军群的精锐部队被调离，再也无力发动全线进攻。但德军对列宁格勒实行了严密封锁。9 月到 11 月，居民的面包定额先后降低了 5 次，到 11 月 20 日降至最低点：高温车间工人每人每天 375 克，一般工人和技术人员 250 克，职员和儿童仅125 克。

在这最艰难的日子里，列宁格勒人奇迹般地在拉多加湖冰面上开辟了一条冰上"生命之路"。这条道路非常危险，车辆经常会被雪阻塞，或因德军炮火轰裂冰封的湖面而沉入湖中，死亡率非常高，因此也被称为死亡之路。就是凭借这样一条道路，苏军为列宁格勒运进粮食，运出伤员，挫败了德军困死列宁格勒人的企图。1942 年 12 月 8 日，苏军最高统帅部制订代号为"火花"的战役计划，以突破德军对列宁格勒的封锁。1943 年 1 月 12 日，苏军在远程航空兵、炮兵和波罗的海舰队航空兵的支援下，兵分两路，在拉多加湖以南的什利谢尔堡和锡尼亚维诺之间狭小的突出部实施了相向突击。1 月 18 日，列宁格勒和沃尔霍夫两个方面军成功会师，突破了德军对列宁格勒长达 17 个月的围困。1943 年夏秋，苏军又打破了德军再度封锁列宁格勒的企图，并且肃清了沃尔霍夫河岸基里希登陆场的德军，攻占锡尼亚维诺，从而改善了战役的态势。1944 年 1 月 14 日，苏军 3 个方面军向列宁格勒和诺夫哥罗德的德军发起大规模进攻。到 27 日，收复了红村、乌里茨克、普希金、诺夫哥罗德和卢加等城市，打通了列宁格勒通往莫斯科的十月铁路线。列宁格勒方面军庄严宣布："列宁格勒城现在已经从敌人的包围中，从敌人的野蛮炮击中获得了彻底解放。"列宁格勒保卫战取得了胜利。

列宁格勒保卫战对苏德战场的战争进程产生了巨大的影响。这次战役把强大的德北方集团军群和芬兰的全部军队始终牢牢地拴在苏联西北战场上，从而有力地支援了苏军在其他战场夺取胜利。

莫斯科

莫斯科，位于北纬 55°—56°，东经 37°—38°，地处东欧平原中部，横跨莫斯科河及其支流亚乌扎河。市名源于莫斯科河，斯拉夫语为"石匠的城寨"，在希腊语中为"城堡"之意。关于莫斯科河的语源，说法有三：低湿地（斯拉夫语）、牛渡口（芬兰—乌戈尔语）和密林（卡巴尔达语）。尤里·多尔哥鲁基大公是莫斯科的奠基者。他在 1156 年修筑的克里姆林宫成为莫斯科的中心，并在此周边集聚了大量手工业、商业，逐渐兴盛起来。后来，以莫斯科为核心的莫斯科公国成为欧洲东部最强大的公国，不断进行对外扩张，逐渐形成了中央集权的封建国家。1613 年在莫斯科公国的基础上成立俄罗斯帝国，首都依旧是莫斯科。彼得大帝获得了波罗的海出海口，在此建立圣彼得堡（1712 年首都迁到圣彼得堡），但莫斯科仍然是俄罗斯帝国的重要城市。1917 年十月革命期间，莫斯科紧随彼得格勒，建立了苏维埃政权。1918 年 3 月，苏维埃政府和共产党中央委员会迁到莫斯科。1922 年 12 月，莫斯科正式成为苏联首都。1960 年，政府附近一些城镇纳入城市范围，组成大莫斯科区。1968 年，莫斯科全市分为 30 个区，其中内城区 13 个，外城区 17 个。1991 年 12 月 21 日苏联解体，莫斯科成为俄罗斯联邦的首都。

莫斯科保卫战（1941 年 9 月 30 日—1942 年 4 月 20 日），是苏军为保卫莫斯科并粉碎向莫斯科进攻的德军中央集团军群各突击集团而实施的一系列防御战役和进攻战役。

第二次世界大战的苏德战场上，纳粹德国发动了"巴巴罗萨计划"，企图攻占莫斯科。1941 年 9 月 30 日，德军对莫斯科发动了代号为"台风"的大规模攻势。希特勒扬言 10 天内在莫斯科红场检阅他的军队。德军为此投入的兵力有 74.5 个师，多达 180 万人，以及 1700 辆坦克、1390 架飞机、14000 多门大炮和迫击炮，集中了最精锐的部队。苏军方面总共有 95 个师、125 万人，以及 990 辆坦克、677 架飞机、7600 门大炮和迫击炮。10 月 2 日，德军从中部突破了苏军防线，迅速对苏军形成了三个大包围圈，其中两个在布良斯克附近，一个在维亚济马以西。在此危急关头，苏军迅速在莫斯科以西约 80 千米的莫日艾斯克组织防线，阻止德军推进。10 月 10 日，斯大林任命朱可夫大将为西方和预备队方面军司令员。朱可夫迅速重建了四个集团军，以防守莫日艾斯克。10 月 15 日，苏联政府将部分机构和外国使节迁往古比雪夫，斯大林则留在莫斯科指挥保卫战。10 月 19—21 日，莫斯科市组织了 12 万人的民兵师，25 个工人营，169 个巷战小组；另有 45 万人参加修筑防御工事，其中 75% 是妇女。到 10 月底，德军被阻止在加里宁—土耳基诺沃—沃洛克拉姆斯克—多罗霍沃—纳罗—佛敏斯克—谢尔普霍夫—阿列克辛以西一线。1941 年 11 月 7 日（俄国十月革命纪念日，苏联国庆日），苏军在红场列宁墓前举行阅兵，斯大林向全国军民发表振奋人心的演说："我们的事业是正义的，胜利一定属于我们！"参阅部队从红场直接开赴前线。11 月 15 日，德军向莫斯科发动第二次总攻。27 日，德军占领了距莫斯科仅 24 千米的伊斯特腊。德军用望远镜就可以看到克里姆林宫的顶尖。危急时刻，苏军第 316 步兵师（后改名为潘菲洛夫第 8 近卫师）寸步不让，将德军坦克阻击在通向莫斯科的杜波塞科沃要道上，直至全部壮烈牺牲，为苏军调整防线赢得了最关键的 4 个小时。从 11 月 16 日—12 月 5 日，德军损失官兵 15.5 万，坦克 777 辆，莫斯科仍然岿然不动。12 月初，莫斯科的气温下降到 -20℃ —-30℃。德军没有棉衣，飞机和坦克的马达无法发动，坦克上的光学窥镜也失去作用。而苏军则穿戴上了棉衣、皮靴和护耳冬帽。12 月 6 日，苏军从莫斯科南面和北面展开大反攻。12 月 8 日，希特勒签署了在苏德战场全线包括莫斯科方向转入防御的训令。12月16日，苏军解放了图拉。1942年1月7日，苏军夺回了莫斯科以北的加里，把德军赶离莫斯科100—250千米。4月20日，苏军最高统帅部命令西方向的部队转入防御、撤回外线作战部队。莫斯科保卫战胜利结束。

莫斯科保卫战打破了德军天下无敌的神话，标志着德国快速征服苏联的计划破产。此战的胜利直接促进了美、英、苏反法西斯同盟的形成。

珍珠港

珍珠港，位于西经157°57′13.5″，北纬21°21′43″，夏威夷瓦胡岛南岸科劳山脉和怀阿奈山脉之间平原的最低处，因盛产优质珍珠而得名。土著夏威夷人因这里盛产珍珠蚌壳而称珍珠港为"wai momi"，意为盛产珍珠的水。1887年，美国取得珍珠港的使用权。1902年，开始建设珍珠港。1908年，确定珍珠港为海军基地。1911年，第一艘军舰"加利福尼亚号"驶入珍珠港。

珍珠港战役（1941年12月7—8日），是日本派遣航母编队远程突袭美国珍珠港海军基地的一次作战行动。为防止在攻占东南亚时，驻扎在珍珠港的美国太平洋舰队从侧翼对其产生威胁，日本先发制人，意图通过突袭珍珠港取得优势局面。

1941年2月，日本联合舰队司令山本五十六主持制订了袭击珍珠港的"Z作战计划"。为了迷惑美国，日本外交部派遣"和平特使"来栖三郎赴美，协助野村舍三郎大使与美进行和平会谈。

1941年11月26日早晨6时，第1航空母舰特混舰队司令长官南云忠一率队起锚出港。南云舰队一直保持着无线电静默，只收不发，沿预定的北航线向东迂回前进，以避开美国的巡逻飞机和商船。航行出人意料地顺利，连日来密布的浓云，如一个天然的帷幕将庞大舰队的行动遮蔽了起来。海面也没有出现冬季常常掀起的巨浪。

12月2日，南云机动部队刚刚越过东西经日期变更线，进入中途岛以北的西经海域，便接到密令："攀登新高峰1208。"意即按原计划12月8日（夏威夷时间12月7日）发起攻击。12月8日黎明，南云机动部队到达珍珠港以北约230海里处。航空母舰开始转变航向，朝北逆风行驶。南云的旗舰升起了"Z"字旗，寓意"皇国兴废在此一战，全体奋发努力"。

早晨6时，南云舰队接到进攻命令，随即命令担任第一波攻击任务的飞机起飞。6时20分，第一波攻击的183架飞机全部飞离甲板，其中包括战斗机43架，水平轰炸机49架、鱼雷机40架，俯冲轰炸机51架。航空母舰"赤城号"飞行队长渊田美津雄海军中校担任第一波攻击指挥官，率领九七式舰上攻击机扑向珍珠港。此时美军太平洋舰队在珍珠港内停泊着战列舰8艘、重巡洋舰2艘、轻巡洋舰6艘、驱逐舰29艘、潜艇5艘、辅助舰船30艘，岸上机场停有飞机262架。由于是星期天，大部分官兵离开战斗岗位，没有一点戒备。

7时2分，瓦胡岛北部的奥帕纳雷达站第515对空警戒信号队的两名一等兵发现瓦胡岛以北有大量不明飞机。7时10分，雷达站向沙夫特堡情报中心报告发现不明飞机的消息。7时20分，美军值班军官泰勒中尉认为不明飞机是从大陆来的B-17轰炸机（当天确有12架B-17从加州飞抵珍珠港），随即下令雷达站关闭。7时49分，日军第一波攻击指挥官渊田美津雄发出攻击信号，俯冲轰炸机队率先顺山谷进入。成批炸弹暴雨般地倾泻到美太平洋舰队基地四周的希凯姆机场、惠列尔机场和福特岛机场，将数百架美机炸成一堆堆废铁，并摧毁了机库。7时53分，日本人认为珍珠港的防空设施彻底瘫痪，渊田美津雄向"赤城号"航空母舰上的南云拍发了袭击成功的信号："虎！虎！虎！"

7时57分，日本鱼雷机在水面12米的高度上，从几个方向向福特岛东西两侧的美国军舰发射鱼雷。8时5分，日本水平轰炸机从正西方向进入，再次轰炸了福特岛东侧停泊的战列舰，同时轰炸了高炮火力集中的依瓦机场。大火和爆炸引起的烟雾顿时遮蔽了整个珍珠港，不少美国军舰来不及做战斗准备就沉入海底。8 时 40 分，日军第一波攻击顺利完成空袭任务后安然返航。8 时 55 分，日军第二波攻击的 168 架飞机，从瓦胡岛东部进入攻击，俯冲轰炸机主要攻击浓烟滚滚的美国舰船，水平轰炸机则继续攻击各机场，战斗机担任空中掩护。与此同时，潜入珍珠港内的日本袖珍潜艇施放水雷，发射鱼雷，攻击美舰，封锁港口。

在日机第一波攻击突然袭击开始时，美军混乱不堪，岛上高射炮直至 6 分钟后才零星射击。8 时，美太平洋舰队司令部才把一份十万火急的电报发往海军部："珍珠港遭空袭，这不是演习。" 8 时 15 分，美军未遭日机轰炸的哈罗瓦机场才起飞了 4 架战斗机……

8 时 50 分，美国国务卿赫尔才接到野村大使和来栖特使递交的最后通牒。赫尔顿时目瞪口呆，愤怒地说："在我整整 50 年的公职生涯中，从未见过这样一份充满卑鄙的谎言和歪曲的文件。"

10 时整，日本执行攻击任务的飞机全部返回母舰。下午 1 时 30 分，南云下令返航，珍珠港战役结束。

日本偷袭珍珠港标志着太平洋战争爆发。12 月 8 日，美国正式对日宣战。

马来亚

马来亚，简称西马，又称马来西亚半岛、马来半岛。位于北纬 7°—12°，东经 97°—120°，是马来西亚位于马来半岛的部分，北邻泰国，南与新加坡相连。其古称 "Melayu" 源自梵文 Malaiur 或 Malayadvi-pa，可译为 "群山之地"。1826 年，法国航海家杜蒙德·于维尔发现了 "Malaisia"，他描述 "Malaisia" 是 "通称为东印度群岛的这个地区"。

公元初年，马来半岛建立了羯荼、狼牙修、古柔佛等古国。15 世纪初，以马六甲为中心的满剌加王国统一了半岛。1571 年，西班牙占领马尼拉。1607 年，亚齐苏丹国成为马来群岛最强盛富裕的国家。1942 年，马来亚被日本占领。1945 年，由英国管辖。1957 年，马来亚联合邦宣告独立。1963 年，成立马来西亚联邦。

马来亚海战（1941 年 12 月 10 日），是英国皇家海军和日本海军为争夺太平洋及印度洋的制海权而进行的会战。

1941 年 12 月 2 日，日本御前会议决议与英美开战。8 日，由山下奉文的日第 25 军发动奇袭，登陆马来亚，由近藤信竹的第 2 舰队和小泽治三郎的第 3 舰队提供海上支援。

8 日，英国远东舰队司令汤姆·斯宾塞·沃恩·菲利普斯获知日军进攻后，亲自率领 Z 舰队从新加坡港出发，前往支援。9 日下午 2 时 10 分，日潜艇"伊-65 号"发现 Z 舰队，立即向基地报告：在昆山群岛以南（法属印度支那）海面发现 2 艘英国战列舰。近藤向驻守在泰国基地的空军部队发出了战斗命令，然后亲率第 2 舰队主力向 Z 舰队进发。然而 Z 舰队很快折而南下，近藤第 2 舰队没能追上。

10 日 5 时，Z 舰队截获日本陆军将在马来亚东岸的关丹登陆的消息，于是前往攻击日军登陆船团。8 时 15 分，近藤指挥的第 2 舰队由于燃料不足，放弃追击英国舰队。小泽治三郎将攻击 Z 舰队的任务交给松永贞市的第 22 航空战队。10 时 30 分，Z 舰队没有找到任何日本入侵部队，开始返回新加坡。11 时 13 分，返回西贡的日军第 4 中队 4 号侦察机发现英军驱逐舰"快递号"，并投下两发 60 千克炸弹进行攻击。元山航空队第 3 中队随后展开攻击。11 时 45 分，日军预备少尉帆足正音驾驶 3 号侦察机，在距关丹 50 余海里的海面上，发现了正在南下的"威尔士亲王号"等 6 艘英国军舰，随即通报司令部。日本各攻击机队在获悉发现英舰的报告之后，立即全速扑向预定海域。12 时 45 分，日军美幌航空队白井中队 8 机对"却敌号"进行水平轰炸，"却敌号"右后舷被击中。炸弹击穿了飞行仓库和海员居住区甲板后爆炸起火。虽然火势被控制，但动力室高压蒸汽管受损破裂，导致"却敌号"航速下

下篇

降至 25 节。

日本元山航空队的 16 架装备了鱼雷的攻击机分两个方向攻击"威尔士亲王号"。"威尔士亲王号"装备有大小火炮百余门，每分钟能发射炮弹 6 万发。此刻该舰集中全部火力，拼命对空射击。但日机不顾死活地鱼贯俯冲而下，将鱼雷和炸弹向"威尔士亲王号"发射去。

下午 1 时 14 分，"威尔士亲王号"被 5 枚鱼雷中的 2 枚命中，左舷中后方皆受创。左舷后方外侧传动轴扭曲损坏，隔壁舱室和船体被破坏，随即大量进水，左舷倾斜 10 度，速度下降至 16 节。下部甲板的 Y 锅炉房和中央辅助机械室、Y 行动机房、柴油发电机房进水，造成船尾舱室断电。1 时 28 分，"却敌号"打破无线电静默，发出信号"告所有友军，我方正被敌空军集中攻击，请立即派空军支援，位置134NYTW22X09"。1 时 46 分，澳大利亚皇家空军第 453 飞行队的 11 架战斗机自新加坡机场起飞，前往战斗海域支援。1 时 47 分，日本鹿屋航空队的 26 架攻击机对"威尔士亲王号"展开攻击。

1 时 50 分，"威尔士亲王号"舰首右侧被鱼雷命中，舰桥右侧右舷推进器后部炮塔亦被命中，随后严重下沉，全体船员弃舰，转移到英军驱逐舰"快递号"上，舰队司令菲利普斯不肯离开，与舰同沉。"却敌号"被 5 枚鱼雷命中，旋即沉没。船员被驱逐舰"伊莱克特拉号"和"吸血鬼号"救走。2 时 45 分，澳大利亚皇家空军第 453 飞行队的 11 架 F2A 到达战场，目睹了"威尔士亲王号"的沉没过程，随后掩护其他舰船驶往新加坡。

1 月 11 日，日军第 5 师团冲进了吉隆坡。此后的短短 50 天内，日军就全部占领了马来亚，山下奉文也因此得到了"马来之虎"的绰号。

马来亚海战以英国远东舰队主力彻底的覆灭而告终，它与珍珠港事件一起，宣告了空中打击时代的到来，对以后的海战产生深远的影响；并意味着从非洲往东经过印度洋和太平洋直至美洲区域，盟军已经失去了制海权。

印·记

1942 年 1 月—1943 年 7 月

华盛顿

华盛顿哥伦比亚特区，简称华盛顿，是美利坚合众国（美国）的首都，位于北纬 38°53.7′，西经 77°02.2′，美国的东北部、中大西洋地区，靠近弗吉尼亚州和马里兰州，是作为首都而设置、由美国国会直接管辖的特别行政区。因美国第一任总统华盛顿而得名。美国成立后，选定波托马克河畔长宽各为 16 千米的地区作为首都地址。新都建成时，联邦政府及国会为纪念 1799 年去世的华盛顿总统，遂命名为华盛顿。

1791 年，城市勘界。1792 年，白宫奠基。1800 年，华盛顿正式建成。1870 年，哥伦比亚特区设立地方政府机构，旋即撤销。1961 年，哥伦比亚特区居民获得总统选举权。1984 年，与北京结为友好城市。

阿卡迪亚会议（1941 年 12 月 22 日—1942 年 1 月 14 日），是在太平洋战争爆发后，美英两国为协调在反法西斯战争中的战略，加强两国之间的合作，在美国华盛顿举行的代号为"阿卡迪亚"的会议。

参加会议的有美国总统富兰克林·德拉诺·罗斯福、英国首相温斯顿·丘吉尔、美国总统特别助理哈里·霍普金斯、英国军需生产大臣比弗布鲁克男爵以及美英军方领导人。

此次会议并无严格的程序，除正式的全体会议外，还有各种专门会议和个别会晤，主要讨论广泛的政治、军事和经济问题。

经过丘吉尔的积极游说，会议批准了于1942年实施北非登陆作战的"体育家计划"：同盟国发动一场大规模战争，把德国军队赶出北非，从侧面答复苏联元首约瑟夫·斯大林提出在欧洲开辟第二战场的要求。

会议决定，成立美英联合参谋长委员会和东南亚盟军司令部，以加强两国的军事合作和统一指挥作战；成立联合军需品分配委员会、联合原料委员会和联合船舶调度委员会，以加强两国战时经济合作问题。

会议认为，纳粹德国是主要敌人；欧洲战场是主要战场，决定采取"先欧后亚"的战略步骤。为了在亚洲拖住甚至削弱日本力量，会议决定组建中国战区，把中国的战争与盟国军事行动结合起来。对此，罗斯福表示，"我们必须使中国能够继续抗战，以牵制日本的军队"。

12月29日，美国陆军参谋长乔治·卡特利特·马歇尔起草了一份备忘录。罗斯福据此提议，将亚洲太平洋战场划分为四个战区，即中国战区、东南亚战区、太平洋战区和西南太平洋战区，并建议由蒋介石出任中国战区最高司令。

12月31日，罗斯福正式电告蒋介石，建议由蒋组织成立盟国的中国战区。1942年1月2日，蒋介石正式复电同意出任中国战区的最高司令，并请罗斯福委派一位熟知中国情况的将领来华担任中国战区统帅部参谋长。中国外交部长宋子文在华盛顿也奉命向罗斯福、马歇尔频频提出这一要求。罗斯福和马歇尔经过慎重考虑，于22日任命曾经四次赴华的约瑟夫·史迪威担任中国战区参谋长。3月4日，史迪威飞抵重庆，正式就任中国战区参谋长。

在美国的倡议下，会议起草并通过了《联合国家宣言》。1942年1月1日，宣言由罗斯福、丘吉尔、苏联外交人民委员马克西姆·李维诺夫和宋子文分别代表各自的国家签署。2日，澳大利亚等26个国家的大使依次签署。按照罗斯福的最初设想，"联合国家"的签字顺序，是美国在先，中国次之，后改为美国第一，英国第二，苏联第三，中国第四，其后的国家则以英文字母顺序排列。这样，中国作为四个领衔的签字国之一，签署了宣言。这也是自 1931 年中国人民率先举起世界反法西斯侵略的义旗之后，首次以大国身份参与签署的有关国际事务的重要文件，它初步确立了中国在国际社会中的重要地位。

《宣言》声明：各签字国赞同《大西洋宪章》的宗旨和原则；保证运用本国的军事与经济资源对德意日三国同盟成员国及其附从者作战，相互合作，不与敌人缔结单独的停战协定或和约；欢迎现在或将来在战胜希特勒主义的斗争中给予物质援助和作出贡献的其他国家加入。截至1945 年 5 月 1 日，法国等 21 个国家也签署了此项宣言。

这次会议确认并完善了"先欧后亚"的战略方针，为美国和英国的全面合作奠定了基础。《联合国家宣言》标志着世界反法西斯联盟的正式形成，为战后联合国的创立打下了基础。

珊 瑚 海

珊瑚海，位于南纬 0°—20°，东经 140°—160°，太平洋西南部海域，澳大利亚和新几内亚以东，新喀里多尼亚和新赫布里底岛以西，所罗门群岛以南，南北长约 2250 千米，东西宽约 2414 千米，面积 479.1 万平方千米。其名称源于海域内的大量珊瑚礁。

珊瑚海海战（1942 年 5 月 4—8 日），是美、日航空母舰编队在珊瑚海进行的海战，也是日本海军在太平洋战场上第一次受挫。

1942 年 5 月 1 日，海军少将法兰克·杰克·弗莱彻率领美军第 8 特混舰队"列克星顿号"和第 17 特混舰队"约克镇号"航母，以及 8 艘巡洋舰和 13 艘驱逐舰进驻珊瑚海。4 日拂晓，"约克镇号"航空母舰到达瓜达尔卡纳尔岛西南约 160 千米的海面，在刚被日军占领的图拉吉岛附近袭击了日本舰队，击沉 1 艘驱逐舰和数艘小型舰艇，随后向西莫尔比兹港进发。5日，日本舰队突击部队由海军中将高木武雄指挥，率领由"翔鹤号"和"瑞鹤号"组成的航母编队沿所罗门群岛进入珊瑚海，企图从美军航母编队的后侧实施攻击。6日，双方舰队距离最近时只相距130千米，但由于海况较差，雨雾低垂，都没有发现对方。7日5时45分，高木舰队侦察机发回错误报告：在舰队以南160海里发现敌航空母舰。日军舰队78架舰载机，在高桥赫一少佐率领下飞向目标海域。但在目标水域，他们只发现了"西姆斯号"驱逐舰和"尼奥肖号"油船2艘舰船。同日8时15分，"约克镇号"上的侦察机也发回一份错误报告：发现敌1艘航空母舰和4艘巡洋舰。汉密尔顿少校带领93架舰载机飞向目标水域。攻击机群起飞不久，陆军航空队一架B-17轰炸机及时发回了正确情报：敌航空母舰的位置距离美军舰队只有130千米，目前离攻击机群只有60千米。攻击机群迅速转向，很快就发现了日军舰队。

美机机群所发现的舰队正是日军为登陆舰队护航的"祥凤号"航母舰队。"祥凤号"舰长伊泽石之助大佐命令战斗机迅速起飞拦截。但"祥凤号"上仅有3架战斗机完成起飞，美军俯冲轰炸机就展开了攻击，"祥凤号"被13枚炸弹接连命中。同时协同攻击的鱼雷机编队发射的鱼雷中有连续7枚命中目标。11时31分，舰长伊泽石之助大佐命令弃舰。11时35分，"祥凤号"航空母舰沉没，而美军机群93架战机仅损失3架。13时15分，日军高桥率领的攻击机群返航，同时高木中将收到了"祥凤号"航母沉没的电报。此时，"青叶号"巡洋舰侦察机报告，发现美特混舰队，方位120度。航母编队指挥官原忠一说服了高木后，于16时30分派出了27架舰载机，在岛崎重和海军少佐的指挥下快速飞向目标海域。岛崎机群刚进入目标水域，就遭到美军警戒战斗机的拦截，8架舰载机被击落，剩下的飞机丢掉鱼雷和炸弹落荒而逃。5月8日拂晓，日美双方都派出侦察机搜索对方位置。8时22分，"列克星顿号"航母飞行员史密斯海军少尉驾驶的侦察轰炸机在返航航线上首先发现了高木舰队。随后，日军侦察机通过尾随跟踪一架返航的美军侦察机，也发现了美军舰队。9时30分，美军78架舰载机起飞分为5个编队，每个编队相距5—10分钟，在奥尔特中校的率领下飞向目标。同一时间，日军高桥也指挥69架舰载机飞向美军舰队。双方几乎同时出击，机会对等。10时32分，美军攻击机群首先发现了日军舰队。"瑞鹤号"转向至一片雨云，逃过了追杀，而"翔鹤号"则被美军帕奇少校的俯冲轰炸机群瞬间命中2枚炸弹，不仅造成飞行甲板破损，还炸坏了升降机。11时40分，奥尔特中校编队的4架俯冲轰炸机，付出被击毁3架的代价，将1枚炸弹送到"翔鹤号"舰桥后部，炸毁了1座高炮，同时引燃了甲板上的航空燃油，导致后部飞行甲板燃起大火。13时10分，"翔鹤号"带伤返航，其舰载机由"瑞鹤号"收回。10时50分，日机机群飞向美军舰队。美军舰队所有战斗机全部升空迎击日机机群。11时05分，高桥指挥攻击机群向美军舰队发起攻击。仅仅9分钟，"约克镇号"被1枚炸弹命中，造成轻微损伤。"列克星敦号"被5枚鱼雷、2枚炸弹分别击中，但受损并不严重。随后，"列克星敦号"因电火花引爆航空燃油而发生了一连串的爆炸，导致无法抢修。19点15分，弗莱彻下令撤离珊瑚海，同时命令"菲尔普斯号"驱逐舰击沉"列克星敦号"航母。珊瑚海海战结束。

珊瑚海海战是世界海战史上第一次航母之间的决斗，从战略上遏制住了日军的进攻势头，标志着太平洋战场上战局发生逆转，进入战略相持阶段。

中途岛

中途岛，位于北纬28°—29°，西经177°—178°，太平洋中部，属太平洋三大岛群之一的波利尼西亚群岛。中途岛为珊瑚环礁，周长24千米。陆地面积5平方千米，由桑德岛、东岛和斯皮特岛组成。该岛由于位居太平洋东西航线的中间位置而得名。

1859 年，美国人布鲁克斯抵达该岛。1867 年，美国占领该岛。1903 年，建成海军基地。1940 年，美国海军修建了航空和潜艇基地。1990 年，该岛划入夏威夷州。

中途岛海战（1942 年 6 月 4—7 日），是第二次世界大战中太平洋战场的转折点。

1942 年 5 月上旬，美国海军情报局成功破解了日本海军主要通讯系统 JN-25 的部分密码，也因此得悉"AF 方位"将会是日本海军的下一个攻击目标。为确定"AF 方位"的具体地点，美军夏威夷情报站站长约瑟夫·罗彻福特要求中途岛海军基地以无线电向珍珠港发报，说中途岛上的饮用水供应站出现问题，导致岛上面临缺水危机。随后截获的 JN-25 信息提到"AF 方位"出现缺水问题，证实"AF 方位"就是中途岛。尼米兹准备了 3 艘约克镇级航空母舰为主力，即"企业号"、"大黄蜂号"以及经过 72 小时不眠不休赶工修好的"约克镇号"，再加上约 50 艘舰艇，在中途岛的东北方向伏击日本舰队。6 月 4 日 4 时 30 分，日本第一波攻击机群共 108 架舰载机从 4 艘航空母舰上同时起飞，在友永丈市海军大尉的率领下，出发攻击中途岛。5 时 30 分，美军侦察机发现了日军的航空母舰"赤城号"。6 时 03 分，特混舰队总司令官法兰克·杰克·弗莱彻命令第 16 特混舰队司令雷蒙德·斯普鲁恩斯的 2 艘航母全力出击。同时，中途岛上的首批 10 架轰炸机向日本舰队飞去。6 时 30 分，友永的机群冒着猛烈的高射炮火频频俯冲，对中途岛肆意轰炸了 20 分钟，炸毁了岛上建筑物、油库和一个海上飞机库。友永机群随后返航，并请求日本舰队司令南云忠一派出第二波攻击机群。7 时 06 分，第 16 特混编队 117 架战机升空，奔向 200 海里外的日本舰队。7 时 10 分，首批从中途岛起飞的 10 架美军鱼雷轰炸机扑向日本舰队。友永的报告和美机的攻击，使南云相信中途岛的防御力量还很强，于是下令将已经装好鱼雷的飞机换装对地攻击的高爆炸弹，对中途岛进行第二次轰炸。

7 时 30 分，日军侦察机发现美国军舰。南云命令该侦察机继续查明敌人舰队是否拥有航空母舰，同时命令暂停鱼雷机换弹。8时15分，南云确认美军舰队里有航母存在，命令换装高爆炸弹的飞机重新改装鱼雷。日本航空母舰的甲板上一片混乱，为争取时间，卸下的炸弹都被堆放在甲板上。8时30分，空袭中途岛的机群返回日本舰队上空，为收回空袭中途岛和拦截美军轰炸机的飞机，南云决定推迟对美军特混舰队的攻击时间。9时25分，从"大黄蜂号"起飞的15架轰炸机编队发现南云舰队，从"企业号"、"约克镇号"起飞的28架战机也尾随而来。不幸的是，虽然损失了36架飞机，但鱼雷竟无一命中。10时20分，日军正在给护航的"零"式战斗机加油加弹的时候，克拉伦斯·麦克拉斯基少校率领33架俯冲轰炸机出现，分成2个中队分别攻击日本"赤城号"和"加贺号"航母，随后而来的17架俯冲轰炸机则攻向"苍龙号"航母。美军的攻击引爆了日军堆放在甲板上的弹药和燃料，3艘日本航母刹那间变成了火球，火光直冲云霄，短短5分钟就被彻底炸毁。10时40分，日军第2航空战队司令官山口多闻发动反击，24架战斗机组成的攻击编队从"飞龙号"航空母舰起飞，尾随返航的美军轰炸机，成功地找到了"约克镇号"，3颗炸弹命中"约克镇号"。随后的第二波攻击中，"约克镇号"被两枚鱼雷击中。弗莱彻少将被迫转移到巡洋舰上，将指挥权移交给斯普鲁恩斯少将。14时45分，美军侦察机发现日军"飞龙号"航空母舰，斯普鲁恩斯立即发动攻击，船上一片火海。5日2时55分，日本联合舰队司令山本五十六下令："取消中途岛的占领行动。"当天，美军派出多波战机追击日军军舰，但均未发现山本的主力舰队。6日，美军特混舰队撤离战场。7日13时整，日军伊-168号潜艇发现了"约克镇号"，随即发射4枚鱼雷，其中2枚命中"约克镇号"，1枚命中护航的"哈曼号"驱逐舰，"哈曼号"随即沉没，"约克镇号"一直漂浮到第二天中午才沉入海底。中途岛之战结束。

中途岛海战改变了太平洋地区日美航空母舰实力对比。日本在太平洋战场开始丧失战略主动权，战局出现有利于盟军的转折。

斯大林格勒

斯大林格勒，今称伏尔加格勒，原名察里津，位于北纬48°52′，东经2°22′，伏尔加河畔。地名源于1918年斯大林在这里领导了著名的察里津战役，击溃了哥萨克白卫军，巩固和捍卫了初建的苏维埃政权。

察里津始建于1589年，17世纪初毁于大火，1615年在伏尔加河右岸重建，18世纪起为军事要塞，19世纪后期成为俄罗斯南疆中心城市之一，1925年改称斯大林格勒，1961年改称伏尔加格勒。

斯大林格勒战役（1942年7月17日—1943年2月2日），是二战中甚至人类战争史上最为惨烈的战役之一，整个战役持续了199天。

1942年7月17日，德军第6集团军在弗里德里希·威廉·恩斯特·保卢斯上将的指挥下，以部分兵力向苏联红军第64集团军发起佯攻，主力分两路突击苏联红军62集团军的防御线，向卡拉奇方向发展进攻。苏军从罗斯托夫撤退。29日，苏军被迫退至顿河。斯大林发布第227号命令："绝对不许后退一步！"凡是不服从命令而离开战斗岗位或者撤退的军人都将被枪毙。8月5日，苏联红军最高统帅部决定将斯大林格勒方面军改组为东南、斯大林格勒两个方面军，由总参谋长亚历山大·米哈伊洛维奇·华西列夫斯基上将统一指挥。19日，德军重新发起了进攻。保卢斯第6集团军从斯大林格勒西北面的特列赫奥斯特罗夫卡亚向东南攻击。为支援斯大林格勒战役而重新调回B集团军的赫尔曼·霍特第4装甲集团军，则从南面的阿勃加涅罗沃地区向北进攻。9月2日，保卢斯第6集团军右翼与霍特第4装甲集团军左翼在旧罗加奇克地区会师。

鉴于斯大林格勒异常严峻的形势，斯大林任命格奥尔吉·康斯坦丁诺维奇·朱可夫为最高副统帅，并调拨第24、第66集团军和近卫第1集团军开赴斯大林格勒。5日拂晓，朱可夫将3个新锐集团军投入反击。由于准备仓促，反击未达到预期目标。随后苏军又发动两次反击，都遭到失败。12日，苏联红军不得不撤至市区围廓，外围防御地带全部丧失。同日，希特勒决定从高加索方向抽调9个师以支援第6集团军，并命令于13日对斯大林格勒发起新的进攻。13日，保卢斯第6集团军担当主力，从城北实施猛烈突击。霍特的第4装甲集团军则从城南推进，策应保卢斯在城北的主攻。14日，德军从城北突入市区。15日，德军对马马耶夫高地实施重点突击。该高地是斯大林格勒城中的制高点。经过一天的残酷战斗，德军占领了马马耶夫高地。但第二天，苏近卫第13师向德军发起反冲击，重新夺回了该高地。德军的推进不是用千米，而是用米来衡量。"敌我双方为争夺每一座房屋、车间、水塔、铁路路基，甚至为争夺一堵墙、一个地下室和每一堆瓦砾都展开了激烈的战斗。其激烈程度是前所未有的。"仅是对火车站的反复争夺就达13次之多。在城中的另一个部分，由扬科夫·巴甫洛夫指挥的6人小分队占据了城中心的一座公寓楼，并顽强地进行长达58天的抵抗。士兵们在大楼附近埋设了大量地雷，并在窗口安设了机枪，还将地下室的隔墙打通以便通讯。这座顽强的堡垒被苏联人骄傲地称为"巴甫洛夫大楼"。25日，德军占领了市中心。

11月初，德军推进到了伏尔加河岸，并占领整座城市80%的地区，但德军始终未能完全占领斯大林格勒。10月初，苏联红军向斯大林格勒城区调去了6个步兵师和1个坦克旅，与德军展开了激烈的巷战。11月19日，苏军开始实施代号为"天王星行动"的反攻计划。西南方面军和顿河方面军在纷飞的大雪中发起了反攻，当天就突破了负责防卫德军第6集团军侧翼安全的罗马尼亚第3集团军阵地。20日，斯大林格勒方面军在南部突破了防卫该地区的罗马尼亚第4集团军的防线，向北直趋卡拉奇。23日，西南方面军和斯大林格勒方面军在卡拉奇会师，完成了对斯大林格勒的反包围。

1943年1月10日，康斯坦丁·康斯坦丁诺维奇·罗科索夫斯基的顿河方面军向被围的德第6集团军发起了代号为"指环"的进攻。31

日，苏联红军攻入德军设在百货商场内的司令部，保卢斯投降。2月2日，被围困在斯大林格勒城北的第11军残部宣布投降，斯大林格勒会战结束。

斯大林格勒战役是第二次世界大战东部战线的转折点，也是整个二战的转折点。此战之后，苏联开始逐步掌握战略主动权。

瓜达尔卡纳尔岛

瓜达尔卡纳尔岛，简称瓜岛，位于南纬9°30′、东经160°，南太平洋所罗门群岛的东南端，是西南太平洋岛国所罗门群岛最主要的岛屿，面积5302平方千米。地名源于西班牙人佩德罗·奥特加的家乡名字。奥特加是航海家阿尔瓦拉·德·门达尼亚·德·内拉考察船队野营队的队长，他最先踏上该岛，故内拉借此将岛屿命名为瓜达尔卡纳尔岛。

1568年，西班牙人来到此处。1893年，该岛成为英国保护的领地，太平洋战争爆发后被日本军队占领。1942年美、日两国曾在此激战。

瓜达尔卡纳尔岛战役（1942年8月7日—1943年2月9日），是同盟国部队在太平洋反攻的开端。

7月4日，美军侦察机发现日军在瓜岛上修建机场，这将严重威胁盟军的美国—澳大利亚海上交通线，遂决定攻占瓜岛。8月7日凌晨1时，顺利避开日军侦查抵达瓜岛海域的美军登陆编队兵分两路发动进攻："X射线"编队，经萨沃岛南水道进攻瓜岛；"Y射线"编队，取道萨沃岛北水道进攻图拉吉岛，另有2个营作为预备队。6时许，掩护编队的军舰开始炮击瓜岛日军阵地，随后从航母起飞的舰载机飞临瓜岛，进行猛烈的轰炸和扫射。9时40分，部队登上瓜岛。岛上日军没有抵抗就撤出了战斗。8日早晨，美军抵达岛上正在修建的飞机场，惊慌失措的日军扔下手中的早餐逃入丛林。美军占领机场，缴获了大批粮食、建筑设备、建筑材料，甚至还有几百箱日本啤酒和一个完好的冷冻加工厂。图拉吉岛登陆部队遭到日军顽强抵抗。美军的炮火没能摧毁日军修筑在坚固山崖上的工事，而登陆艇下水又太早，从一万多米外开始冲击，日军有足够时间进入前沿工事。美军刚冲上岸，还没站稳脚跟，日军突然开火，美军被密集的火力压在海滩上寸步难行。由于敌我距离太近，根本无法实施舰炮火力支援。几小时后，后续部队将81毫米迫击炮送上岸，并提供航空火力支援，美军开始逐步向纵深推进，于8日黄昏，占领图拉吉岛。8月7日下午2时，日军第8舰队司令三川军一集中5艘重巡洋舰、2艘轻巡洋舰、1艘驱逐舰驶离拉包尔基地，全速往瓜岛海域猛扑过去，企图通过"夜战"，对盟军舰队进行偷袭。9日凌晨1时33分，日舰驶抵萨沃岛西北铁底湾，三川下达总攻击令。直到10分钟后，美军"帕特森号"驱逐舰才发现日舰，刚用无线电发出警报："注意！不明身份军舰正在进港！"日军的水上飞机就投下了照明弹，随后炮弹和鱼雷攻击接踵而来，澳大利亚海军"堪培拉号"巡洋舰右舷连中2枚鱼雷，又先后被24发炮弹击中，不到5分钟就失去了战斗力；美军"芝加哥号"舰首被1枚鱼雷击中，桅杆也被1发203毫米炮弹击中，不得不退出战斗。最先发现日舰的"帕特森号"驱逐舰与日舰炮战，被日军击中1弹，2门舰炮被毁。三川舰队取得战果后迅速脱离战场，退回拉包尔基地。

日军大本营获悉美军在瓜岛登陆后，决定由陆军第17军抽出部分兵力，在海军协同下夺回瓜岛。在随后进行的泰纳鲁河口战役中，日军登陆瓜岛的先遣队全军覆没。

为把更多的部队送到瓜岛，日军计划利用驱逐舰，从肖特兰群岛的海军基地直下新乔治亚海峡抵达瓜岛。日本驱逐舰能够于一夜之间到瓜岛并回航，以防止盟军空袭。他们被盟军称为"东京快车"，日军部队称之为"老鼠运输"。这种情况持续了数月之久。期间，日军先后组织了埃德森岭战役、埃斯帕恩斯角海战、亨德森机场战役、圣克鲁斯海战和塔萨法隆格海战等大小数十次战斗，损失惨重。日本海军感到对瓜岛陆军的支援越来越力不从心，于12月12日提出放弃瓜岛。1943年1月

4日，日本大本营下达撤离瓜岛的命令，撤退行动代号为"K号作战"。2月1日9时30分，第3驱逐舰战队司令桥本信太郎率领20艘驱逐舰从肖特兰岛出发，进行第一次撤退行动。在撤退过程中，"卷云号"驱逐舰被水雷炸伤，后因伤势太重由"夕立号"驱逐舰将其击沉。2月2日桥本编队接下5414人返航肖特兰岛。2月4日和7日，日军又组织了两次撤退行动，从瓜岛撤离10652人。盟军仍然认为日军是在组织一次大型攻势，因此没有试图制止桥本的撤离行动。2月9日，美军意识到日军已经撤退，宣布盟军占领瓜岛，结束了战役。

瓜岛战役进一步削弱了日军实力，迫使日军从战略进攻转为战略防御。

阿拉曼

阿拉曼（Locassis），也称阿莱曼，位于北纬29°—30°，东经32°—33°，埃及北部，地中海沿岸。因其美丽的白色沙滩而得名。"Locassis"意即白色的贝壳。阿拉曼原为沙漠中的村落，20世纪60年代成为新兴的石油产区。阿拉曼距离埃及首都开罗80千米，离苏伊士运河300千米，离亚历山大港约500千米，具有十分重要的战略地位。1942年，英军和德意军队在这里先后发生两次大规模战斗。

第一次阿拉曼战役（1942年7月1—27日），是一场名副其实的消耗战，英国和德意军队互有攻守，双方都使用了多种战术进行进攻尝试，互有输赢。但英军借此牵制了德军，也使德国非洲军团统帅埃尔温·隆美尔突破英军阿拉曼防线，夺取亚历山大港的企图落空。

第二次阿拉曼战役（1942年10月23日—11月3日），是北非战场上具有转折性意义的战役，标志着盟军取得非洲战场的主动权。在这场阿拉曼战役中，盟军采用了"轻足行动"。所谓"轻足行动"，就是先派出步兵经过反坦克地雷区，因为步兵重量较轻，不会引爆反坦克地雷，随同步兵清除地雷以开辟道路，供坦克部队通过，这不同于以往装甲部队在前，步兵在后的常规战术，可以出奇制胜。

10月23日晚9时40分，盟军"轻足行动"开始，882门火炮将约53万发炮弹倾泻到敌人阵地上，阿拉曼沙漠成了火的海洋，烈焰奔突，沙尘蔽天……德意军队前沿阵地一片地狱景象。晚10时，英第30军团的步兵开始推进，工兵开始为装甲部队开辟通道。但直到24日凌晨4点，工兵们只清空了第一片雷场，并不能保证装甲第10军团安全通过，因此盟军的推进十分缓慢。24日傍晚，德国第15装甲师和意大利里特瑞奥装甲师与澳大利亚装甲部队遭遇，开始了第一次坦克会战。双方共投入了100多辆坦克，到了晚上有半数被击毁，战局仍处于僵持状态。与此同时，英第51师以极大的伤亡代价，夺取了基德尼山脊。

10月25日—11月2日，整个战役集中在基德尼山脊和泰尔阿尔—艾萨一线。盟军和德意军围绕这一山脉展开反复争夺。就在盟军弹尽粮绝时刻，德意军首先放弃了本地区的争夺。当天下午5点，隆美尔命令德意军坦克向"狙击"发起进攻。在只有4门反坦克炮可用的情况下，英军步枪团击毁了德军第21装甲师40辆坦克中的37辆。随后德军又发起了新一波攻击，这回他们被打得只剩下了9辆坦克。步枪团只剩3门反坦克炮，每门炮只剩3发炮弹，但是德军放弃了进攻。11月2日凌晨1点，盟军展开增压行动，目标是攻占泰尔阿尔—阿恰齐尔，即轴心国的最后一道防线。

这次进攻以空军对泰尔阿尔—阿恰齐尔和希迪阿巴德阿尔—拉赫曼连续7小时的轰炸拉开了序幕，继之以360门炮连续4.5小时的炮轰，总共打出了1.5万发炮弹。就像战役第一天的"轻足行动"一样，工兵没有力量在雷场中迅速开辟安全通道，因此英军第9装甲旅无法借着夜色掩护去攻击德军，反而在破晓时分，被德国的88毫米炮击中了多辆坦克。第9旅以75%的人员伤亡，128辆坦克中的102辆被击毁为代价，在敌军防线中打开了一个缺口，为第10装甲军第1装甲师打开了冲锋的通道。

正午时分，120辆德意坦克开始出发，它们的目标是打赢阿拉曼战役中规模最大、最关键，也是最后的一场坦克大战——阿恰齐尔山脊之战。这场战斗持续了一整天。阿恰齐尔山脊"只能被看作一个被高爆炸药爆炸时产生的尘土笼罩的地方，一个被燃烧着的坦克和卡车产生的烟弄得很昏暗的地方，一个被无数枪支的火光照亮的地方，一个红色、绿色和白色曳光弹满天飞的地方，一个在轰炸中震颤的地方，和一个被双方的炮火弄得震耳欲聋的地方"。这次战斗双方损失了大约同样多的坦克。但是这个数量对英军来说只是一小部分，对德军来说则几乎是全军覆没。下午4时30分，隆美尔下令撤退到阿拉曼以西96千米的富凯阵地。3日，希特勒命令隆美尔"绝不可后退一步……要么就是胜利，要么就是死亡，别无其他道路"。4日黎明，英军突破德军泰勒阿卡基尔中心阵地，并向德军纵深推进。下午，隆美尔不顾希特勒命令，下令撤退。7日，蒙哥马利下令停止追击，阿拉曼战役结束。

阿拉曼战役中，英军歼敌5.5万人，击毁坦克装甲车350辆。但因英军冲击不果敢，行动迟缓，未能全歼德意联军。但此役结束了德意非洲军团的攻势，此后德意军队在北非战场转入战略撤退。

北非

北非，位于北纬19°—38°，东经36°—西经16°，北回归线两侧，非洲大陆撒哈拉沙漠以北区域，包括苏丹、南苏丹、埃及、利比亚、突尼斯、阿尔及利亚、摩洛哥7国及大西洋中的葡属马德拉群岛、亚速尔群岛。因地理位置处于非洲大陆北部而得名。早在旧石器时代北非就有人类生存。公元前6000年前后，撒哈拉荒漠化，柏柏尔人北迁到马格里布。公元前1200年左右，希腊人在此建立城邦。公元前5世纪，腓尼基人成为北非霸主。公元前2世纪归属罗马帝国。公元5世纪，并入阿拉伯帝国。12世纪，被诺曼人征服。16世纪成为奥斯曼帝国的组成部分。1830 年后北非成为法属殖民地。

北非登陆战役（1942 年 11 月 8—10 日），是美英盟军在法属阿尔及利亚和摩洛哥实施的登陆作战，目的是掌控地中海的制海权，为进攻南部欧洲奠定基础。

1942 年 7 月，英美首脑决定实施进攻北非的"火炬计划"，并任命德怀特·戴维·艾森豪威尔为同盟国远征军总司令。按照"火炬计划"，美英军队动用了 13 个师、450 艘战斗舰艇和运输船只（航空母舰 7 艘），编成西部、中部、东部 3 个特混舰队，共 10.7 万人。美英舰队兵分三路：西部特混舰队负责卡萨布兰卡地域，中部特混舰队攻占奥兰地域，东部特混舰队在阿尔及尔地域行动。11 月 7 日夜晚，英格兰西南部康沃尔半岛乌云遮天，一片漆黑，天空不时落着小雨。在灯火管制的圣伊瓦尔和普雷登纳克机场上，39 架美军 C-47 运输机整齐地停放在滑行道上，每架飞机的机翼下面都站着一小队美国伞兵，他们在等候登机起飞，目标是夺取 2413 千米外的阿尔及利亚奥兰附近的机场，以配合美英联军地面登陆部队执行"火炬计划"。11 月 8 日凌晨，美英联军的 1700 架战机掩护着 655 艘战列舰和运输船，护送陆军开始从卡萨布兰卡、奥伦、阿尔及尔一带登陆，火炬行动展开。8 日凌晨 1 时，东部特混舰队兵分三路，在阿尔及尔及其东、西两面登陆。在西面，英军第 11 旅顺利地占领了滩头；在东面，运载美军的船只意外地被浪潮冲离海岸数千米，但天亮后，也很快地控制了局势。清晨 6 时，当美军到达了白屋机场时，守军开了几枪，作为象征性的抵抗之后，美军很快就占领了机场。

但是在阿尔及尔港，登陆部队遇到了法军较激烈的抵抗。两艘英国驱逐舰刚驶入港口，就遭到炮击。"马尔科姆号"被重创后撤出战斗。"布罗克号"经过 4 次奋力拼搏，才冲过交叉火网，停靠码头，将运载的部队送上岸。为了避免更多的流血牺牲，美国驻阿尔及利亚总领事罗伯特·D. 墨菲通过法军驻北非陆军指挥官阿尔方斯·朱安，和正在北非的法军总司令、海军上将弗朗索瓦·达尔朗取得联系。经过谈判，9

日下午 6 时 45 分，达尔朗在停战协定上签字，并下令阿尔及尔的法军停止抵抗，盟军控制了阿尔及尔。8 日凌晨 1 时，中部特混舰队开始在奥兰登陆。登陆部队比较顺利地占领了阿尔泽湾和安达鲁斯，但在向奥兰实施向心突击的过程中遭到法军较为猛烈的抵抗，被阻于半路。2 艘英国快艇"华尔纳号"和"哈兰特号"载着 400 名美军突击队员，向奥兰港发动强行突击，遭到港口守备部队的抗击。"华尔纳号"遭到 2 艘法国驱逐舰和 1 艘鱼雷艇的射击，中弹爆炸沉没。"哈兰特号"在企图绕过码头时，受到 30 米外的 1 艘法国驱逐舰的炮击，美军死伤过半，损失惨重。直到 9 日，美军的进攻仍无进展。此时，法军的指挥官已获悉双方在阿尔及尔进行谈判，抵抗的意志大为削弱。10 日，美军两支轻装甲部队从南面突入奥兰，逼近法军司令部。中午，法军宣布投降。8 日 4 时，南部特混舰队抵达摩洛哥海岸。由于夜间行驶，而且航程较远，登陆时间比原计划晚了 3 个小时。

美军分别在卡萨布兰卡附近的费达拉、利奥特港和萨菲登陆，一开始就牢固地占领了立足点。登陆部队并未遇到抵抗。但随后战斗一度相当紧张，在一些地点、特别是在利奥特港附近，法军海岸火炮向登陆部队开火，给美军造成了重大伤亡。9 日，美军一面巩固自己的登陆场，一面向内地推进，但法军的抵抗也开始加强。接到达尔朗停止战斗的命令后，摩洛哥总督诺盖于 11 日宣布投降。美军遂占领了卡萨布兰卡。

北非登陆战役是战争史上第一次使用登陆舰艇"由舰到岸"的大规模渡海登陆战役，在战役组织和装备使用等方面为西西里和诺曼底等登陆战役提供了经验。

卡萨布兰卡

卡萨布兰卡，今称达尔贝达，位于北纬 33°36′，西经 7°37′，非洲西北端，坦格尔西南偏南，东北距首都拉巴特 88 千米。卡萨布兰卡

（casablanca）得名于西班牙语，意即为"白色的房子"，达尔贝达则在阿拉伯语中意为"白色的房子"，因为整座城市的建筑大多数为白颜色。公元 7 世纪，这里是罗马帝国的安法古城。15 世纪下半叶，葡萄牙殖民者占领此地。18 世纪中叶，摩洛哥在原安法古城的旧址上兴建一座新的城市，定名达尔贝达。18 世纪末，西班牙人得到这座城市，更名为卡萨布兰卡。20 世纪初，法国占领这座城市。1956 年，摩洛哥独立后，将城市名恢复为达尔贝达。

卡萨布兰卡会议（1943 年 1 月 14—24 日），是美国总统富兰克林·德拉诺·罗斯福和英国首相温斯顿·丘吉尔在此举行的一次会晤。

盟军在非洲的胜利，使美英两国领导人深受鼓舞，他们非常希望与苏联元首约瑟夫·斯大林会晤，共商击败德国的战略方针。1942 年 12 月 2 日，罗斯福写信给斯大林称："最使我心情激动的考虑，就是我渴望和你会谈。我建议在非洲某一个安全的地方秘密会晤，这对我们三个人都很方便。时间约在 1 月 15 至 20 日。"丘吉尔也向斯大林发出了同样的邀请。12 月 6 日，斯大林答复罗斯福和丘吉尔说，他赞成三国首脑开会商讨军事战略，"但是非常遗憾，我无法离开苏联。现在正是（斯大林格勒战役的）重要关头，对我来说，即使离开一天也不可能"。于是，罗斯福便与丘吉尔商定，在卡萨布兰卡举行两国首脑会议，以便商讨 1943 年的作战方略。1943 年 1 月 12 日，丘吉尔首先到达卡萨布兰卡，住进安法郊区的一所别墅。14 日下午，罗斯福乘飞机横渡大西洋也来到了卡萨布兰卡。会议随即正式召开，历时 10 天。

会议讨论了二战后期非洲、地中海和太平洋的战局以及之后对德意日轴心国作战的问题，并就加强对德国的轰炸、土耳其在战争中的立场以及亚洲殖民地的命运问题进行了磋商。23 日，在卡萨布兰卡最后一次全体会议上，罗斯福与丘吉尔决定了三件大事。

第一，确定了 1943 年英美盟军的进攻方向。虽然罗斯福和丘吉尔对开辟第二战场存在分歧，但是他们认识到，盟军在 1943 年不可能出兵法国，他们同意加紧对德国潜艇进行攻击。罗斯福接受了丘吉尔竭力兜售

下篇

的计划——进攻"欧洲柔软的下腹部"西西里岛和意大利，确保地中海航行安全，迫使意大利投降，然后从巴尔干切入欧洲大陆的腹地。会议还通过了美国建议的对日作战方案，计划对所罗门群岛、新几内亚、关岛等发动一系列平行进攻，并实施收复缅甸的"安纳吉姆"计划。

第二，美英两国把各自支持的法国政治首脑吉罗德和夏尔·戴高乐硬拉到一起，结成"强迫婚姻"。吉罗德是美国特工从法国南部营救出来的一位法国将军，美国支持他成为未来法国的政治首脑；戴高乐则是英国一直支持的"自由法国运动"的领导人。鉴于盟军即将重返欧洲，罗斯福和丘吉尔都觉得有必要使法国的两派首脑联合起来。丘吉尔说服罗斯福，要让"自由法国运动"领袖戴高乐将军参加卡萨布兰卡会议，而罗斯福则认为和法国维希政府保持联系的吉罗德将军代表法国出席会议更合适。戴高乐对此大为不满，拒不前往卡萨布兰卡。罗斯福催促说："新郎已到，新娘何在？"丘吉尔做了大量工作，当他把戴高乐说服后，得意地对罗斯福说："我把新娘请到了。"事后证明，戴高乐和吉罗德是不可能走到一起的。24日，吉罗德与戴高乐在罗斯福和丘吉尔面前作了一次"勉强的握手"，两人同意组成法兰西民族解放委员会，同任主席。后来，吉罗德很快便被戴高乐排挤了出去。

第三，同盟国第一次明确了战争的最终目的是迫使轴心国无条件投降。24日，罗斯福在记者招待会上宣布："总统和首相在考虑了世界大战的局势之后，比以往更加确信：只有彻底摧毁德国和日本的战争力量，世界才能恢复和平。这就是我们能够把战争的目的非常简单地表述为：德国、日本和意大利无条件投降。"此时丘吉尔表情尴尬，说明他们事先并未谈及此事。随后丘吉尔强作笑容，讲了两句赞成的话，毫无热情地提议为"无条件投降"干杯。

美、英在会议上签订了在亚洲划分势力范围的秘密协定。土耳其被认为是英国的势力范围，中国则被划归美国。

突尼斯

突尼斯，位于北纬 36°—37°，东经 10°—11°，非洲大陆最北端，地中海沿岸。其名称来源有两种说法：一说源于本地一个名叫"突尼斯"（或提尼斯）的古老村落，是腓尼基人命名而流传至今的唯一地名；一说源于腓尼基人崇拜的女神"塔尼斯"，她象征光明，被认为能够给人间带来繁荣与幸福。后经辗转传译，"塔尼斯"演变成"突尼斯"。公元前 9 世纪初，腓尼基人在今突尼斯湾沿岸地区建立迦太基城，后发展为奴隶制强国。公元前 146 年成为罗马帝国阿非利加省的一部分。5 至 6 世纪先后被汪达尔人和拜占庭人占领。703 年被阿拉伯人征服。13 世纪建立突尼斯国家。1574 年，沦为奥斯曼帝国的属地。1881 年，成为法国保护领地。1956 年独立。

突尼斯战役（1943 年 3 月 17 日—5 月 13 日），是盟军为粉碎德意非洲集团军群，攻占突尼斯领土，从而把德军全部赶出北非的进攻战役。

1943 年 2 月，德意非洲军团在英国第 8 集团军的猛攻之下，被迫退守至突尼斯的马雷斯防线。3 月中旬，盟军调整部署，在突尼斯恢复攻势。3 月 17 日，乔治·巴顿带领美军第 2 军在航空火力和炮火的打击下，向米克纳西和加贝斯发起攻击，以威胁德军的交通线，牵制德军第 10 装甲师，策应和支援英国第 8 集团军，全力夺取马雷斯防线。20 日，蒙哥马利向第 8 集团军发布文告，号召全军将士："向突尼斯进军！把敌人赶到大海中去！"当晚 22 时 30 分，英第 8 集团军第 30 军向马雷斯防线主阵地瓦迪济佐发起进攻。很快，第 151 旅在敌人强大的防御炮火之下，强渡济洛扎奥干河，并夺取对岸的两个重要据点。随后第 50 皇家坦克团出动支援时，却出现了一些麻烦：坦克携带着大柴捆前进，以便用来在干河里铺设一条简易道路，不料坦克废气却把许多柴捆点着了。更糟糕的是，领头的坦克不慎淹没在近 1 米深的水里，堵塞了整个道路，工兵们只好另修了一条旁道。到该坦克团接到撤退命令时，仅有 4 辆坦克渡河成功。21 日夜里，在得到第 69 旅的增援后，第 151 旅又一次强渡了济洛扎奥干河。这次有 42 辆坦克渡过了干河。挡在德军第 15 装甲师的凌厉反击下，英军在损失了 30 辆坦克后，不得不再次退回出发的阵地。由于右翼受挫，蒙哥马利决定将进攻重点转向左翼。26 日下午 4 时，盟军在左翼展开闪电攻击。沙漠空军出动 22 个中队战机，为地面部队提供了"真正的低空闪电攻击"支援，把敌人阵地上所有可见和移动的目标都炸成了碎片。随后跟进的新西兰军很快就夺得了必要的阵地，德军开始溃逃。晚上月亮升起后，英第 10 军第 1 装甲师出动。在逐渐明亮起来的月光下，出现了英军和德军肩并肩向哈迈快速奔驰的奇特景象，有时这两支军队甚至混杂起来。但最终，德军第 164 师还是跑到了前面，在哈迈以南几千米的地方组成一条薄弱的防线，掩护友军撤退。德意军随后沿阿卡里特干河建立了另外一条防线。3 月 28 日上午 9 时，英军完全占领了马雷斯防线。至此，通往突尼斯的道路被打通。4 月 7 日，英国第 8 集团军开始进攻退守阿卡里特防区的意大利第 1 集团军，并于同日与美国第 2 军先头部队会师，将德意军队重重包围。德意军队放弃阵地继续北撤。13 日，意大利第 1 集团军撤至德意在突尼斯的最后一道防线昂菲达维尔—蓬德法斯一线。至此，德意非洲集团军群在突尼斯东北部只保留一个南北长 130 千米、东西宽 60 千米的桥头阵地。次日，英军第 8 集团军开抵昂菲达维尔防线。19 日，盟军集中优势兵力发起最后阶段的进攻。26 日，英军经反复争夺占领朗斯托普峰。30 日，美军攻占 609 高地，第 9 师进抵海岸，威胁德意军侧后。5 月 6 日，英国第 1 集团军在强大的航空兵火力支援下，在突尼斯西线对德国第 5 装甲集团军发动决定性进攻，突破德军防线，将其残余部分分割为两部。7 日，盟军占领突尼斯市和比塞大。12 日，盟军彻底歼灭德意残余部队，德意军总司令汉斯·于尔根·冯·阿尼姆被俘。5 月 13 日，战役结束。

此役，盟军肃清了北非全部德意军队，从根本上改变了地中海的形势，并为随后在意大利西西里岛登陆创造了良好的条件。

库尔斯克

库尔斯克，位于北纬 51°69′，东经 36°16′，俄罗斯中部丘陵地带，南部与别尔哥罗德州相邻，西南部和西部与乌克兰接壤，西北部与布良斯克州相邻，北部与奥廖尔州接壤，东北部与利佩茨克州相邻，东部与沃罗涅日州相邻。其名称据说由"松鸡"（рябчик）一词而来，因为该市历史上曾经森林遍布，松鸡成群。1095 年，库尔斯克成为基辅罗斯的要塞。13 世纪被蒙古帝国摧毁，1597 年重建。

库尔斯克会战（1943 年 7 月 5 日—8 月 23 日），是苏军为打破德军大规模进攻并粉碎德军战略集团而在库尔斯克实施的一次防御战役和数次进攻战役的总称。

1943 年 4 月，苏德双方在库尔斯克地域相持。15 日，希特勒签发第 6 号命令，制定代号为"堡垒"的战役计划。德军在苏德战场近70%的坦克师、65%以上的作战飞机参加了这一战役。苏军在库尔斯克建立了纵深梯次配置的防御阵地。库尔斯克附近的防御，首先是作为对坦克的防御来准备的，对坦克防御的纵深达 30—35 千米。7 月 4 日晚，苏军先后抓获了德军第 168 和第 6 步兵师的各一名士兵，确认德军将于5 日凌晨 3 时发动进攻。格奥尔吉·康斯坦丁诺维奇·朱可夫立刻下令苏军进行炮火反制。苏联沃罗涅日方面军于 5 日 1 时 10 分，中央方面军于 2 时 20 分，对德军各突击集团的集中地域实施了炮火反制，迫使德军中央集团军群的进攻推迟了 2.5 小时，南方集团军的进攻推迟了 3小时。德军企图以坦克师的"撞击"来突破苏军防御，并逼近库尔斯克。苏军在航空兵的支援下，击退了德军的多次猛烈冲击，航空兵每昼夜出动飞机 2000—3000 架次，并以 13 集团军、坦克第 2 集团军和坦克第 19 军对德军进行反击。截至 10 日，德军仅楔入苏军防御 10—12 千米。德军将主要力量转移到普罗霍罗夫卡方向，打算从东南方向实施突击，以夺取库尔斯克。苏军统帅部识破了德军的计划，决定对德军楔入集团实施反突击。7 月 12 日，在普罗霍罗夫卡地域发生了世界战争史上最大规模的坦克遭遇战。苏德双方共投入了 1600 辆坦克。

德南方集团军群担任主攻的是第 2 党卫装甲军，辖有近 700 辆坦克，其中约 100 辆是虎式坦克。苏联主战的是近卫第 5 坦克集团军，该集团军拥有 850 辆坦克，大部分是 T-34。

两军装甲主力相遇后，很快就绞杀在一起。浓密的硝烟弥漫了战场，喊杀声、枪炮声、爆炸声和哀号声响成一片。草原上到处都是坦克的残骸。在被毁的坦克旁，坦克手侥幸从燃烧的坦克里爬出来后，往往被迫拿起步枪，像步兵一样作战。有时双方的坦克手甚至用匕首肉搏，战斗历时 8 个小时，一直持续到傍晚才结束。德第 2 党卫装甲军和苏近卫第 5 坦克集团军都损失了超过 350 辆坦克。

13—15 日，德军继续在普罗霍罗夫卡以南地域对近卫第 5 坦克集团军冲击，最远在突击部的正南面前进了 35 千米。同日，在库尔斯克北面，苏联西方面军近卫第 11 集团军和布良斯克方面军在空军第 1、第 15 集团军航空兵的支援下，对防守奥廖尔地域的德军坦克第 2 集团军和第 9 集团军突然实施突击。15 日，苏联中央方面军右翼转入反攻，向德军奥廖尔集团南翼实施突击。8 月 5 日，苏联布良斯克方面军在西方面军和中央方面军的配合下，解放奥廖尔。经过历时 37 天的奥廖尔进攻战役，苏军西进约 150 千米，德军 15 个师被击溃。

8 月 3 日，苏联沃罗涅日方面军和草原方面军组织了库尔斯克会战中的最后一个战役：别尔哥罗德—哈尔科夫战役。凌晨 5 点，苏军近万门大炮齐鸣，大量炮弹倾泻到德军阵地上，炮击持续了两个多小时，最后以一阵喀秋莎火箭炮的齐射作为结束，随后坦克和步兵开始发起攻击。在炮击中幸存的德军无力阻挡苏军的前进，苏军很快就突破了德军的第一道防线。经过一天的战斗，苏军各突击集团平均向德军纵深推进了 10—15 千米。德军统帅部将从顿巴斯调来的战役预备队分别在博戈杜霍夫以南地域和阿赫特尔卡地域组织了两次反击作战,均被苏军粉碎。22 日下午,德军被迫开始由哈尔科夫地域后退。23 日,苏联解放了哈尔科夫。库尔斯克会战结束。

此战是苏德战场的决定性战役之一。此后,苏联取得战场主动权,收复了所有失地,并反攻进入德国。德军则被迫开始从苏德战场战略性撤退。

西西里岛

西西里岛,位于北纬 36°—38°,东经 13°—15°,是地中海最大的岛。其名称源于公元前 1 世纪曾居住在岛上的一个名叫西丘里的部落(Siculi 或 Sekeloi),该部落名是“收割者”的意思。早在 1000 年前,西西里岛上就已经有人类聚居。公元前 8 世纪,希腊人来到这里。公元前 227 年,西西里岛成为罗马帝国的一个省。535 年,被拜占庭占领。827 年,阿拉伯人到来。1091 年,诺尔曼人开始统治这里。1139 年,西西里岛成为王国。1412 年,成为西班牙的领土。1720 年,转而被奥地利统治。1735 年,重归西班牙。1861 年,西西里岛并入意大利。1947 年,获地区自治权。

西西里登陆战(1943 年 7 月 9 日—8 月 17 日),是盟军自二战爆发以来在敌方领土上实施的登陆作战。

盟军在西西里岛登陆前,进行了代号为“肉馅”的欺敌计划。一具看起来像是一名盟军参谋军官的尸体携带有关攻打撒丁岛和希腊的文件,漂浮在西班牙海岸。德军由此对盟军可能登陆的地点作了错误的判断,把德军主力调往撒丁岛和希腊,仅把戈林装甲师和第 15 装甲步兵师派往西西里岛,交由意军中将艾尔弗雷多·古佐尼指挥。1943 年 7 月 10 日凌晨 3 时 45 分,美第 7 集团军司令乔治·巴顿和第 8 集团军司令伯纳德·劳·蒙哥马利指挥的16万美英登陆大军分乘3200艘军舰和运输船，在1000架飞机的掩护下，在西西里岛的西南部和东南部分别登陆。海岸的意军士气低落，仅进行了微弱抵抗。英军当天就占领了宽100千米，深10—15千米的登陆场。美军的作战艰难一些，夺占了3处宽12—15千米、深3—5千米的登陆场。11日，西西里岛守军在古佐尼指挥下开始反击。德军戈林装甲步兵师和意大利的2个摩托化步兵师则向巴顿的美第7集团军发起反击。美军只有寥寥数门反坦克炮，面对德国"虎"式重型坦克的坚炮厚甲一筹莫展，德军坦克几乎推进到距美第7集团军滩头阵地不足2千米处。巴顿紧急请求海军舰炮支援。正在杰拉湾的美军"博希斯号"和"萨凡纳号"巡洋舰立即以203毫米舰炮轰击德军坦克，虎式重型坦克损失惨重，德军被迫撤退。美军趁势攻占杰拉城。德第15装甲师从岛上西部调到了东岸，以阻止蒙哥马利的英第8集团军。但英军在德军发起有效拦截前，于12日迅速攻占了锡拉库扎和奥古斯塔两个港口。

德意军队反攻失利后，制定了经墨西拿海峡退至意大利的卡拉布里亚的计划。为保证撤退顺利，德军将驻卡拉布里亚的第29装甲师和驻法国的第1空降师调往西西里岛。同时，德意部队加紧调动，在西西里岛东北部构筑起了从恩纳到卡塔尼亚的坚固防线。13日，蒙哥马利的英第13军奋力突击卡塔尼亚，盟军145架飞机载着英第1空降旅1900名士兵从突尼斯出发在卡塔尼亚空降，配合地面部队联合进攻。德军以德戈林装甲师和第1空降师进行顽强抵抗，牢牢控制着从卡塔尼亚通向墨西拿的海岸公路。蒙哥马利正面进攻受挫，被迫调第30军绕过埃德纳火山西侧，在美第7集团军的支援下进攻墨西拿。巴顿则兵分两路，一路由布莱德雷率领美第2军支援英军作战，一路由凯斯将军率领1个暂编军直取西西里首府巴勒莫。22日，美军不战而克巴勒莫，俘虏意军5.3万人。而蒙哥马利却在两个重要方向上都陷入困境，他的第13军被阻于卡塔尼亚，向西迂回的第30军也在阿德拉诺地区徘徊不前。

巴顿见蒙哥马利受阻，决心变助攻为主攻，抢在蒙哥马利之前拿下墨西拿。布莱德雷的美第2军在攻占北部的佩特拉里亚后，迅速调头东进，沿北海岸公路直扑墨西拿。8月1日，美军向特罗伊纳发起进攻。攻击刚开始，美军低估了德军的兵力和战斗力，结果伤亡惨重。德军死守特罗伊纳，阻击美军7天后才撤离该城。5日，英第8集团军终于攻克卡塔尼亚，开始沿东海岸公路向墨西拿推进。10日，德意部队退到墨西拿附近，由于盟军没有切断墨西拿海峡的计划和行动，4万德军和7万意军用6天7夜的时间，完成了向意大利本土的敦刻尔克撤退。盟军向墨西拿的进军变成了美英两国军队的赛跑。17日早晨6时30分，美先遣部队进入墨西拿。11时30分，英军也进了城。一位英国军官走到巴顿面前，同他握了握手说："这是一场有趣的竞赛，我祝贺你的成功。"西西里岛登陆战结束。

西西里岛登陆战虽然没能消灭德军的大量有生力量，但获得了进攻意大利本土的跳板，并直接导致墨索里尼垮台和意大利投降。

1943 年 8 月—1944 年 5 月

第聂伯河

第聂伯河，欧洲第三大河，发源于俄罗斯瓦尔代丘陵南麓，向南流经白俄罗斯、乌克兰，注入黑海，全长 2200 千米，流域面积 50.4 万平方千米。人们习惯将第聂伯河划分为上第聂伯河和下第聂伯河。上第聂伯河是从河源至乌克兰境内的基辅，下第聂伯河是从基辅至河口。其名称源于撒尔马特语的 dan 或 don，意为"河"。

第聂伯河会战（1943 年 8 月 13 日—12 月 22 日），也叫下第聂伯河攻势，是苏军为了攻占第聂伯河左岸乌克兰、顿巴斯、基辅以及第聂伯河右岸各登陆场而发起的进攻作战。

1943 年 8 月 11 日，德军在库尔斯克会战中失败退却，从楚德湖北面开始，沿纳尔瓦河、普斯科夫、涅韦利、维捷布斯克、奥尔什以东，经过戈梅利，顺索日河和第聂伯河，再沿莫洛奇纳亚河至亚速海一线，建立起被称作"东方壁垒"的战略防线，并以第聂伯河一段作为防御重点。

苏联最高统帅部决定，由中央方面军、沃罗涅日方面军、草原方面军、西南方面军和南方面军 5 个方面军部队，在第聂伯河西南左岸的乌克兰展开攻势，强渡第聂伯河，夺取河右岸登陆场，攻占全部右岸乌克兰。苏联元帅朱可夫和华西列夫斯基协调诸方面军的战斗行动。8月13日，苏西南方面军首先发起顿巴斯战役，16日又从北顿涅茨河的登陆场转入进攻，至9月22日前协同南方面军攻占顿巴斯，随后进至第聂伯河，并在第聂伯罗彼得罗夫斯克和扎波罗热附近强渡该河。8月18日，南方面军转入进攻，突破德军沿米乌斯河构筑的坚固防御地区，于30日攻占塔甘罗格，9月22日前出到莫洛奇纳亚河。8月23日，草原方面军在攻占哈尔科夫后，继续向上第聂伯罗夫斯克发动进攻，8月29日攻克了柳博京市和车站，打开了通往波尔塔瓦的道路，于9月23日攻占波尔塔瓦，9月24日在第聂伯罗捷尔任斯克西北夺取了第聂伯河的一个登陆场，9月28日在克烈缅丘格东南和上第聂伯罗夫斯克地垄分别夺取了登陆场。8月25日，沃罗涅日方面军开始追击从阿赫特尔卡突出部退却之敌，9月2日攻占苏梅并发动进攻，9月21日傍晚进抵第聂伯河，9月下旬进抵第聂伯河，随即在大布克林地域该河的弯曲部和基辅以北的柳捷日地域攻占登陆场。8月26日，中央方面军发起进攻，向谢夫斯克、诺夫哥罗德—谢韦尔斯基实施主要突击，9月21日攻占切尔尼戈夫，并到达第聂伯河，随即在第聂伯河与普里皮亚季河之间夺取登陆场。

在9月22—30日期间，苏联各集团军已在洛耶夫至扎波罗热将近750千米的正面战场进抵第聂伯河，并实施强渡，夺取了23个登陆场。至9月底，左岸的乌克兰几乎全部从德军占领下获得解放。德军统帅部在第聂伯河稳定战线的计划遂告破产。9月26日，乌克兰第4方面军（原南方面军）向德军防御枢纽梅利托波尔进击，10月23日，攻占该市，突破德军在莫洛奇纳亚河的防御。11月5日，进至第聂伯河下游并封锁了克里米亚。10月10日，乌克兰第2、第3方面军（原草原方面军、西南方面军）经过连续3个月的战斗攻占扎波罗热、第聂伯罗彼得罗夫斯克，并在第聂伯河右岸建立正面达450千米的第2个战略登陆场。11月10日，白俄罗斯方面军（原中央方面军）实施戈梅利—列奇

察战役，18 日攻占列奇察和瓦西列维奇；20 日，强渡别列津纳河；26
日，攻占戈梅利。30 日傍晚，夺取日洛宾以南纵深约 100 千米的大登
陆场。

10 月 12—15 日和 21—23 日，沃罗涅日方面军（后改编为乌克兰
第 1 方面军）两次发起攻占基辅的进攻性战役，在德军顽强抵抗下未获
成功。方面军随即将主力由大布克林登陆场调到柳捷日登陆场，改辅助
方向为主要突击方向，于 11 月 3 日发起基辅进攻战役，6 日攻占基辅，
随后在基辅地域建立长 500 千米、纵深 150 千米的战略登陆场。德军为
夺回基辅，在该方向组织反攻，迫使乌克兰第 1 方面军于 11 月 13 日至
12 月 22 日实施基辅防御战役。德军将近一个半月的进攻仅推进了 35—
40 千米，最后因不堪疲劳和消耗过大而停止突击。在整个作战进程中，
亚速海区舰队和作战区内的游击队对各方面军的行动给予了有力支援。

此次会战，苏德双方共投入 400 万人的部队，战线长达 1400 千米。
苏军完全攻占第聂伯河左岸的乌克兰和基辅，收复了最重要的经济区，
为把德军逐出苏联国境创造了有利条件。

缅 甸

缅甸，位于北纬 10°—28°，东经 92°—101°，亚洲东南部、中南半
岛西部，西南临安达曼海，西北与印度和孟加拉国为邻，东北靠中国，
东南接泰国和老挝。在古代人眼中，因与中国相距遥远，道路阻隔，故
称之为"缅"，即遥远之意；又因中缅边区一带称山间谷地为"甸"，
合称缅甸，即遥远的谷地。英文名 Burma，来自得楞语的 Brahma，其词
源可能与婆罗门或梵文有关。也有人认为 Brahma 一名是早期到这里的
移民给当地居民起的名称，是"强人"的意思。1044 年，缅甸形成统
一国家，进入蒲甘王朝时期。1286 年，中国元朝设置"缅中行省"（又
称"征缅行省"）。1290 年，缅中行省撤销，后分裂为掸族和孟族两部

分。1531 年，统一为东吁王朝。1752 年，进入贡榜王朝时期。1885 年，成为英属印度的一个省。1948 年，独立为缅甸联邦。1974 年，称缅甸联邦社会主义共和国。1988 年，国名改为"缅甸联邦"。2010 年，改国名为缅甸联邦共和国。

缅北反击战，即滇北滇西战役（1943 年 10 月 14 日—1945 年 3 月 30 日），是中国驻印军和中国远征军在美、英盟军的协同下，在缅甸北部对日军缅甸方面军发动的进攻性战役。

1943 年 10 月，为配合中国战场及太平洋地区的战争形势，重新打开中印交通线，盟军中国战区参谋长兼中缅印战区美军司令约瑟夫·史迪威将军制定了代号"安纳吉姆"（或称"人猿泰山"）的反攻缅北的作战计划。10 月 14 日，中国驻印军队向缅甸方向进发。20 日上午 11 时，前哨战在新平洋以西的无名高地打响。新编第 38 师搜索连在行进途中与日军的一个大队遭遇。敌人进入射程后，搜索连将密集的迫击炮弹劈头盖脸地砸下来，机枪子弹也构成一道密不透风的火墙，日军像割禾一样纷纷栽倒在地上，丢下 200 多具尸体，仓皇而逃。10 月 24 日，新编第 38 师开始攻击前进，29 日占领新平洋。12 月 24 日上午 9 时，于邦战斗打响，新编 38 师炮兵部队进行了 1 个小时的炮火准备后，向日军发起了攻击，于 29 日攻占于邦。1944 年 1 月 31 日，新编第 22 师攻克太洛。2 月 1 日，新编第 38 师攻克大白家，缴获日军第 18 师团的军旗、关防、大量文件及各种武器。3 月 5 日，新编第 22、第 38 师联合攻克孟关。8 日，新编第 38 师攻克瓦鲁班。日军退守杰布山隘，凭险顽抗。新编第 22 师在新编第 38 师与美军拉加哈德突击队策应下，经过 14 天的战斗，攻占长达 10 千米的杰布山隘。日军第 18 师团残部和第 53 师团向孟拱河谷撤退。孟拱河谷地势险要，南北走向的南高江将河谷劈为两半。谷内的加迈和孟拱两大重镇隔江对峙，攻守相望，互为犄角。

中美将领决定：以新 22 师向加迈攻击前进，新 38 师沿加迈左侧向孟拱迂回，另以美军拉加哈德突击队和刚刚赶到前线的新 30、第 50 师各一个团组成中美联合突击队，绕道北侧的崇山峻岭，插向敌后的战略要点密支那，将日军在密支那、孟拱、加迈一线分割包围，予以歼灭。4月24日，新22师和新38师向各自目标攻击前进。28日，中美联合突击队秘密向密支那进发。5月16日，中美联合突击队隐蔽地接近了密支那外围。5月17日清晨，美军出动大批飞机对密支那进行了长时间的轰炸。上午10点，中美联合突击队向密支那以西约1千米的飞机场发动猛攻。日军对此毫无准备，仓皇抵抗。经过4小时的战斗，中美联军完全肃清了机场上的日军。下午，满载着武器、弹药、给养和增援部队的运输机和滑翔机，在密支那机场降落。

攻占密支那机场，切断了孟拱、加迈日军的后勤补给线，大大鼓舞了新22、新38师对日军的正面进攻。6月16日，新22师占领加迈。25日，新38师攻克孟拱。7月13日，中美联军向密支那发起总攻，很快攻入市区，随即开始与日军逐个房屋、逐条街道地进行艰苦争夺。8月3日，中美联军占领市区。在密支那休整约两个月后，11月14日，新编第38师开始进攻八莫，经过20余天的战斗将其占领。1945年1月15日，新编第30师攻克南坎。3月27日，新编第38师攻克芒友，与从云南西进的中国远征军会师。中国驻印军旋即南下，于1945年3月8日攻克腊戍，30日与英军会师于乔梅，缅北反攻作战结束。

缅北反击战，标志着缅甸战场的主动权从此转入盟军手中。对中国来说，意味着被阻断的运输线——滇缅公路重新连通，中国西南战略形势从根本改观。

开罗

开罗，位于北纬30°03′，东经31°15′，尼罗河三角洲顶点以南14千米处，是埃及首都，也是非洲和中东地区最大的城市。北距地中海200千米，东西两侧则是阿拉伯沙漠和撒哈拉大沙漠。其名称源于阿拉伯。阿拉伯帝国法蒂玛王朝征服埃及，在今天的开罗北面建城定都，称该城为"卡海勒"，意为征服者或胜利者。约公元前 3000 年，开罗就形成了人类的聚居地。641 年，阿拉伯人创建了福斯塔特城，是开罗建城的开始。969 年，从突尼斯入侵的伊斯兰人在其北建立新城—曼苏里耶城。973—974 年，法蒂玛王朝统治者法蒂米德哈罗定都于此并更名开罗。1260 年，成为马穆鲁克王朝的都城。1517 年土耳其入侵，开罗成为省会，开始衰落。1805 年穆罕默德·阿里王朝复定都于此。1867 年，英国攻入开罗，埃及沦为英国的殖民地。

开罗会议（1943 年 11 月 22—26 日），是美、中、英三国首脑为讨论战后如何处理日本等政治问题而举行的盟国会议。

1943 年 6 月初，美国总统富兰克林·德拉诺·罗斯福拟邀约英中苏举行四国首脑会谈。蒋介石认为苏联还没有对日宣战，因此中苏领导人不便会晤；苏联元首约瑟夫·斯大林也以苏日两国签有《苏日互不侵犯条约》为由，不愿参加讨论对日作战的国际会议。因此，罗斯福决定把会议分成两个部分举行：中国参加、苏联不参加的开罗会议，和苏联参加、中国不参加的德黑兰会议。11 月 22 日，开罗城郊的一片辽阔茂密的森林，戒备森严，形成了一个隔离区。森林周围有 500 多门高射炮对空戒备，以防德国飞机侵袭。傍晚时分，罗斯福、蒋介石和英国首相温斯顿·丘吉尔共进晚餐后，举行了开罗会议的预备会议。23 日 11 时，三国代表团举行了首次全体会议，罗斯福担任会议主席。开罗会议的主要任务是解决两个问题：一是军事问题，即攻克缅甸。会议通过了由美东南亚战区司令蒙巴顿提出的"斗士"作战方案，但随即就因德黑兰会议作出"霸王"计划而搁浅。二是政治问题。主要由罗斯福和蒋介石进行会谈，主要问题集中在以下几点：

第一，关于战后中国问题。蒋介石要求，日本用武力从中国夺取的东北各省、台湾和澎湖列岛和一切被日本侵占的中国领土，战后必须归还中国，辽东半岛和旅顺、大连两个港口必须包括在内；战后日本对华赔偿，可以用实物支付一部分，如日本的工业机器和设备、战舰和商

下篇

223

船。罗斯福表示，中国应取得四强之一的地位，以平等地位参加四强小组机构与拟定该机构的一切决定。罗斯福提出，在战后对日本的军事占领中，中国应担任主要角色。蒋介石则认为中国不具备这些条件，这项重大任务应在美国领导下执行，中国可作为辅助力量参加。

第二，关于战后处置日本问题，中国要求惩处日本战犯，并提出"由中、英、美三国议定处置日本之原则，与惩处日本战犯祸首及暴行负责人员之办法，一如莫斯科会议惩处德意之规定"。

第三，关于亚洲其他各国问题。蒋介石与罗斯福达成战后允许朝鲜独立的协议。蒋还要求中美保证战后印度支那各国独立，以及泰国独立。罗斯福表示同意。但随后罗斯福在与丘吉尔的会谈中，只谈及朝鲜独立问题，而没有谈到其他国家的独立问题。后来，在美中英全体会议上也没有谈到这些问题。

罗蒋会谈后，罗斯福委托总统特别助理哈里·劳埃德·霍普金斯起草《开罗宣言》。《开罗宣言》草案经中、美、英三国首脑一致同意定稿后，又送往德黑兰，获得斯大林的完全同意。12月1日，中美英三国在重庆、华盛顿和伦敦同时发表《开罗宣言》。

《开罗宣言》郑重宣布："三国之宗旨，在剥夺日本自从一九一四年第一次世界大战开始后在太平洋上所夺得或占领之一切岛屿；在使日本所窃取于中国之领土，例如东北四省、台湾、澎湖群岛等，归还中华民国；其他日本以武力或贪欲所攫取之土地，亦务将日本驱逐出境；我三大盟国轸念朝鲜人民所受之奴隶待遇，决定在相当时期，使朝鲜自由与独立。"

德黑兰

德黑兰，位于北纬35°45′，东经51°30′，亚洲西南部，是伊朗的首都，也是西亚地区最大的城市之一。市区分布在平原上，城郊东、西、北三面被山脉和弧形状丘陵环绕。该市是由一个厄尔布尔士山脉脚下的、隐蔽在梧桐林中的小村庄发展而来，其名称源于古波斯语，意指"山脚下"。9世纪时期德黑兰仅是一个村落。13世纪蒙古人毁灭了拉伊后，许多居民逃到德黑兰，因此到1340年，这里成为一个"著名的村庄"。14世纪发展成为城市，太美斯普一世在这里建立了一个市场和一堵城墙。1795年，卡扎尔王朝的阿迦·穆罕默德·汗在德黑兰加冕，并最终将它确定为首都。

德黑兰会议（1943年11月28日—12月1日），是苏、美、英三国首脑为协商加速战争进程和战后世界的安排问题，在此举行的首次会晤。

1942年签订的《联合国家宣言》，标志着反法西斯战线的形成。1943年初斯大林格勒保卫战的胜利，彻底扭转了欧洲战场的局势。如何协调下一步行动，成了迫在眉睫的问题。于是，有了这次历史性的会议。11月28日，伊朗首都德黑兰秋高气爽，阳光明媚，然而宁静温和的空气里蕴藏着紧张的气氛。苏、美、英三国首脑即第二次世界大战反法西斯战线的三个主要领导人——美国总统富兰克林·德拉诺·罗斯福、英国首相温斯顿·丘吉尔和苏联元首约瑟夫·斯大林——正在德黑兰举行会谈。11月28日下午3点，一辆黑色的伏尔加轿车悄然驶近了一幢看上去很平常的灰色小楼。身着元帅制服的斯大林下了车，走进楼里。罗斯福，美国历史上唯一连任4届总统的传奇人物，身穿蓝色便装，从轮椅上伸出手去，紧紧握住斯大林的大手。稍后，丘吉尔也到了。会谈开始前，丘吉尔还将一把为了纪念斯大林格勒保卫战而特地铸造的宝剑赠给了斯大林……会议在亲切友好的气氛中开始。然而，当会议进入对德作战问题的讨论时，分歧出现了。争论主要在斯大林和丘吉尔之间展开，而罗斯福则以调停者的姿态出现。斯大林要求英美两国尽快落实"霸王行动"计划，早日开辟第二战场。而丘吉尔却提出了一个"地中海战略"，主张英美从地中海进攻意大利，然后进军巴尔干半岛。在罗斯福的斡旋下，三国领导人终于达成了共识：1944年5月，

下篇

英美在法国诺曼底登陆作战，实现"霸王计划"，开辟欧洲战场；苏联也同时发起攻势，以阻止东线德军西调。关于对日作战问题，三国背着中国达成了一项交易：苏联在欧洲战争结束后半年内参加对日作战；作为交换，苏军可以进入中国的"不冻港"大连，大连可以在国际监督下成为自由港。

会议还就战后世界安排问题进行初步磋商。关于战后德国的处置。美英都主张分割德国，美国主张将德国一分为五，英国则主张将德国东南部与别的国家合并组成联邦。苏联要求必须彻底肃清普鲁士的军国主义势力。会议对这一问题的讨论没有结果。

波兰问题也是德黑兰会议的重要议题之一。英美认为 1939 年波兰领土不能有任何变更，而苏联政府则坚持 1941 年 6 月德国入侵苏联前的领土不容更改。最终，丘吉尔主动迎合斯大林，提出将波兰边界西移至东起"寇松"线西迄奥得河之间，用德国的领土来补偿波兰在东部失去的疆域，企图以此换取苏联承认英国在巴尔干半岛的利益。罗斯福对此并未表示任何反对，只是要求在美国大选前切勿泄露，因为这一决定关系到 600—700 万美籍波兰人的选票问题。会议还就战后国际组织问题交换了意见，并同意建立一个非地区的世界性的国际组织，以维护战后的秩序与稳定。

这次会议，改变了世界历史的进程，加速了德国法西斯主义的灭亡。

马绍尔群岛

马绍尔群岛，位于北纬 5°—12°，东经 162°—173°，太平洋中部，夏威夷西南约 3200 千米和关岛东南约 2100 千米处，在海上相邻的地区分别是北部的威克岛，南部的瑙鲁，西部的密克罗尼西亚联邦和东南部的基里巴斯。陆地面积约 190 平方千米，由 32 个环礁组成。1788 年，英国"斯卡马勒号"船长约翰·马绍尔驾船从悉尼植物湾驶往中国途中经过这一群岛时，曾登岸寻求给养。俄国水文学家因此将整个群岛命名为马绍尔群岛。1592年，西班牙声称马绍尔群岛归其所有。1886年，成为德国的保护领地。1899年，西班牙将此地卖给德国。1914年，被日本占领。1947年，由美国托管。1979年，成立立宪政府。1986年，马绍尔群岛共和国独立。1991年，成为联合国正式会员国。

马绍尔群岛战役（1944年1月29日—2月22日），是太平洋战争期间，美军对日军进行的登陆战役。

1944年1月中旬，美太平洋舰队司令切斯特·威廉·尼米兹下达了进攻马绍尔群岛的作战命令。1月29日，美第58特混编队分四个大队分别对夸贾林、罗伊岛—那慕尔岛、沃特杰、马洛拉普四岛礁的日军机场进行攻击。岸基航空兵也同时出击，对米利和贾卢伊特进行了攻击。日军在上述岛礁的飞机几乎被全歼，机场设施也遭到了很大破坏。30日，第51特混编队兵不血刃地夺取了马朱罗，并经过一系列的基地建设，使之成为美军在战役中最为安全可靠的前进补给和航空基地。30日深夜，第52特混编队拉载陆军第7步兵师抵达马绍尔群岛海域，决定在岛西端登陆。此时，因美军的空袭，日军已经没有任何舰艇可以出海作战。31日，美第7步兵师先后占领夸贾林岛西北的吉亚岛、恩尼贝根岛和埃努布基岛等外围岛礁。2月1日，美军先用重型轰炸机向夸贾林岛投下1000千克的重磅穿甲炸弹，接着，用俯冲轰炸机对夸贾林岛进行轰炸。最后出动战斗机用机关炮和火箭对日军阵地进行扫射……倾泻在小小的夸贾林岛上的炸弹和炮弹，竟达到1.2万吨！9时，登陆部队开始向海滩冲击。仅仅12分钟，美军便顺利登上海滩，无一伤亡。但在随后的纵深推进中，遭到日军的激烈抵抗。至日落时，美军仅仅前进了1500米。2日，美军出动舰载机，轰炸机准确地摧毁了日军的防御阵地和火力点。但日军凭借未被摧毁的工事和几乎成为废墟的建筑物，拼死顽抗，因此美军的进展非常迟缓。战斗一直持续到4日下午，才将岛上的日军压缩到北部并全部消灭，随后对岛上日军的零星残部进行了清剿。7日，美军肃清了夸贾林环礁附近岛礁的日军残部，占领了除沃特杰、米利、马洛拉普和贾卢伊特四个环礁以外的其余岛礁。

斯普鲁恩斯决定乘胜发起埃尼威托克环礁的登陆作战。12日开始，为阻止日军对埃尼威托克环礁的支援，美军岸基航空兵对波纳佩和库赛埃两地的日军进行了多次空袭，致使两地的日军飞机损失大半，机场瘫痪。同时，为消除埃尼威托克登陆的最大威胁——特鲁克，斯普鲁恩斯亲自指挥第58特混编队的三个大队，计航母9艘、其他战舰46艘以及搭载的舰载机共约570架，从马朱罗出发驶向特鲁克。17日凌晨，美军编队到达特鲁克以东约160千米的海域。随后美军发动了70架战斗机，击败截击的日本战机，破坏特鲁克岛上的机场跑道、机库等设施，并对礁湖内外的舰船进行了猛烈的攻击，击沉日军多艘舰船。入夜后，一架日机悄然而至。美军猝不及防，"勇猛号"航母被其投下的鱼雷击成重伤。18日，美军又连续组织了四次攻击，将日军的机场、储油库和弹药库等设施全部破坏后，于中午返航。在历时两天的攻击中，美军共消灭日机约270架，击沉包括2艘巡洋舰和4艘驱逐舰在内的军舰10艘，运输船31艘；击伤军舰9艘，致使4艘军舰触礁搁浅。美军仅损失飞机25架，"勇猛号"航母受重创。

在结束对特鲁克的攻击后，第58特混编队的两个大队又对马里亚纳群岛进行了攻击，将日军在该地的137架飞机击毁125架，并将11艘猎潜艇全部击沉。至此，日军丧失了支援埃尼威托克的能力。

19日，美军开始夺取埃尼威托克。在猛烈舰炮和舰载机的掩护下，步兵第106团顺利上岸。随着美军向纵深的推进，日军凭借防御工事的抵抗也越来越激烈。直到21日，美军才在舰载机的支援下突破日军防线，并于当天下午占领全岛。22日晚19时30分，美军占领帕里岛，控制了整个埃尼威托克环礁。马绍尔群岛战役结束。

马绍尔群岛战役使美军突破了日军在中太平洋外围的正面防线，取得了继续实施战略进攻的前进基地，打乱了日军的战略防御计划，并为下一步攻击马里亚纳群岛创造了有利条件。

英帕尔

英帕尔，位于北纬 93°94′，东经 24°80′，印度东北部，曼尼普尔山脉中，曼尼普尔河右岸，孟加拉吉大港通往印度东部阿萨姆邦的交通干线上。英帕尔是有两千多年历史的曼尼普尔邦的首府。1757 年沦为英国殖民地。1947 年摆脱英殖民之后，于 1949 年重新被印度统治。

英帕尔战役（1944 年 3 月 8 日—7 月 2 日），是太平洋战争期间日军对英印军进行的进攻性战役。

3 月 8 日，牟田口廉也率领日本缅甸方面军第 15 军 3 个师团约 10 万兵力，赶着作为肉食给养品的大批活牛、活羊渡过了印缅边界地区的钦敦江，拉开了英帕尔会战的序幕。英东南亚军总司令路易斯·蒙巴顿决定命令英印军撤至英帕尔附近高地防御，使日军进攻部队远离后方基地。日军渡过钦敦江后，随即兵分三路，以第 33 师团和第 15 师团分别从南面和东面向英帕尔进攻，第 31 师团则向英帕尔以北的科希马进攻。日军初期的进展顺利，3 月 28 日，第 33 师团打到了距英帕尔西南约 20 千米的比辛布尔地区，封锁了英帕尔的南部通道。与此同时，第 15 师团攻占了英帕尔至科希马之间的密宣，封锁住了英帕尔的北部通道。向科希马进攻的 31 师团也打到了科希马的外围。英帕尔事实上已经被日军包围。此时，驻守英帕尔地区的只有英军第 4 军的英印第 17 师和英印第 20 师两个非满员师。而第 14 集团军第 15 军主力尚在 483 千米以外的若开地区，从地面赶到需要 3 个星期。蒙巴顿请求美军支援空运部队。从 3 月下旬开始，从美方借来的 45 架运输机满载着第 15 军第 5 英印师及全部枪炮，从若开飞往英帕尔平原，协同第 4 军的部队保卫英帕尔。4 月上旬，牟田口廉也决定以第 33 师团为主攻部队，逐步从东南向英帕尔推进。为了加强攻击力量，他从山本支队调来坦克和重炮联队，又从新编入第 15 军的第 53 师团调来两个步兵大队增援。4 月 10

日，日军攻占了英帕尔东南面的伯莱尔公路上的谢阿姆山口，英印军退守到可以直接俯瞰公路干线的坦努帕尔。牟田口廉也集中兵力，企图在坦努帕尔突破防线。但英军依靠战壕、机枪、铁丝网和装甲战车、各型坦克等组织起来的防线形同绞肉机，挫败了日军的一波又一波攻击。

战局在英帕尔近郊陷入胶着状态，奔袭战变成了消耗战。日军缺乏重武器，轻武器弹药也消耗很快。官兵们缺乏给养，口粮从出发时的6两逐步降到1.5两，最后是0.3两，直至彻底断粮。饥肠辘辘的士兵只能到处找芭蕉心、菠萝根以及昆虫、野兽充饥，夜晚只能蜷缩在雨泥中。而英印军却除了基本生活物资外，还能得到诸如香烟、甜酒等物品。5月15日，英军开始组织第一次反击攻势。第17英印师第48旅楔入了日第33师团的后方，并在铁定—英帕尔公路上第33号里程石处修筑起工事。随后，英第48旅向北推进到英伊朗，并设立了另一个工事。雨季到来后，地面逐渐变得泥泞难行。牟田口廉也决定变更主攻方向，向英帕尔以北迂回，企图从北面打入英帕尔，于是日军通过滑溜难行的丛林小道向前推进。缅甸丛林寄生虫很多，有3万多名士兵染上了伤寒、疟疾等疾病，有的人连站都站不起来。因为没有药品，军医只能看着他们在泥地里呻吟，非战斗减员现象严重。6月10日，日军第33师团和第15师团一部与英印第20师在丛林里迎面相撞，随即展开了激烈的战斗。22日，冲出丛林打到了英帕尔边沿的日军，却无力再组织哪怕一次进攻了。与英帕尔方面的战况相似，日军第31师团在科希马方向上的进攻也成了强弩之末。25日，进攻科希马的日军第31师团开始向乌克鲁尔撤退。英军第33旅旅长刘易斯·皮尤后来回忆当时日军的狼狈情形时说："我旅置身于那些携带着大量伤病员撤退的日军部队及其最近的目的地——乌克鲁尔之间。敌军已不存任何希望，他们得不到食物，得不到药品，什么也得不到了。他们衰弱不堪，嘴里塞满野草。"7月2日午夜，日本南方军司令部正式下达了撤退命令。但此时，日军开始溃逃式的回撤。8月20日，日军溃退的必经之地钦敦江因为雨季而水位暴涨，江面宽达1.5千米。日军渡河时，英军空地多方火力全开，大量杀伤日军。9 月初，日军第 15 军在钦敦江西岸已没有一兵一卒，英帕尔战役以日军的彻底失败而告终。

英帕尔会战是日本历史上遭受的最为惨重的陆战失败，日军驻缅方面军第 15 军彻底丧失了战斗力。盟军在印缅战场，由此转入战略进攻阶段。

克里米亚

克里米亚，位于北纬 44°—45°，东经 34°—35°，是黑海北部海岸的一个半岛，连接欧洲和中近东的重要海上通道，西面和南面临黑海，东北临亚速海，北面通过彼列科普地峡与大陆相连，东部为刻赤半岛，与大陆隔着刻赤海峡相望。其地名源自塔塔尔语"克里木（Qirim）"。"克里木"一说是鞑靼人最早祖先的名字，一说是古突厥语的"护城河"。公元前 1300 年，克里米亚处于辛梅里安人时代。前 8 世纪进入克里米亚斯基泰汗国时期。公元 250 年后，先后被克里米亚的哥特人、匈奴人和突厥可萨人占据。1441 年建立克里米亚汗国。1783 年被并入俄国。1954 年，被赫鲁晓夫送给乌克兰。1995 年，成为乌克兰的克里米亚自治共和国。2014 年 3 月，克里米亚举行全民公投，宣布加入俄罗斯联邦。2014 年 3 月 20 日，俄罗斯批准了克里米亚加入俄罗斯联邦的条约。

克里米亚战役（1944 年 4 月 8 日—5 月 12 日），是第二次世界大战中，苏军乌克兰第 4 方面军和独立滨海集团军在黑海舰队和亚速海区舰队配合下，为解放克里米亚实施的进攻性战役。

4 月 8 日，苏联乌克兰第 4 方面军从北面彼列科普地峡，独立滨海集团军从东面刻赤地域的登陆场，同时向半岛腹地发动进攻。在进行了2.5 小时的炮火覆盖和航空火力打击后，苏联乌克兰第 4 方面军第 51集团军从锡瓦什湖南岸登陆场实施主要突击。经过激烈的战斗，第 51

下
篇

集团军突破德军防御，前进至德军彼列科普集团的侧翼，近卫第 2 集团军则解放了阿尔米扬斯克。10 日夜，苏军独立滨海集团军亦转入进攻，与德军守敌展开激战。11 日晨，苏军乌克兰第 4 方面军坦克第 19 军进入突破口，当日攻克德军防御中的大支撑点和重要铁路枢纽占科伊，并开始向辛菲罗波尔发起进攻；第 51 集团军的顺利进攻，迫使德军将主力由克里米亚北部向南和从刻赤半岛东部向西后退。所部攻占铁路枢纽占科伊；独立滨海集团军攻占刻赤。德军主力被迫向南撤退，并向西收缩。12 日，苏军开始在整个克里米亚追击向塞瓦斯托波尔退却的敌军。苏军乌克兰第 4 方面军所属空军第 8、第 4 集团军的航空兵对德军退却沿线的公路、铁路枢纽和运输工具实施密集突击；黑海舰队航空兵和舰艇对德军舰艇和运输船实施突击；克里米亚地区的游击队和地下工作者配合主力部队突袭德军驻地，以防止德军破坏市内的疗养地、工业和公用建筑物、历史文物、桥梁和住宅。13 日，苏军乌克兰第 4 方面军所部解放了辛菲罗波尔和叶夫帕托利亚。15—16 日，苏军进抵塞瓦斯托波尔附近，部队进入短时休整。苏军决定以乌克兰第 4 方面军第 51 集团军左翼和滨海集团军实施主要突击；近卫第 2 集团军实施辅助突击，以牵制主要突击方向上的德军兵力。在准备攻城的过程中，苏联参战各部队都建立了强击队：优秀军人和党员团员接受了光荣的任务——把红旗插上塞瓦斯托波尔各制高点和市内的行政机关大楼。18 日，滨海集团军编入苏军乌克兰第 4 方面军建制，进行攻城准备。4 月 29 日—5 月 4 日，苏军远程航空兵和空军第 8 集团军进行了 6 昼夜的预先航空火力打击，为强攻塞瓦斯托波尔提供空中支持，德军伤亡惨重。5 日，苏军近卫第 2 集团军首先从塞瓦斯托波尔北面发起攻击。德军判断该方向是苏军的主要突击方向，立即向此地域增调军队。7 日，苏军主力在主要方向上经 1.5 小时的炮火轰击和空中轰炸后，从东面和东南面实施主要突击，从北面继续发展进攻，三个方向协同突击，使德军顾此失彼，不能形成有效反击，苏军很快突破了德军防御。9 日，经过 3 天的激战，苏军解放塞瓦斯托波尔市。被击溃的德军第 17 集团军残部向赫尔松涅斯角溃逃。苏军随即展开迅猛追击，坦克第 19 军进入交战。至 5 月 12 日，苏军粉碎了克里米亚陆上的德军，在赫尔松涅斯角俘虏德军 2.1 万人，缴获大量技术装备和武器，解放了整个克里米亚半岛。克里米亚战役落下帷幕。

此役，苏联空军出动飞机 3.6 万余架次，协同陆军和舰队作战，帮助乌克兰第 4 方面军攻占了克里米亚半岛，协助黑海舰队收复了主要基地塞瓦斯托波尔，为苏军进攻巴尔干和反攻东南欧奠定了坚实的基础。

◉
下
篇
◉

1944 年 6 月—1946 年 1 月

诺曼底

　　诺曼底，位于北纬 49°1′，西经 0°48′，是法国西北部著名的历史和文化大区，北临英吉利海峡，与英国遥遥相望，海岸线全长 600 千米。因 9 世纪入侵并定居此地的诺曼人（Norseman）（北欧海盗）而得名。诺曼底从旧石器时代就有人居住。公元前 56 年，成为罗马的一个省。5 世纪后期归墨洛温王朝的法兰克人统治。911 年，北欧海盗于此建立诺曼底公国。1066 年，诺曼底公爵入侵英格兰，将英格兰和诺曼底置于自己的统治之下。1214 年，法国腓力二世收复诺曼底。其后，诺曼底不断被英法两国交替征服。1450 年，法国永久地控制了此地。1468 年，成为法国的一个省。1791 年，诺曼底被划分为 5 个省：滨海塞纳省、厄尔省、卡尔瓦多斯省、芒什省和奥恩省。

　　诺曼底登陆（1944 年 6 月 6 日—8 月 19 日），是美英武装力量在诺曼底进行的一次战略性的大规模登陆战役，代号"海王星"，是"霸王"计划的一个组成部分。

　　诺曼底登陆战的目的是在法国西北部夺取登陆场，在 12 天内把登陆场扩展到正面达 100 千米，纵深约 100 千米。盟国为此在不列颠群岛上集结了 36 个师，总兵力约 288 万人，其中陆军 153 万人；另外调集了空军的 1.37 万架飞机，海军的 9000 余艘舰艇。

为预防盟军在西欧登陆，早在 1940 年，德国就开始修筑从挪威到西班牙的"大西洋壁垒"。诺曼底登陆战役开始前，法国北部沿岸防御工程计划，塞纳河口以东的工程完成了 68%，塞纳河口以西的工程只完成了 18%。在战役准备阶段，盟军制定了代号为"坚忍不拔"的欺骗计划，大规模设立虚构的作战力量。首先派遣了 20 多名军官，分散于苏格兰各地。在 1944 年的整个春季，他们一直互发内容虚构的电报，并故意让德国人截获；其次，在加莱海峡对面的多佛，用电影和剧院的舞台布景人员建立了一个假的油料码头，并请英国国王郑重其事地进行了视察。英国空军飞机天天在码头上空巡逻，使德国侦察机无法在中低空的高度进行侦察；最后，虚构了一个威胁加莱海峡的、由巴顿指挥的美国第 1 集团军，并通过报纸大密度的报道巴顿的"活动"。"坚忍不拔"计划奏效了。德国认为，盟军将横渡加莱海峡在加莱地区登陆，向法国东北沿海地区实施主要突击，并依此对军队进行了部署。B 集团军群 23 个师被配置在加莱地区 900 千米的海岸线上，诺曼底地区仅配置了 6 个师又 3 个团，约 9 万人左右。

盟军一切准备就绪，但是天公不作美，自 6 月 1 日起，英吉利海峡上空阴云密布，大雨倾盆。盟军最高统帅德怀特·戴维·艾森豪威尔不得不将原定于 5 日开始的登陆行动推迟。5 日晚，艾森豪威尔接到报告：大雨将在 3 个小时内停止，接下来 36 个小时天气将好转。21 时 45 分，艾森豪威尔作出了重大决定："6 月 6 日！"6 日凌晨 4 时 15 分，艾森豪威尔下达进攻命令。6 时，盟军开始在诺曼底沿岸登陆。此时德军驻守诺曼底的司令埃尔温·约翰尼斯·尤根·隆美尔却因为恶劣的天气条件，认为盟军不会有登陆行动，回家为妻子过生日了。德军群龙无首，在盟军空中火力的压制下，除了奥马哈登陆场外，其他 4 个登陆场都没能组织起有效阻击。直到上午 10 时许，隆美尔才从他的参谋长的电话里获知盟军登陆的消息，晚 10 时才赶回司令部指挥反击战，却为时已晚。

　　到 6 日晚，盟军近 10 个师成功登陆，132715 人先后踏上诺曼底的土地，并占领了数个长 8—10 千米，纵深 1.6—2.4 千米的登陆场。盟军仅以 8000 人的伤亡代价，打破了德军苦心经营的"大西洋壁垒"。12 日，盟军各登陆地段连成长 80 千米、纵深 13—19 千米的登陆场。17 日，在诺曼底建立了 2 个临时港，推进到维斯特勒昂以东、科蒙和卡朗坦以南一线，截断了在科唐坦半岛活动的德军集团。7 月 5 日，在诺曼底已有盟军 100 万人。由于苏军在白俄罗斯进攻顺利，德军基本兵力被钳制在苏德战场上，德军的统帅部已无战役预备队可供使用。8 月 19 日，盟军渡过塞纳—马恩省河，诺曼底战役结束。

　　诺曼底登陆战役为开辟欧洲第二战场奠定了坚实的基础，对加速法西斯德国的崩溃以及奠定战后欧洲局势，都起到了至关重要的作用。

马里亚纳群岛

　　马里亚纳群岛，位于北纬 12°—21°，东经 144°—146°，东京以南 2000 多千米、马尼拉以东 2200 多千米、火奴鲁鲁以西 5100 多千米、悉尼以北 4600 多千米的海面上，包括塞班岛、提尼安岛和天宁岛等 16 个火山岛和附近一些珊瑚礁，陆地总面积 478 平方千米。名称起源一说西班牙耶稣会传教士为纪念当时在西班牙摄政的奥地利人马里亚纳；一说为纪念西班牙国王菲利普四世的马里亚纳王后，才称为马里亚纳群岛。1668 年，成为西班牙殖民地。1898 年，西班牙割让关岛给美国。1899 年，西班牙将北马里亚纳群岛卖给德国。1914 年，北马里亚纳群岛被日本占领。1947 年，该群岛为美国托管地。1986 年，马里亚纳群岛正式独立。

　　马里亚纳群岛海战（1944 年 6 月 19—20 日），是美日两国海军在马里亚纳群岛附近进行的历史上最大规模的航空母舰决战。

1944 年 6 月 15 日，美军在塞班岛成功登陆。日本发起"阿号"作战，由小泽治三郎带领的 9 艘航空母舰组成机动部队，企图给予美军舰队以致命打击。15 日 18 时 35 分，美国潜舰"飞鱼号"在圣贝纳迪诺海峡发现日本舰队。19 日凌晨 4 时 20 分，小泽舰队派出 43 架侦察机，清楚地掌握了美国舰队的动向。正当美舰队不断搜寻小泽舰队行踪之际，小泽已于 8 时 30 分派出 69 架飞机发动第一波攻击，8 时 56 分派出第二波 128 架，10 时派出第 3 波 47 架，11 时派出最后一波 82 架，企图以四波共计 326 架飞机一举击破美军舰队的空防。9 时 50 分，第 58 特遣舰队的雷达发现第一波日机。10 分钟内，舰队指挥官马克·米切尔就出动 240 架飞机，对日机进行拦截。日机完全无法应付美机的攻击，只能对前方的美军战舰群进攻。但美舰队使用装备"VT 引信炮弹"的防空火炮进行拦截，使日机损失惨重。日本第一波攻击机群损失 42 架，仅 1 枚炸弹命中"南达科他号"战列舰。11 时 39 分，规模最大的日机第二波攻击再度被美国战机击退，美战机围着日机穷追猛打，空战演变成空中大屠杀，至少 70 架日机在这波拦截中被击落。一名飞行员兴奋地说："这多像古代猎杀火鸡的战场啊！"美军遂将此次空战命名为马里亚纳射火鸡大赛。20 架日机突破重围，紧接着又有 14 架被美舰队防空炮火击落。日机仅成功将 1 枚炸弹在"胡蜂号"航母上空爆炸，2 枚炸弹在"碉堡山号"航母近处海中爆炸，1 架鱼雷机撞在战列舰"印第安纳号"水线附近，但鱼雷未爆炸。第二波日机折损 97 架，31 架侥幸逃回舰队，而美军却几乎未受损失。当日 8 时，美日舰载机还未遭遇前，美潜艇"大青花鱼号"潜航时发现了小泽舰队的甲队，却被日军水面舰艇发现并攻击，"大青花鱼号"盲目送出 6 枚鱼雷同时下潜逃离。1 枚鱼雷幸运地击中航母"大凤号"，致使其油气外泄。下午 3 时，"大凤号"因为油气浓度过高，加上舰内人员不慎引起火花，使舰内燃起大火并引爆弹药库。16 时 28 分，"大凤号"沉没。中午时分，美"棘鳍号"潜艇同样闯入了小泽舰队的甲队舰群中，当时"翔鹤号"航空母舰因为正进行收回飞机的作业，无法机动规避鱼

下
篇

· 237 ·

雷攻击，被"棘鳍号"发射的 6 枚鱼雷中的 3 枚命中。"翔鹤号"于 14 时沉没。日方第三波机群的 47 架飞机并未顺利找到目标，在返航途中与美舰接触，被击落 7 架，无任何战果。第 4 波攻击机群中，15 架被美机击落，6 架投下炸弹击中"胡蜂号"与"碉堡山号"，再度对其造成轻微损伤。另有 49 架日机在飞往关岛基地时被美机拦截，30 架日机被击落，其余 19 架落地后也遭到严重破坏而报废。19 日的战斗，造成小泽舰队折损 2 艘航母，315 架飞机。美方战机仅损失 23 架，4 艘舰船轻微损伤，取得史上最大舰载机空战的压倒性胜利。20 日 15 时 40 分，"企业号"的侦察机终于发现小泽舰队。米切尔派出 216 架飞机进攻，启动这场海战中第五舰队唯一一次的攻势。18 时 40 分，美机抵达日本舰队上空，击沉日中型航母"飞鹰号"，重创两艘油轮，炸伤 4 艘战舰。在这波攻击中，美国损失 20 架飞机，击毁日机 65 架。19 点 40 分，小泽舰队奉命撤退，海战结束。20 时 45 分，美机在夜色中回到舰队上空。虽然米切尔下令整个舰队不惜冒着被日军潜艇攻击的危险打开照明，但仍有 80 架飞机因降落时的混乱与意外而损毁，49 名飞行员丧命。

马里亚纳群岛海战过后，美军完全夺取了中太平洋战区的制空权和制海权，孤立了马里亚纳日本守军，确保了马里亚纳登陆战役的顺利实施，并在事实上打破了日本构建的"绝对国防圈"。

白俄罗斯

白俄罗斯，位于北纬 23°—32°，东经 51°—55°，东欧平原上，与俄罗斯、拉脱维亚、波兰、立陶宛以及乌克兰接壤。国名源于民族名。其民族名称由来，一说是"纯的罗斯人"，因为作为斯拉夫族东支的白俄罗斯人，比俄罗斯人、乌克兰人保留更纯正的古斯拉夫人血统和特点；一说该民族在古代喜穿漂白的亚麻布服装和用白布绑腿，故而得名；一说白俄罗斯人是从鞑靼人的统治下独立出来的，"白"寓有自由或攻占的意思。公元初年，白俄罗斯人的祖先维亚季奇人就在此定居。9世纪，建立基辅罗斯大公国。12至14世纪，分裂成白俄罗斯、乌克兰和俄罗斯三部分。1569年与波兰合并。18世纪末，被沙俄兼并。1919年成立"白俄罗斯苏维埃社会主义共和国"。1922年作为创始国加入苏联。1991年独立。

白俄罗斯战役（1944年6月23—8月29日），是在第二次世界大战的苏德战争中，苏军实施的最大的战略性进攻战役之一。

1944年春，苏联最高统帅部开始计划白俄罗斯战役，以粉碎德中央集团军群，攻占白俄罗斯。6月23日6时，苏军4个方面军同时发起攻势，火炮齐射，90架轰炸机进行航空火力准备。40分钟后，苏军在6个地段突破了德军防线。6月23—28日，白俄罗斯第2方面军实施莫吉廖夫战役。该部在旧普里布日、谢列茨地段突破敌防御阵地，在100千米长的战线上，于6天内强渡普罗尼亚河和第聂伯河。27日，收复白俄罗斯莫吉廖夫。至28日，该部向前推进60—80千米，进至旧谢利耶、克利亚皮尼奇、多索维奇地区。24—27日，波罗的海沿岸的第1方面军与白俄罗斯第3方面军协同，实施维捷布斯克—奥尔沙战役。24日，苏军在维捷布斯克以西合围了德军的5个师。25日，90架佩-2式轰炸机和180架伊尔-2式强击机轰炸鲍古舍夫斯克地域德军，并于27日将其全歼，攻占了奥尔沙。27日，白俄罗斯第1方面军在博布鲁伊斯克地域合围德军6个多师，并于29日将其全歼。

6月28日—7月4日，波罗的海沿岸的第1方面军实施波洛茨克战役。6月28日攻占列佩利市，7月4日攻占波洛茨克。尔后，迂回德军北方集团军群的右翼。7月1日，白俄罗斯第3方面军强渡别列津纳河，攻占鲍里索夫，切断了德军坦克第3集团军与第4集团军的联系。3日，苏军收复明斯克。白俄罗斯3个方面军向明斯克实施向心突击，在明斯克以东地域合围德军第4、第9集团军10万人。4日，苏军进抵波洛茨克、纳罗奇湖和莫洛杰奇诺、涅斯维日以西一线，在德军战略防线的正面打开宽达 400 千米的缺口。7 月 5 日，白俄罗斯第 2 方面军参与围歼明斯克东部被围德军。6 日，被围德军组成 2 个集团，分别向西和西南方向突围。经过 4 个小时的恶战，苏军粉碎了德军的突围企图。11 日，全歼德军。5 日，白俄罗斯第 3 方面军右翼集团发动维尔纽斯围歼战役。8 日，苏军从南北两面合围维尔纽斯的德军。13 日，攻占维尔纽斯。此役，苏军向前推进 210 千米，收复维尔纽斯和利达市，近抵涅曼河，接着在宽达 70 千米的战线上强渡该河，夺取了西岸登陆场。16 日，白俄罗斯第 2 方面军第 3 集团军协同白俄罗斯第 3 方面军的左翼集团攻占格洛德诺。18 日，白俄罗斯第 1 方面军实施卢布林-布列斯特进攻战役。20 日，强渡西布格河，进入波兰境内。22 日，苏军攻占海乌姆。24 日，苏军坦克第 2 集团军攻占波兰行政中心卢布林。28 日，苏军第 61 集团军在友军的配合下攻占布列斯特。27 日，波罗的海沿岸第 1 方面军实施希奥利艾进攻战役，歼灭德军的帕涅韦日斯-希奥利艾集团，攻占希奥利艾。31 日收复图库姆斯，尔后改变主攻方向，对里加发起进攻，切断德北方集团军群同东普鲁士联系的陆上交通线。28 日，白俄罗斯第 3 方面军实施考纳斯战役。至 8 月 20 日，收复考纳斯。14 日起，白俄罗斯第 2 方面军实施奥索维茨战役，收复比亚韦斯托克、奥索韦茨和西白俄罗斯其他一些居民地。白俄罗斯第 2 和第 3 方面军于 8 月中旬从东面和东南面进抵东普鲁士边界。29 日，苏军 4 个方面军在里加西南的叶尔加瓦、多贝莱、希奥利艾及苏瓦乌基、奥斯特鲁夫-马佐维茨克、华沙郊区的普拉加和维斯瓦河一线转入防御。白俄罗斯战役结束。

白俄罗斯战役，为对波罗的海沿岸地区、东普鲁士和波兰的德军集团实施新的猛烈突击和为登陆法国的美英军发动进攻战役，都创造了有利条件。

亚琛

亚琛，又译作"阿亨"，位于北纬 50°46′，东经 6°6′，德国的北莱茵-威斯特法伦州，是德国最西部的城市，靠近比利时与荷兰边境。其市名 Aachen 来源，一说罗马帝国时期，罗马的官兵经常在这里泡温泉，第一个"A"表示水（拉丁文 Aqua）的意思，第二个"A"采自凯尔特-罗马人信仰的医神 Apollo-Granus 的头一个字母，因为这里的温泉具有一定的治疗作用，两个"A"合起来就是神赐治病之水的意思了；一说它是由法兰克人的"Aha"（水）演化而来。2000 多年前，凯尔特人占据了这里的温泉。公元前 3 世纪，罗马人来到这里，后来法兰克人定居于此。800 年，查理大帝定都亚琛。805 年，亚琛大教堂被定为主教教堂。从 936 年到 1531 年间，32 位德国国王在此加冕。1801 年，亚琛被正式割让给法国。1815 年，被普鲁士王国占领。1966 年，开始进行重建。1978 年，被列为世界文化遗产。

亚琛战役（1944 年 10 月 2—21 日），是盟军攻入德国本土后进行的第一场攻城战。

根据盟军总司令德怀特·戴维·艾森豪威尔的命令，北线第 19 军第 30 步兵师在第 2 装甲师的协助下，渗透德军齐格菲防线，进攻亚琛；南线第 7 军第 1 步兵师则在第 3 装甲师的支援下，向亚琛方向进攻。10 月 2 日早晨，北线美军开始进攻。在数小时内，美军 372 门大炮向德军阵地发射了 18696 发炮弹，炮弹产生的大量黑烟遮挡住天空。因视线受阻，盟军的第 1 波 450 架飞机未能击中任何目标。轰炸过后，第 30 步兵师展开进攻。德军的抵抗出乎预料的激烈。美军损失惨重：1 个连在 1 小时内失去了 87 名战斗人员；另 1 个连在 1 次德军反攻中牺牲了 93 人。经过激烈而血腥的战斗，第 30 步兵师成功突破德军防线，于当天下午攻占了帕伦贝格镇。士兵哈罗德·基纳获颁荣誉勋章——他以身体抵挡住德军手榴弹的爆炸，挽救了 2 个战友的生命。3 日，美军在装甲部队的支援下，攻占了林堡镇和乌瓦奇镇。德军随即开始反攻乌瓦奇，虽然没能最终夺取该镇，但成功阻止了美军继续前进。8 日，德军集中兵力发起反攻，其左翼进攻成功地切断了美军战线，但美军随即依靠强大的坦克火力击退了德军。德军右翼则攻到了阿尔斯多夫镇，2 辆德军装甲炮车和 1 中队的步兵进入阿尔斯多夫，但遭到美军的激烈反击。到傍晚时，德军被迫撤回到他们的出发地。

10 月 8 日，南线第 1 步兵师开始进攻，目标是费劳滕海德镇和拉云斯具附近的 231 号山。美军进展非常顺利，仅仅 1 个小时，就占领了费劳滕海德。不到 48 小时，又攻下了 231 号山。在 231 号山的战斗中，连长博比·布朗上尉亲自冲向德军第 1 座碉堡，迂回到碉堡射击孔处，把一背包的手榴弹掷了进去……随即又摧毁了第 2 座碉堡，因而被授予荣誉勋章。10 日，第 1 步兵师到达指定会师的地点，并向德军发出最后通牒。德军拒绝投降。11 日，美军开始轰炸亚琛，将 5000 发炮弹和超过 153 吨的炸药倾倒在亚琛市区。12 日，德军集中对美军第 30 步兵师实施反攻。在比尔克村，德军坦克和 1 辆美军坦克之间爆发了 3 个小时的激战，美坦克击毁了德军 1 辆坦克，迫退另 1 辆，随后却被德军更多的坦克围攻……在德军的冲击下，美第 30 步兵师被迫退守己方防御阵地，乃至放弃继续前进，以便实施与第 1 步兵师会师的计划，转而南进。13 日开始，美军以第 30 步兵师为主，继续在维尔瑟伦村地区向南推进。德军利用战线狭窄的优势，用炮火迟滞了美军的推进。美第 30 步兵师派出 2 个步兵营迂回到德军后方，前后夹击，突破德军防线。16 日，和第 1 步兵师胜利会师，在亚琛周围，构建起了坚固的包围圈。13 日，美第 26 步兵团开始进攻亚琛市区。德军利用下水道和地窖对美军进行伏击，迫使美军必须彻底清除每 1 条地下通道，才能攻下街道。能攻下亚琛，似乎就取决于攻占了多少街区，占领了多少房屋。18 日，美军基本肃清了亚琛市区的德军，并将剩余德军压缩到亨姆施铁德酒店——德军在该市的总部。双方在这里展开了拉锯战——美军数次冲进酒店，都被德军击退。为了避免更多的伤亡，美军决定使用 155 毫米大炮。21 日，守卫在被火炮轰成废墟的亨姆施铁德酒店的德军投降，亚琛战役结束。

此役，美军付出超过 5000 人伤亡的代价，打开了德国的西部防线，为攻占德国的工业中心鲁尔奠定了基础。

莱特湾

莱特湾，位于北纬 9°57′，东经 123°14′，在莱特岛东部和萨马岛南面，南接苏里高海峡。

莱特湾海战（1944 年 10 月 20—26 日），是美日在菲律宾东部莱特湾及其附近海域进行的一场大规模海上作战。

1944 年 10 月 17 日，美军先头部队攻占了菲律宾东部的莱特湾。为了支援、掩护后续主力部队登陆，美军把第 3、第 7 舰队集中到菲律宾东部海域，共有 12 艘航空母舰、18 艘护航航空母舰、136 艘其他各型战舰以及舰载飞机 1280 余架。美军先头部队在莱特湾登陆后，日军调遣 3 支舰队反击莱特湾：小泽治三郎第 3 舰队南下，在吕宋以北海面充当诱饵，引诱美舰队远离登陆部队和舰只，为主力舰队制造战机；栗田健男舰队主力北上，一旦美主力舰队离开莱特湾，便趁机直驱美军登陆滩头，"扫荡"美登陆舰只和部队；志摩清英舰队也南下助战，取道苏里高海峡，与栗田舰队形成钳形攻击，直取莱特湾。23 日 6 时 43 分，栗田率领的主力舰队在驶抵锡布延海之前，竟意外地遭到美两艘潜艇的攻击。包括栗田的旗舰"爱宕号"在内的 2 艘重巡洋舰被击沉，1 艘重巡洋舰严重受损，只好在 2 艘驱逐舰的护航下返航。24 日 8 时，美军侦察机在锡布延海上空发现了正在海上航行的栗田舰队。美舰载机旋即对之进行了 5 轮轰炸。下午 3 时许，栗田舰队的战列舰均中弹负伤。1 艘重巡洋舰丧失作战能力，1 艘超级战列舰被击沉。遭此打击，栗田舰队只得改变航向，向莱特湾迂回。10 月 25 日凌晨 2 时，栗田舰队所属的西村舰队盲目地驶入苏里高海峡，遭到美第 7 舰队重兵埋伏。残酷的夜战瞬间爆发。美军的 30 余艘鱼雷快艇对日舰队两边夹击，日驱逐舰 2 沉 1 伤。西村毫不畏惧，率领剩余舰只顽强北进。3 时 38 分，西村的旗舰"山城号"被鱼雷击中，西村及旗舰上的全体官兵沉没于漆黑的苏里高海峡。日舰群龙无首，乱作一团。慌乱中，日舰又被美军击沉 1 艘。西村舰队仅余 1 艘受重创的战列舰及 2 艘驱逐舰乘乱逃跑。4 时 25 分，在西村舰队后面跟进的志摩舰队遭遇美舰队以及受损逃跑的日舰。美舰首先下手，日舰队 1 艘巡洋舰受创。志摩认为通过海峡毫无希望，下令转身撤离。志摩旗舰"那智号"慌不择路，将"最上号"撞伤至丧失机动能力。"最上号"第二天被美军飞机击沉。志摩舰队在撤退过程中，1 艘轻巡洋舰和 1 艘驱逐舰被美舰载机击沉。

此役美军仅付出沉没 1 艘鱼雷艇和几艘驱逐舰的代价。

24 日下午 5 时，担任诱敌任务的小泽舰队却按照预先的计划，吸引了美第 3 主力舰队上钩。25 日 7 时 10 分，美军侦察机发现小泽舰队。8 时，美军战斗机对小泽舰队发起攻击，先后进行了 857 架次袭击，小泽舰队 1 艘航空母舰和 1 艘驱逐舰沉没，2 艘航母和 1 艘轻巡洋舰丧失机动能力。下午，美机发动了更为猛烈的轰炸。小泽舰队作为诱饵的 4 艘航空母舰 1 艘轻巡洋舰、2 艘驱逐舰被击沉。10 月 25 日拂晓，栗田舰队在太平洋上与美军一航母编队遭遇，栗田及其参谋们误以为这就是美主力舰队，于是展开了世界海战史上罕见的海上追击战。在这场追击战中，美 1 艘航空母舰、3 艘驱逐舰被击沉，另外 2 艘驱逐舰受伤。日军 4 艘重巡洋舰被击沉。在追击战中，栗田舰队相当分散，难以形成整体作战力量。9 时 20 分，栗田电令所属舰只撤出战斗，整理队形，未能对仅在数十海里外的莱特湾发起攻击。收拢舰队后，栗田判断美主力舰队已从各个方向向他的舰队包抄过来，于是决定放弃进攻莱特湾，转向外海与敌拼死决战。然而经过半天搜索，却没有发现美国航空母舰编队，栗田决定返回基地。21 时 30 分，栗田舰队进入圣贝纳迪诺海峡，并以最大航速连夜横渡锡布延海。26 日日出后，美第 3 舰队派舰载机对栗田舰队的掉队舰只进行了袭击，仅击沉几艘掉队的小型舰只。受到沉重打击的栗田舰队，仅剩下 4 艘战列舰、2 艘重巡洋舰、1 艘轻巡洋舰和 7 艘驱逐舰，方才逃脱了美舰队的追击。至此，历时 6 天的莱特湾海战结束。

莱特湾海战是历史上最大的一次海战。这场海战几乎消灭了日本海军的全部力量，美军取得了绝对的制海权。此次战役中，日本首开"神风特攻队"有组织的自杀性攻击之恶端，共击沉美 1 艘护航航空母舰，重创 4 艘，轻伤 1 艘。

仰光

仰光，位于北纬 16°48′，东经 96°9′，仰光河畔，伊洛瓦底江三角洲，是伊洛瓦底江入海口，拥有 27 个镇区，市区总面积约 598 平方千米，是缅甸最大的城市。仰光是梵文中"yan"和"koun"两个字的结合，分别指"敌人"和"走出去"。缅语"战争结束"之意。2500 年前，仰光是孟族（又称得楞族）渔村，名为奥加拉巴。11 世纪时称为达贡，成为小城镇。1755 年，贡榜王朝将其改称"仰光"。1855 年，缅甸成为英国的属地，英国人把缅甸的首都迁移到仰光。1948 年，缅甸独立后定都仰光。2005 年，迁都内比都。

仰光战役（1944 年 11 月 10 日—1945 年 5 月 2 日），是英军为攻占缅甸而对日军发起的一系列进攻性战役。

1944 年 11 月 10 日，英第 33 军在钦敦江西岸完成攻击部署，开始强渡钦敦江。至 12 月 2 日，第 11 东非师占领加里瓦。英军完全控制了莫莱至加里瓦这段 50 千米长的江面。10 日，英军各主力师渡过钦敦江。英第 4 军军长弗兰克·梅塞维奉命在伊洛瓦底江下游占领一个渡口，以便在敏铁拉附近建立一个战略性屏障，从而封锁曼德勒和仰光之间的交通，最终将日本第 15 军歼击于曼德勒—塔泽—稍埠—敏建地区。

为此，第 4 军必须沿着一条雨季无法通行的坎坷不平的土路冒险行军 700 千米。这条土路上通行的都是百姓的牛车，而现在要通过的部队却达 3 个师之多，还有重型坦克、大炮和其他车辆。1945 年 1 月底，第 4 军陆续抵达了伊洛瓦底江岸地区。梅塞维在所有可用的渡口中选择了良宇渡口。为了掩盖在良宇渡江的真正企图，梅塞维命令第 28 非洲旅在色漂佯装渡江。此外，参谋人员精心炮制了一张标注好的地图，图上标识英军预定袭击安芜，并故意丢失了一件副本……同时，英军在帕科拉、古都蒲江也造成渡江的假象。2 月 14 日凌晨 4 时，梅塞维下令渡江。当时天色漆黑一团，渡江时没有炮火准备，没有飞机轰炸，没有掩护火力。第一批步兵突击队一枪未发，悄然无声地顺利渡过江去。天明后，英军对日军阵地进行炮火压制。在炮火网的掩护下，英军乘着摇摇晃晃的小船过江，安全地涌向对岸的干谷，冲上高地。当夜幕再次降临时，总共有 3 个营渡江成功。15 日，良宇周围的日军被完全清除了出去。粗笨的筏排载着谢尔曼式坦克驶过江面，在指定的沙滩上登陆。16 日晚上，英军已经建立起一个坚固的箱形防御阵地。

梅塞维命令已渡过江的第 7、第 17 英印师，立即向敏铁拉方向前进。敏铁拉是日军曼德勒防线的战略后方，该地连同以东约 25 千米处的塔泽，是日军的后勤中心和军需屯集地，负责供应着从东面的萨尔温江到伊洛瓦底江这两条战线上全部日军的补给物资。24 日，第 17 英印师攻下了敏铁拉东北面的东沙。随后，除留下第 48 旅阻击来自北面的救援日军，其余各旅则继续向敏铁拉急驰。28 日，第 17 英印师对敏铁拉发起进攻。日军在地堡工事里负隅顽抗，双方交错开火，抵近肉搏，枪炮声震耳裂心。英军不得不一个一个地进攻这些地堡。落日时，还有相当多的地堡未被英军夺取。为防止夜间遭到伏击，英军退出已成一片废墟的敏铁拉。3 月 3 日，最后 50 名日本官兵跳湖自尽，英军完全占领了敏铁拉。3 月 12 日，日第 33 军司令官本多政材奉命夺回敏铁拉。本多首先向敏铁拉附近的各个简易机场发动疯狂反扑。同时，其他部队不顾一切向良宇冲击，以阻止英军继续渡江。所有的机场都弥漫着战火的硝烟。当运输机载着第 5 英印师的空降旅在几个机场同时着陆时，炮弹常常就在机身周围爆炸，官兵们往往一跳下飞机就不得不直接参战。

当战斗还在敏铁拉城外激烈进行的时候，日军部队收复了东沙周围的制高点，切断了英军良宇方向的补给线。梅塞维着手重新打开敏铁拉至良宇之间的道路，并派部队攻打敏建，以打开一条水路补给运输线。一周之内，英军重又夺回了东沙高地，打开了敏铁拉通往良宇的运输补给线。同时，英军攻占敏建，从水路获得了大量补给品。日军不得不放弃了夺回敏铁拉的企图。

就在日军缅甸方面军司令木村兵太郎调集兵力反扑敏铁拉的时候，弗雷德里克·斯托普福德的英第 33 军正准备伺机拿下曼德勒。3 月 15 日，英军包围曼德勒西南制高点上的杜弗林要塞，但虽经反复进攻，仍然不能攻占要塞。英军决定绕过杜弗林要塞，从其他方面进攻市区。驻守杜弗林要塞的日第 15 师团，见英军绕开了自己的防守，就放弃要塞，折回市区与英军交战。但仅装备有轻武器的第 15 师团，根本不是配有坦克战车的英军的对手。20 日，英军完全占领了曼德勒。通向仰光的大门打开了……

为向仰光实施全面进攻，必须在 5 月初雨季来临之前挺进 500 千米。英第 4 军兵分四路，同时攻击塔泽、漂贝东南的山脉、敏铁拉附近的铁路和仰光公路。4 月 30 日，第 17 英印师攻占了仰光东北 80 千米处的勃固城。5 月 1 日，第 17 英印师向仰光城发起最后的冲刺。此时，天空中下起了瓢泼大雨，雨季来临了。简易机场被淹没，公路成了泥沼，河渠成了汹涌的河流。然而，英第 4 军虽然在赛跑中输给了雨季，却赢得了仰光。一名为英军从海上进袭仰光作侦察的飞行员在一户屋顶上发现了下列讯号："日寇已溜，速来营救战俘。"

5 月 2 日，英军进入仰光城，仰光战役结束。

下篇

阿登

阿登，也叫阿登高地、阿登森林，位于北纬 49°—50°，东经 5°—6°，是欧洲西北部的森林台地，范围包括比利时和卢森堡的一部分，以及法国的默兹河谷地。其名称据说源于神圣罗马帝国的阿登伯爵。公元963 年，阿登伯爵在此地南部建立卢森堡要塞，人们据此将要塞南侧的丘陵带取名为阿登。

阿登战役（1944 年 12 月 16—28 日），是德国于二战末期在欧洲西线战场比利时的阿登地区发动的一场阵地反击战。

1944 年秋，盟军逼近德国西部边境。德国元首阿道夫·希特勒错误地估计了形势，决心在阿登地区美军的薄弱防线上反攻，企图重新攻占比利时的列日和安特卫普，切断盟军补给线，围歼其主力，从而迫使英美与德国单独议和。12 月 16 日凌晨 5 时 30 分，趁盟军毫无准备之时，德军在密集炮火的掩护下，兵分三路发动突袭。总攻前，德军还实施了两个特别行动以配合正面进攻。一是代号为"鹰"的空降作战行动，目标为占领美军后方的公路交通枢纽；一是代号为"格里芬"的特别行动，由德军特种部队装扮成美军，在德国大部队到来之前潜入盟军阵地，制造混乱和破坏，以占领战略要地。17 日，美军第 106 师的 2个团被德军包围，被迫投降。盟军最高指挥部急调美军第 82 和第 101空降师火速增援。18 日，中路德军第 5 装甲集团军逼近公路交通枢纽巴斯通；右翼党卫军第 6 装甲集团军占领了马斯河渡口；左翼第 7 集团军渡过奥尔河。盟军总司令德怀特·戴维·艾森豪威尔召开紧急会议，研究应付德军进攻的对策，决定由巴顿的第 3 集团军从南部向德军发起反击，解救被围困的部队。当艾森豪威尔问巴顿何时可以发起进攻时，巴顿毫不犹豫地回答道："22 日早晨。"会后，巴顿立刻命令：第 4 装甲师经隆维向阿尔隆挺进，第 80 师经蒂翁维尔向卢森堡进攻，第 26 师做好一切准备待命出发。19 日，美军第 101 空降师抵达巴斯通。坚守阿登地区的美第 1 集团军接到命令：不惜一切代价顶住德军的进攻，坚守援军到来。20 日，德军已撕开美军防线，形成一个宽约 100 千米、纵深 30—50 千米的突出部。同日，巴斯通交通被切断。22 日，德军交给坚守巴斯通的美军第 101 空降师一封劝降信。在信中，希特勒疯狂叫嚣道："要么投降，要么歼灭！"第 101 空降师代理师长麦考利夫在给希特勒的回信中只回答了一个字："Nuts（胡扯）！"此事后来在盟军中广为流传，很大程度上鼓舞了军心。25 日圣诞节，德军第 2 装甲师与美军第 2 装甲师在塞勒斯展开激战。德军阵亡 2500 人，被俘 1050 人，所有坦克损失殆尽。美军第 2 装甲师由此获得了"活动地狱"的绰号。26 日 16 时 30 分，美军第 4 装甲师先头部队终于杀开一条血路，第 37 坦克营 C 连连长查尔斯·博格斯中尉驾驶的 M-4 坦克第一个冲进了巴斯通。在他的后面，美军的装甲部队也涌入 101 空降师的阵地。身体疲惫但精神饱满的 101 空降师师长麦考利夫准将连连称赞巴顿麾下"铁轮地狱"的速度和力量。在第 9 装甲师和第 80 步兵师的增援下，第 4 装甲师打通了阿尔隆通向巴斯通的公路。29 日，美军彻底击溃了围攻巴斯通的德军。

1945 年 1 月 1 日，德军出动 1000 多架飞机，对盟军机场进行空袭，炸毁盟军飞机 260 架。德军地面部队趁机向阿尔萨斯北部发起了进攻。3 日，盟军发起大规模反攻，巴顿的第 3 集团军和坚守阿登地区的美第 1 集团军同时出击。德军也在这一天对阿尔萨斯发动了最猛烈的攻势，从而展开了阿登战役中最为激烈的战斗。经过了整整 5 天的血战，德军损失惨重，被迫撤退。6 日，英国向苏联请求支援。苏军提前 8 天在东线发起了维斯瓦河—奥得河战役。德军被迫把准备派往阿登地区的后备兵力 6 个装甲兵师调往东线。这使得德军再也无力在阿登地区继续维持进攻了。8 日，希特勒终于下令德军撤退。12 日，在德军抽出兵力对付东线苏联红军之后，英美盟军趁机发起追击。28 日，在盟军的一路追杀下，德军被全部赶回阿登战役开始之前的位置。至此，整个阿登战役结束。

下
篇

阿登战役使德国消耗了最后的精锐部队，再也没有后备力量可以补充，因而成为德军在西线发动的最后一次进攻。

雅尔塔

雅尔塔，位于北纬35°45′，东经51°30′，克里木半岛南岸，黑海港口，建于12世纪。雅尔塔一词源于希腊语"ЯЛОС"，意为"海岸"。当时几艘希腊船只驶离君士坦丁堡，在黑海航行数日后遭遇风暴，迷失方向。船员们在绝望之际突然看到一缕霞光从东方喷射而出，现出绿岸青山，于是欢呼"雅洛斯"，并将他们登岸的村庄称为"雅洛斯"，后演变为今名。公元前9至6世纪，雅尔塔发展为城邦。1145年见于史籍，称贾利塔。1380年，纳入金帐汗国版图。1475年，归入于奥斯曼帝国的统治之下。1837年，雅尔塔被划为村镇。1838年更名为雅尔塔县。1904年成为俄罗斯最著名的旅游度假地。1918年，成立了苏维埃政权。1921年，成立雅尔塔地区。

雅尔塔会议（1945年2月4—11日），是第二次世界大战末期，美英苏三国首脑为缓和反法西斯盟国之间的矛盾、协调对德日的作战行动、安排战后惩处战争罪犯等问题而举行的一次首脑会议。

早在1944年7月，美国总统富兰克林·德拉诺·罗斯福就提出进行第三次首脑会晤，以便对战后世界的格局和新秩序的建立进行规划。苏联元首约瑟夫·斯大林把会议地点选定在刚经历过战争摧残的雅尔塔。英国首相温斯顿·丘吉尔则提议这次会议代号为"阿尔戈航海者"。这个代号来源于古希腊神话故事，传说中曾有一些勇士到黑海沿岸去寻找"金羊毛"。这意味着美英领导人也想在黑海沿岸寻到"金羊毛"。而他们最想从苏联身上获得的"金羊毛"就是苏联对日作战的承诺。为此，美英两国也送给苏联不少甜头。为照顾身患残疾的罗斯福，斯大林提议全体人员在美国人下榻的里瓦几亚宫召开。整个会议过程中，斯大林对罗斯福表现得很尊敬，并在觥筹交错之中加紧同丘吉尔斗智。罗斯福充当英国和苏联之间的仲裁人，却常常在一些措施上作出完全合乎苏联心意的退让。2月8日，罗斯福背着丘吉尔，私下会见了斯大林，商讨苏联出兵日本的问题。因为据当时美国专家估计，要彻底战胜日本，还需要一年半的时间，美国还要付出100万人伤亡的代价。经过一番讨价还价后，罗斯福认为，千岛群岛归还俄国，不会有困难，但外蒙独立及租借旅大港和中东铁路等事宜，需要同蒋介石协商，并和斯大林达成一致：为了和蒋介石协商此事，苏联应继续拥护蒋介石统一中国。

斯大林则表示：如果这些条件不能得到满足，他和莫洛托夫就难于向苏联人民解释，为何苏联要参加对日作战，"我们签订一个协定，可以保密，现在没有必要同中国人去讲"。在征得丘吉尔同意后，由苏联外交部长维亚切斯拉夫·米哈伊洛维奇·莫洛托夫起草了《雅尔塔协定》。主要决议有：

第一，战后处置德国问题。决定由美英法苏四国分区占领德国，德国必须交付战争赔偿，以及彻底消灭德国军国主义和纳粹主义的一般原则。

第二，波兰问题。决定波兰东部边界大体上以寇松线为准，在若干区域作出对波兰有利的5—8千米的让步，同意波兰在北部和西部获得新的领土，其最后定界留待和会解决；关于波兰政府的组成，经过激烈争论，同意以卢布林的波兰临时政府为基础进行改组，容纳国内外其他民主人士。

第三，远东问题。苏联承诺在欧洲战争结束后2—3个月内参加对日作战，其条件是：维持外蒙古的现状，库页岛南部及邻近岛屿交还苏联，大连商港国际化，苏联租用旅顺港为海军基地，苏、中共同经营中东铁路和南满铁路，千岛群岛交予苏联。

第四，联合国问题。同意苏联的乌克兰和白俄罗斯加盟共和国为联合国创始会员国，决定美、英、法、苏、中五国为安理会常任理事国，规定实质性问题常任理事国一致同意的原则。

雅尔塔会议基本上解决了战后和平问题和建立新的国际秩序问题，对战后世界格局的形成产生了深远的影响。但会议背着中国政府作出有损中国领土和主权的决定，是大国沙文主义和强权政治的表现。

印·记

莱茵河

莱茵河，发源于瑞士境内的阿尔卑斯山北麓，西北流经列支敦士登、奥地利、法国、德国和荷兰，最后在鹿特丹附近注入北海。全长1232千米，通航长约869千米，流域面积超过22万平方千米。其名字从凯尔特语的词"renos"而来，意思是"发怒的流程"。

莱茵河战役（1945年2月8日—3月26日），是盟军为进军莱茵河而实施的进攻性战役。

1945年2月8日拂晓，加拿大第1军的1400门火炮首先怒吼起来，将成千上万枚炮弹倾泻到德第84师的防御阵地上。上午10点半，在靠近德国—荷兰边界的马斯河和沃尔河之间约10千米的战线上，经扩编的英第30军发起了进攻。英第30军第一轮进攻就投入了5个师，留下包括禁卫装甲师在内的2个师做预备队。当天晚上，德军已有1300人被俘，战线也面临崩溃。到2月13日，加拿大第1军已逼近克莱沃，同时英第52师和第11装甲师也奉命前来增援。面对盟军增加的压力，德军也抽调了2个步兵师和1个装甲师，以增强防守克莱沃的第1伞兵师的力量。距突击地点25千米外，盟军的前进几乎停滞。德第1伞兵师和加拿大第1军交战，极大地减少了伯纳德·劳·蒙哥马利实施"手榴弹行动"时的障碍。所谓"手榴弹行动"，指美第9军渡过鲁尔河向迪塞尔多夫地区的莱茵河推进。22日，作为此次行动的前奏，盟军的空军开始对德军交通网进行大规模轰炸，以削减德军的物资供给和增援部队的力量，并给德军的指挥机构已经存在的混乱雪上加霜。23日，天刚蒙蒙亮，美军的炮兵就开始对鲁尔河沿岸的德第15集团军阵地实施炮击。很快，迪伦和于利希即被攻克。27日，美军抵达艾尔克林兹附近，3月1日逼近雷德。在美第9军左翼，英第16军以相同的速度向鲁尔蒙特和芬洛推进；第9军右翼，英第19军抵达诺伊斯。面对盟军的合围态势，德第1伞兵师不得不撤过莱茵河。在撤退途中，其后卫部队在克桑滕和莱茵斯堡成功地阻击了盟军，撤过河后又炸毁了桥梁。美第9军和加拿大第1军各自从南北方面相向推进，在韦瑟尔会师，把莱茵河战线连成一片。从2月8日起，在美第21军群战区内，德军已有5.3万人被俘，但同时英军和加拿大军也付出了伤亡1.55万人的代价。3月6日，美第6军攻占科隆，从而在荷兰的涅米根到科隆之间100多英里的区域形成了盟军首尾呼应的连续战线。在科隆以南，德第5装甲集团军面对的是美第1和第3军，后者正快速突破德军阵地。7日，美第7军从科隆出发向波恩发起进攻；美第3军则前去夺取艾尔河上的桥梁。当天中午，美第3军第7装甲师B战斗团听到一个振奋人心的消息：雷马根地区莱茵河上的鲁登道夫铁桥还未被德军炸毁。这可是天赐良机，美第7装甲师随即向雷马根扑去。下午，第7装甲师成功地渡过了莱茵河，并建立了稳固的桥头堡。

此时，希特勒怒火中烧，开始对鲁登道夫铁桥实施轰炸，为此甚至动用了V-2火箭。直到3月17日，该桥才被炸毁。但美军包括1个装甲师在内的6个师已在河东岸站稳了脚跟。此时英第21军群（从北到南依次由加拿大第1军、英第2军和美第9军组成）还在西岸。英军为渡河做了长时间的准备工作，3月下旬，一切准备就绪：一支英军皇家特混舰队从安特卫普经比利时，荷兰和德国运河，把45艘登陆艇和一批"野牛"两栖坦克运到30千米长的英第21军群战线上的10个渡河点。3月20—22日，英皇家空军和美第8、第9航空队出动了1.6万架次战机，对进攻地带及其远方补给线进行猛烈轰炸，投弹量达到5万吨。从3月21日清晨到23日黄昏，莱茵河西岸长达75英里的堤岸上浓烟密布，借此来掩护盟军部队的调动和做最后的渡河准备。3月23

日到 24 日夜，英第 21 军群的 3000 门火炮向河对岸的德军阵地实施了猛击，同时第 15 和第 51 师以及美第 30 和第 79 师乘"野牛"两栖坦克开始渡河。到 24 日晚，美第 17 空降师已与英第 7 军取得联系，并完整地夺取了伊塞河上的桥梁，给盟军迅速不断地扩大桥头堡阵地提供了便利。25 日拂晓，英第 21 军群已在河东岸建立了桥头堡。次日，盟军 2000 架滑翔机在战斗机的护航下运载着英第 6 空降师和美第 17 空降师开始向河东岸仅 10 千米的明克思发动空降进攻，进攻取得了胜利。德第 84 师被歼灭，将近 4000 名德军被俘。

莱茵河战役后，盟军战略态势得到极大改善，并为随后进攻和占领德国最重要的经济区鲁尔创造了有利条件。

硫磺岛

硫磺岛，位于北纬 24°47′，东经 141°18′，是西太平洋的火山群岛，在东京以南 1080 千米，南距关岛 1130 千米，近乎处于东京和塞班岛的中间。全岛南北长约 8 千米，东西最宽 4 千米，最窄的地方只有 800 米，面积 20 平方千米。硫磺岛因为其上覆盖着一层由于火山喷发造成的硫磺而得名。

硫磺岛战役（1945 年 2 月 19 日—3 月 26 日），是日军和美军为争夺硫磺岛进行的一场激战，被称为"太平洋的绞肉机"。

1945 年 2 月 16—18 日，美海军火力支援编队开始对硫磺岛实施预先火力准备，将 2.4 万吨炮弹和炸弹倾泻到硫磺岛上，但日军凭借坚固的地下工事，损失轻微。19 日 9 时整，美军开始登陆。7 个登陆滩头从折钵山山脚下沿海岸向东北延伸，总长 3150 米。陆战 4 师在北面的四个滩头登陆，攻击一号机场；陆战 5 师在南端的三个滩头登陆，穿越岛的最狭窄部，孤立或攻占岛南的折钵山。登陆美军首先遇到的最大阻碍是岸滩上的火山灰。由于岸滩全是火山灰堆积而成，土质松软异常，履带登陆车全部陷在火山灰中，难以前进，后面的登陆艇被这些登陆车阻挡，根本无法抢滩登陆，艇上的登陆兵只好涉水上岸。登陆美军推进约200米后，日军从坑道进入阵地，根据事先早已测算好的数据，将炮火准确覆盖了登陆滩头。美军被完全压制在滩头，伤亡惨重，前进受阻。

陆战4师刚登陆就被日军炮火压制。陆战5师则幸运一些，大约20分钟后才遭到炮击，而且炮火相对要弱。所以5师先头部队趁机穿越岛的最狭窄部，切断了折钵山与其他地区日军的联系后，向折钵山发起了攻击。9时30分，美军坦克上岸，但大都陷入火山灰，很快被日军反坦克炮一一击毁。美军只能依靠炸药包和火焰喷射器，一步一步向前推进，而每一步都要付出惨重的代价。12时许，陆战4师23团才前进了450米。直到14时，才攻到一号机场。而25团则被阻在登陆场附近，伤亡严重，当天几乎没有进展。日落时，美军约3万人上岸，占领了宽约3600米，纵深从650米到1000米不等的登陆场。20日，陆战4师在舰炮和坦克支援下，攻占了一号机场，并切断了岛南日军与元山之间的联系。陆战5师在坦克掩护下向折钵山攻击，由于日军很多工事都建在舰炮火力无法射击到的岩洞中，美军遂以手榴弹、炸药包、火焰喷射器逐一消灭岩洞中的日军，有时甚至出动推土机将洞口封闭，因此进展极为缓慢，到傍晚时仅仅推进了180米。23日10时20分，陆战5师经过四天血战，哈罗得·希勒中尉率领的40人小分队终于攻上折钵山山顶，升起了一面美国国旗（著名的摄影作品《星条旗插上硫磺岛》反映的就是这一场景）。美国海军部长詹姆斯·福雷斯特尔认为："折钵山升起的国旗意味着海军陆战队此后五百年的荣誉！"

硫磺岛上的战斗成为了不折不扣的消耗战。美军有时一整天只能前进4米。在对岛上第二制高点382高地的争夺中，陆战4师屡屡陷入日寇的交叉火网。美军必须逐一拔除侧翼的日军阵地，解除侧翼威胁，才有可能向前推进，所以战斗异常残酷和激烈。战斗部队的伤亡高达50%以上，有经验的连长、排长和军士长伤亡殆尽，382高地因此被称为"绞肉机"。7日，美军发动总攻。担负中央突破任务的陆战3师进展神

下
篇

速，遇到难以克服的日军阵地就设法绕过去，继续向前推进。尽管给后续的陆战4师、5师留下不少"钉子"，但3师突破了日军的防线，并于两天后攻到了西海岸，占据了一段约800米长的海岸，将日军分割为两部分。作为战绩的证据，最先杀到西海岸的21团1营用军用水壶装满海水，贴上"只供检验不得饮用"的标签，送到3师师部。10日，陆战3师开始向两面扩张战果，分别策应陆战4师和5师的攻击。尽管日军的防御态势已经相当不利，但仍依托工事死战不退。尤其是陆战5师——直接面对日军指挥官栗林忠道的直属部队——遭到的抵抗更为激烈。陆战5师的伤亡超过75%，师部的文书、司机甚至炊事员等勤杂人员都投入了战斗。26日凌晨，栗林忠道率领约350名日军向二号机场的美军发起了最后的反击。天亮后，美军将这股日军大部歼灭，栗林剖腹自杀。8时整，美军宣布硫磺岛战役结束。

硫磺岛战役，不仅使美军获得了轰炸日本本土的重要基地，还打开了直接攻击日本本土的通道。美军伤亡远超日军，达到28686人，成为日后美国对日本使用原子弹的重要诱因。

冲绳岛

冲绳岛，位于北纬26°30′，东经128°，日本九州岛西南。冲绳原名琉球，"冲绳"是日本人在百余年前替它取的名字。明洪武五年（1372年），琉球成为中国藩属。明宣德四年（1429年），琉球王国建立，国王由明王朝册封任命。明万历三十七年（1609年），日本俘虏琉球王，派兵监督琉球内政。清顺治十年（1654年），琉球王摆脱日本的控制，主动遣使请求中国册封。清同治十一年（1872年），日本宣布琉球王国属于日本。清光绪元年（1875年），日军武力占领琉球群岛。光绪五年（1879年），日本把琉球改为冲绳县。1945年，美国管理琉球。1972年，美国向日本移交琉球施政权。

冲绳岛战役（1945年4月1日—6月22日），是美军在日本海域发动的一次岛屿争夺战。

1945年3月中旬，美第5舰队司令雷蒙德·阿姆斯·斯普鲁恩斯亲率第58特混舰队驶入冲绳海域。24日，美军攻占了冲绳岛西南15海里的庆良间列岛，用作海空军基地。4月1日凌晨4时，美军两栖登陆舰队驶入冲绳岛水域。5时30分，美军开始对日军的海岸工事密集轰炸。8时10分，美陆军和海军陆战队向冲绳岛腰部西岸挺进。8时30分，先头部队在白沙滩头登陆。登陆几乎没遇到抵抗。直到4日，美军只遭到一些轻微的抵抗和少量飞机的袭击。5日，向南推进的美陆军第24军终于碰上了日军的第一道防线。日军躲在纵横交错的战壕和暗堡里，用密集的炮火和有组织的反冲锋，挡住了美军的进攻。6日16时，日军第2舰队司令伊藤整一率领由"大和号"战列舰、"矢矧号"巡洋舰和8艘驱逐舰组成的海上特攻队从濑户内海起锚出航，增援冲绳岛。

伊藤舰队刚驶出连接濑户内海和太平洋的丰后水道，就被美潜艇"线鳍鱼号"发现。驶出丰后水道后，伊藤舰队沿东海绕了个弯，恰好投向正等在冲绳岛西北海域的马克·米切尔舰队的"怀抱"。7日上午11时，米切尔命令第1波飞机紧急起飞。12时10分，米切尔的第1波200多架飞机穿云而下，劈头盖脑地投下一枚枚炸弹和鱼雷。伊藤的旗舰"大和号"先后被命中9枚鱼雷和2颗炸弹，舰体左倾。为使舰体扶正，舰长命令向右舷主机舱和锅炉舱注水，"大和号"因此丧失一半的动力，航速锐减。当美机再次袭来时，"大和号"已不能进行任何机动规避，被炸得彻底倾斜，炮弹从炮膛中滑落下来，穿过弹药舱甲板，引爆了弹药库，2000多发大口径穿甲弹和高炮炮弹连续爆炸，将庞大的"大和号"拦腰炸断。14时15分，号称永不沉没的"大和号"葬身海底，伊藤也随"大和号"一起魂丧太平洋。另外，"矢矧号"巡洋舰和4艘驱逐舰也先后被击沉，只有4艘驱逐舰逃脱。4月6—7日，日军"神风"特攻队也发动了第一次特攻。大约700架日机从九州起飞，袭击冲绳海面的美军舰队。美军3艘驱逐舰、1艘登陆舰和3艘弹药运输

257

船被撞沉，1 艘扫雷舰和 12 艘驱逐舰受重创。航空母舰"班克希尔号"被撞起火。12 日，日军 400 多架飞机和"神风"特攻队一道，再次向美舰队冲击。美军 1 艘驱逐舰和 1 艘登陆舰被击沉，1 艘战列舰和 3 艘驱逐舰被击伤。

美军第 24 军第 7 师和第 96 师进攻日军的第一道防线受挫，激战 10 余天仍无法突破。日军利用洞穴、堑壕、暗堡拼命抵抗。美军每天的进展只能用尺、用米来计量。之后，美陆军第 77 师、海军陆战第 1、第 6 师也调到了南部战场。5 月 10 日，美军发起全线进攻，集中兵力和火力，一座山峰、一道山脊、一个山洞、一个碉堡，甚至一块岩石地与日军浴血争夺。22 日，美海军陆战第 1 师终于攻下了掩护首里主阵地的环山山脉等外围阵地。28 日，美军海军陆战第 6 师占领了冲绳岛首府那霸，对首里形成夹击之势。30 日，美军开进首里。6 月 1 日，美军开始对分散于岛上的日军小队进行围剿，战斗发展到逐个争夺洞穴，每天有近千名日军被击毙。美军用手榴弹、炸药包和火焰喷射器在每个洞口"猎守"。13 日，美海军陆战第 6 师攻占了小绿半岛。22 日，日军有组织的抵抗被粉碎，日守军司令牛岛满剖腹自尽，战役基本结束。

冲绳岛战役使美军打开了日本本土的西南门户，取得了进攻日本本土的海空基地。

柏林

柏林，位于北纬 52°30′，东经 13°25′，德国东北部，四面被勃兰登堡州环绕，施普雷河和哈维尔河流经该市。北距波罗的海约 180 千米，南距捷克 190 千米，扼东西欧之交通要道，是欧洲最重要的交通枢纽之一。其地名一说起源于神圣罗马帝国艾伯特·熊伯爵（Albert von Bear）；一说起源于德语 Berle，意为荒地；一说起源于条顿语"Bruehl"（沼泽）或"Brljina"（水池）。柏林在 13 世纪时成为贸易集镇，17 世纪成为地方性的政治、经济和文化中心。19 世纪成为日耳曼帝国的首都。第二次世界大战后，被分为东、西两个部分。1990 年，东、西柏林合并。1991 年，柏林重新成为德国的首都。

柏林会战（1945 年 4 月 16 日—5 月 8 日），是苏军实施的最后一次战略进攻性战役。

1945 年 4 月 16 日凌晨 3 时整，苏联元帅格奥尔吉·康斯坦丁诺维奇·朱可夫下达了攻击命令，143 盏探照灯把德军阵地照得通明。20 分钟后，数以千计的大炮和喀秋莎火箭炮开始炮轰德军阵地，轰炸机也轰鸣着向德军阵地投掷下大量炸弹，整个大地都在可怕的颤抖之中。日出前，白俄罗斯第 1 方面军越过奥得河展开攻击。很快，苏军突破了德军在柏林外围的第一道防御地带，将战线推进了 1.5—2 千米。德军在第二防线拼命顽抗，在该防御地带的枢纽泽洛夫高地，苏军的进攻速度急剧下降。为使军队加速前进，朱可夫将后备的近卫坦克第 1、第 2 集团军的坦克军和机械化军投入交战，但几次进攻都被德军打退。17 日晨，朱可夫集中了方面军的几乎所有火力，在猛烈的炮火掩护下，近千辆坦克排成一列纵队向前推进，前面的坦克被击中起火，后面的继续前进。苏军士兵高喊着口号向前冲击，前面的倒下了，后面的接着往上冲……18 日晨，攻占泽洛夫高地。20 日晨，抵达柏林近郊。乌克兰方面，16 日晨，南面的乌克兰第 1 方面军也在尼斯河畔发起进攻。当白俄罗斯第 1 方面军在泽洛夫高地受阻时，乌克兰第 1 方面军强渡了尼斯河后，再渡斯普雷河，首先从南面向柏林突击。20 日夜间，第 3 坦克集团军突入了柏林市南郊，第 4 坦克集团军也突进到柏林市西南郊。白俄罗斯方面，18 日，北面的白俄罗斯第 2 方面军发起进攻。19 日，强渡东奥德河，牵制住了柏林以北地区的德军主力。至此，德军在奥德河—尼斯河的防御体系被苏军突破，苏军 3 个方面军开始对柏林实施合围。

德国元首阿道夫·希特勒决定德军统帅部撤离柏林，他本人则留下"与柏林共存亡"。20 日下午 1 时 50 分，白俄罗斯第 1 方面军第 3 突击集团军第 79 军首先炮击柏林。21 日，白俄罗斯第 1 方面军突破柏林。

突击第 3 集团军、近卫坦克第 2 集团军和第 47 集团军所属部队突入柏林城区。傍晚时，苏军占领彼得斯哈根、埃尔克纳两片地域。同日，乌克兰第 1 方面军的坦克部队也接近柏林防御圈。24 日，白俄罗斯第 1 方面军左翼部队与乌克兰第 1 方面军在柏林东南会合，切断了德军第 9 集团军与柏林的联系，并合围了该集团军。25 日，白俄罗斯第 1 方面军从北面迂回柏林的部队与乌克兰第 1 方面军第 4 坦克集团军在柏林以西会合，从而完成了对柏林的合围。同日，乌克兰第 1 方面军所属近卫第 5 集团军西进到易北河，在托尔高地与西线美军第 1 集团军会师。26 日，白俄罗斯第 1 方面军和乌克兰第 1 方面军开始强攻柏林。苏军在进攻前首先用火炮和飞机对目标地域进行轰击，步兵在坦克和配有喷火器和爆破器材的工兵掩护下，一小段一小段地前进，从后院、地下室甚至下水道渗透进去，攻占每一条街道，每一座楼房。中午，近卫第 8 集团军攻占腾佩尔霍夫航空港及飞机场——柏林通向外界的所有通道全部被苏军封锁。28 日，苏军逼近了德军在柏林的最后一处支撑点——蒂尔花园区。这里有德国国会大厦、最高统帅部等机关。白俄罗斯第 1 方面军第 79 军受命进攻施普雷河南岸的国会大厦。29 日零时 30 分，苏 79 军第 171 师和第 150 师开始强渡施普雷河，向国会大厦地区发起进攻。30 日下午 3 点 30 分，希特勒服毒自杀，遗体被抬到总理府花园的一个弹坑里火化。下午 6 时，第 150 师向国会大厦发起冲击。21 时 50 分，苏联英雄米哈伊尔·耶果罗夫中士和麦利唐·坎塔里亚下士将苏联的红旗插上了国会大厦主楼的圆顶。5 月 2 日 7 时，德军柏林城防司令官黑尔姆特·奥托·路德维希·魏德林上将前往苏联近卫第 8 集团军司令瓦西里·伊万诺维奇·崔可夫的前沿指挥所，签署了投降令。柏林会战结束。

这次战役的胜利结束，标志着德国法西斯的彻底灭亡。5 月 8 日，德国签署无条件投降书，盟军彻底战胜了法西斯德国。

易北河

易北河，发源于捷克和波兰交界的苏台德山脉克尔科诺谢山南麓，穿过捷克西北部的波希米亚，流经德勒斯登进入德国东部，在下萨克森州库克斯港注入北海。全长1165千米，约1/3流经捷克，2/3流经德国。流域总面积约14.4万平方千米。易北河在捷克语和波兰语中被称为"拉贝河"（Labe，aba），都是由古斯堪的纳维亚语"河流"一词演变而来。

易北河会师（1945年4月25日），是并肩作战的东线苏军和西线美英军队在易北河畔小城托尔高实现的历史性握手。托尔高是位于德国中部萨克森州易北河畔一座古老的小城，已有1000多年的历史。

在西线，1945年2月，盟军进逼齐格菲防线，德军59个师依托沿莱茵河西岸构筑的齐格菲防线，阻止盟军的推进。盟军统帅艾森豪威尔将军当时预言，如果再发动一次大规模进攻，就可使德国受到致命的打击。为此，盟军计划首先歼灭莱茵河以西的德军，尔后强渡莱茵河攻占鲁尔区，继而发动最后进攻，进抵易北河。8日拂晓，在5.5个小时的炮火轰击后，北线的加拿大第1集团军发起进攻。13日，突破德军主要防御地带后向东南推进。22日，南线美军第9集团军和第1集团军开始强渡鲁尔河。3月3日，美军在莱茵河畔的杜塞多尔夫与加军会师。2月23日，美军第3集团军首先在特里尔附近突入齐格菲防线，于3月9日抵达莱茵河。3月15日，盟军从齐格菲防线的南、北两面同时实施向心攻击。25日，全部肃清了萨尔盆地的敌人。3月23日，盟军开始强渡莱茵河，并突击河东的鲁尔工业区。当天夜间，英第2集团军和美第9集团军强渡莱茵河，在河东岸夺取了登陆场。美第12集团军群在辅助方向上进攻得也很顺利，4月1日，与英第21集团军群在利普施塔特地域会合，从而合围鲁尔工业区的德军18个师。鲁尔合围后，盟军统帅部决定立即在全线发起最后进攻。第 12 集团军群于 4 月 16 日进抵易北河，19 日攻占莱比锡。21 日，美第 12 集团军群攻克了德第 11 集团军防守的哈茨山区。

在东线，1945 年 2 月 3 日，苏军进至奥得河。经过休整，4 月 16 日，苏军从奥得河边向西面发动强大的攻势，开始实施攻占柏林的战役。25 日，苏军完成了对柏林的合围。4 月 25 日，乌克兰第 1 方面军所属近卫第 5 集团军绕过柏林，西进到易北河畔，并向托尔高方向派出中尉亚历山大·西尔瓦什科率领的侦察队，搜索德军的行踪。

当天，美第 1 集团军第 69 师少尉威廉·罗伯逊带领一支 4 人侦察小分队向易北河进发，于下午到达托尔高。在听说对面可能已经有苏军活动之后，罗伯逊决定寻求联系。他先是找到一条床单，又到一家商店用红色和白色画成星条旗，然后跑到易北河附近一座古堡，在高高的塔楼里向河对面挥舞这面粗糙的美国国旗。苏军以为这是德军使诈，对塔楼发起一阵枪击。后由一名会说俄语的美军人员喊话，双方才最终确认了对方的身份。尽管德军在 25 日早上就已经将托尔高附近的易北河大桥炸毁，令车辆无法通行，但人仍可以在钢架上爬行。于是罗伯逊就带着他的人马向东岸爬去，而对岸的苏军也开始向西岸爬行。两队人最终在桥头相遇，互相握手拥抱，欢呼胜利，易北河会师的历史性时刻来临。

东西两线并肩作战的两支盟军终于实现了历史性握手。美苏双方商定，两军沿易北河及其支流穆尔德河一线会合，反对法西斯德国的东、西两条战线从此紧密连接起来，将负隅顽抗的纳粹德国拦腰截为两段。

易北河会师成为反法西斯战争中欧洲战场出现的胜利曙光，也是希特勒政权即将灭亡的最广为人知的象征之一。

波茨坦

波茨坦，位于北纬 50°30′，东经 12°08′，柏林市西南，四周围绕着易北河、哈弗尔河以及众多的湖泊和森林。波茨坦原名波茨图皮米（Poztupimi），源于斯拉夫语的poddubimi，意即"橡树林下"。7世纪建立了城堡。1304年，波茨坦被称为小城市。1345年，波茨坦获得城市权。1660年，改建为王城宫邸，后成为普鲁士的夏宫。

波茨坦会议（1945年7月17日—8月2日），是美英苏三国首脑为了处理战败德国问题和解决战后欧洲及其他一些问题在柏林西南波茨坦举行的会议。

5月9日，欧洲的战事胜利结束。为了安排战后的世界，苏美英三国首脑又开始酝酿召开第三次"三巨头会议"。关于会址问题，苏联元首约瑟夫·斯大林提议在德国柏林西南郊的波茨坦举行。关于会议时间，英国首相温斯顿·丘吉尔希望能在6月中旬会晤，以避开7月份的英国大选；美国总统哈里·S.杜鲁门则态度强硬地将会期定在7月15日，后又推迟到17日。因为美国原子弹在16日成功爆炸，这就可以在同苏联谈判时运用"原子外交"。17日下午5时，波茨坦会议在西席林霍夫宫召开，杜鲁门、丘吉尔和斯大林以及三国的外长出席会议。美国前总统罗斯福4月12日因脑出血逝世，这是杜鲁门第一次代表美国参加会议。丘吉尔则半途回国参加大选，但失败。新任英国工党首相艾德礼偕新外长贝文参加了28日之后的会议。杜鲁门担任会议主席。由于有原子弹作后盾，这位主席在一开始就把美国感兴趣的问题和盘托出，之后才说了会议开幕时理应说的几句礼节性的话。7月24日的会议结束后，杜鲁门以一种十分悠闲的态度告诉苏联代表团，美国成功试验了一种新式武器，他甚至没有提到"原子武器"或"原子弹"的字眼。斯大林在听到这个消息后态度十分平静，这令杜鲁门有些失望。

会议的重点是德国问题。经过激烈的争论，会议确定了美、苏、英、法四国管制和处置德国的政治及经济原则。会议规定，解除德国的全部武装，摧毁一切军事工业和纳粹组织，惩办战犯，实行政治生活民主化，在经济上消灭过分集中的现象，实现分散化，在民主的基础上重建德国政治生活。

关于德国赔偿问题，确定"苏联所提的赔偿要求，将以没收德国境内苏占区的资产及相应的德国国外投资予以满足"。此外，苏联还可以从西方占领区所拆迁的工业设施中无偿得到10%和以商品支付的15%作为赔偿。"美国、英国以及有权获得赔偿的其他国家的赔偿要求，将自西部各占领区及相应的德国国外投资予以满足"。会议还决定，把原德国东普鲁士的哥尼斯堡（今加里宁格勒）及其邻近地区让予苏联。会议的第二个重点是波兰问题。三国决定承认波兰临时民族统一政府。英美同意与临时政府建立外交关系。对波兰西部边界，认为最后划定应待和平会议解决，但"三国政府首脑同意，在波兰西部边界最后划定之前，原德国的东部领土由波兰政府管辖，不得视为苏联在德占领区的一部分"。

会议决定尽快组织国际法庭，对战犯进行审判。

8月2日，三国首脑签署了《苏美英三国柏林（波茨坦）会议议定书》。会议期间还发表了对日最后通牒式公告，即《美英中三国政府领袖公告》，史称《波茨坦公告》。该公告由美国起草，由于中国没有参加会议，因此公告发表前，专门征得了中国国民政府主席蒋介石的同意。苏联8月8日对日宣战后加入该公告。《波茨坦公告》共13条，其主要内容有：盟国将给予日本以最后打击，直至停止抵抗；日本政府应立即宣布所有武装部队无条件投降；重申《开罗宣言》的条件必须实施，日本投降后，其主权只限于本州、北海道、九州、四国及由盟国指定的岛屿；军队完全解除武装；战犯交付审判；日本政府必须尊重人权，保障宗教、言论和思想自由；不得保有可供重新武装作战的工业，但容许保持其经济所需和能偿付货物赔款之工业，准其获得原料和资源，参加国际贸易；在上述目的达到、成立和平责任政府后，盟国占领军立即撤退。

波茨坦会议对夺取反法西斯战争的最后胜利具有重大意义，并就战后许多重大问题达成了协议，从而确立了战后世界的政治格局。

广 岛

广岛，位于北纬 34°22′，东经 132°27′，日本本州西南，南临濑户内海。在岛中心部流动的太田川河口上冲积而成的三角洲上，形成了广岛市区，市内河川纵横，素有"水都"之称。"广岛"的命名，就源于其三角洲的地形。1589 年，建立广岛城。1871 年，设置广岛县。1889 年，设置广岛市。1894 年，大本营和帝国议会临时迁至广岛，自此广岛作为军都发展。1949 年，被宣布为"和平都市"。

广岛原子弹事件（1945 年 8 月 6 日），是美军为避免在日本本土登陆而造成盟军官兵大量伤亡，以及加速战争进程，而在广岛投掷原子弹的事件。

1942 年 6 月 17 日，美国总统富兰克林·德拉诺·罗斯福授权陆军部开始实施研制原子弹的"曼哈顿计划"。负责人为莱斯利·理查德·格罗夫斯和罗伯特·奥本海默。1945 年 7 月 16 日，名为"瘦子"的人类第一颗原子弹，在美国新墨西哥州阿拉莫尔多沙漠试爆成功，爆炸当量相当于 2.1 万吨三硝基甲苯（TNT）。随后，又成功制造出"胖子"和"小男孩"。7 月 26 日，美国、英国和中国三国发表"波茨坦公告"，敦促日本迅速无条件投降，但日本政府置之不理。美国为尽快结束战争，争夺亚太地区主导权，遏制苏联，抢夺胜利果实，决定向日本投掷原子弹。8 月 2 日，关岛的美军第 20 航空军司令部发出机密指令，命令在马里亚纳群岛天宁岛的第 509 混成部队执行这项任务。5 日，一架 B-29 飞机飞临广岛市上空。这是第 509 混成部队的一架天气侦察机。返回天宁岛后，飞行员报告第二天广岛市将会天气良好。空军上校保尔·提贝兹向编号为 82 号的"艾诺拉·盖伊号"——以队长蒂贝斯母亲的名字命名——轰炸机飞行员下达了出击命令。6 日凌晨 0 时 37 分，3 架气象观测机从天宁岛起飞，一架飞往广岛市，一架飞往小仓市，另一架飞往长崎市。1 时 27 分，搭载原子弹"小男孩"的"艾诺拉·盖伊号"开始准备起飞。1 时 45 分，飞机缓缓滑出跑道。1 时 47 分，记录原子弹威力的科学观测机起飞。1 时 49 分，拍摄原子弹爆炸瞬间的摄影观测机也起飞了。7 时，先行出发的天气观测机到达广岛上空。它立即与"艾诺拉·盖伊号"进行联系，报告："广岛上空天气良好，视野 10 英里，高度 15000 英尺，云量 12 分之 1。"于是，目标被确定为广岛市。

8 时 9 分，"艾诺拉·盖伊号"机组人员看到了广岛市。几分钟后，"艾诺拉·盖伊号"飞到广岛市上空，机组人员将 3 组带有降落伞的观测设备投下飞机。8 时 12 分，机组人员进行了最后的准备工作，将飞机设置为自动操纵。8 时 15 分 17 秒，定时装置发挥效用，原子弹被自动投下。目标是广岛中央太田川上的 T 字型大桥——相生桥。同时飞机立刻改回手动操纵，来了个 155°角的大转弯后返航飞去。8 时 16 分整，原子弹在相生桥东南方的广岛医院上空 600 米处爆炸，立即发出令人眼花目眩的强烈的白色闪光，广岛市中心上空随即发生震耳欲聋的大爆炸。

原子弹在爆炸后的 3 秒内放出大量红外线，地面受到的能量相当于太阳照射的 1000 倍。爆炸中心的温度达到 3000℃；风速约为 440 米/秒，相当于 12 级台风风速的 10 倍；气压达到数十万帕，引发了极为强烈的冲击波和气浪。城市建筑无一幸免，房上的瓦和地面上的水泥溶解成玻璃状。许多人在瞬间被烧化，只在地面留下一个影子。火焰四处蔓延，浓烟一直上升到大约 7620 米的高空，形成"蘑菇云"，完全遮住了太阳。千米以内的人均受到了 5 度重度烧伤，表皮全部碳化，在距离爆心 4 千米的地方，热力仍能灼伤皮肤；16 千米以外的地方，人们仍然可以感到闷热的气流。截至 1991 年，死于"小男孩"原子弹的直接袭击及核辐射伤害的人数总计已超过 20 万。

8 月 9 日上午 11 时 30 分，美国把"胖子"投在日本长崎。

纽伦堡

纽伦堡，位于北纬 49°27′，东经 11°5′，德国东南部，慕尼黑西北佩格尼茨河畔小盆地中，与美因河畔富尔达组成双连市。城市名称由 neronberg 转化而来。相传该城由罗马皇帝尼禄（Nero）于公元 54—68 年所建。因建于山上，故加上 Berg（山陵），意即"尼禄山"。中世纪时的纽伦堡，是多位德国皇帝的居住地。1050 年，纽伦堡建城市。1423 年，纽伦堡依照册令成为"帝国自由市"。1528 年，马丁路德称这座城市是"日耳曼之眼和耳"。1806 年，纽伦堡成为巴伐利亚王国的制造业中心。1835 年，建立了全德第一条铁路。1913 年，成为社会民主党的重要基地。

纽伦堡审判（1945 年 11 月 20 日—1946 年 10 月 1 日），是第二次世界大战中战胜国对欧洲轴心国的军事、政治和经济领袖进行的军事审判。

二战临近结束时，如何处理纳粹分子问题在同盟国内部引起激烈争论。美国联邦最高法院大法官罗伯特·杰克逊力排众议，主张通过建立国际军事法庭让罪人服罪，历史上第一个国际法庭也随之诞生。1945 年 8 月 8 日，苏美英法四国政府在伦敦正式缔结了关于控诉和惩处欧洲轴心国主要战犯的协定。随后，澳大利亚、比利时、波兰、南斯拉夫等 19 国也加入该协定。协定包括序言、7 条正文及附件《欧洲国际军事法庭宪章》。主要内容是：设立国际军事法庭以审判罪行无特殊地理位置的战犯；宣布国际军事法庭的组织、管辖和任务由协定所附的宪章予以规定；签字国应采取必要措施，以利于对主要战犯的罪行进行侦查和审判；协定不影响莫斯科宣言关于将战犯押解回其犯罪国家的规定，不影响为审判战犯而在任何盟国领土内或在德国及任何国家建立的或占领军事法庭的管辖或权力。

下篇

《国际军事法庭宪章》共 30 条，对设置法庭的目的、任务及法庭的机构、管辖权等一系列问题作出明确规定。宪章还规定，由美苏英法四国各指派一名法官和一名预备法官组成国际军事法庭，对纳粹德国的首要战犯进行统一审判。1945 年 11 月 20 日上午，纽伦堡法庭 600 号房间内，厚重的灰色丝绒窗帘垂下来，遮住了纽伦堡深秋的天际，一排排的木头长凳被漆成了深木色。法庭内的气氛正如首席检察官、美国大法官杰克逊所描述的，是"忧郁的庄严"。

审判席上，端坐着 4 位来自不同战胜国的法官：苏联法官身穿褐色戎装，美英法三国法官身穿黑色长袍。首席法官是英国人杰弗里·劳伦斯爵士。20 名纳粹战犯（其中一人因病没有出庭）坐在被告席上。旁听席上挤满了人，250 名记者在现场飞快地记着笔记，全世界都在注视着这场审判。10 时整，劳伦斯敲响小木槌："现在将要开始的这次审判，是法律史上独一无二的。"他接着宣布，审判的第一项内容将是宣读起诉书。杰克逊首先宣读总起诉书，各国检察官轮流宣读了纳粹奸诈和野蛮的一系列事件。

杰克逊的法庭陈词堪称历史上最为重要的陈词之一。第二天早上，他的语句就出现在全世界所有的报纸上。"我们力图审判的这些罪恶曾是被精心策划的，是极端恶毒的，是充满破坏性的。人类文明无法容忍他们被忽视而不接受审判，更无法容忍他们卷土重来。"

法庭在审判期间还听取了幸存者的证词，放映了记录集中营惨状的纪录片。有组织的、残忍的杀戮令人震惊，法庭中有的人落泪了。整个审判持续了 218 天，经过 216 次开庭，传唤了 240 名目击证人，宣读了 30 万条证词和 2630 个文件。1946 年 10 月 1 日，纽伦堡国际军事法庭宣读了长达 250 页的判决书。判处赫尔曼·威廉·戈林等 12 人绞刑；鲁道夫·沃尔特·理查德·赫斯等 3 人无期徒刑；另有 4 人被判处有期徒刑 10—20 年不等；3 人被宣判无罪，予以释放；德国政治领袖集团等 3 个组织被宣判为犯罪组织。

此后所举行的 12 轮审判广义上也可以纳入纽伦堡审判的范畴。它们全部由美国的文职法官主持，起诉的主要对象是为第三帝国提供战争资源的人，超过 5000 人被控有罪，800 余人被判死刑，不过最终只有 469 名战犯被执行。

纽伦堡审判是历史上第一次对侵略战争的组织者、阴谋者、煽动者和计划执行者进行的国际审判，打开了将战犯押上国际法庭接受法律惩处的先河。对德国来说，纽伦堡审判是黑暗历史的结束，也是同纳粹划清界线、进行历史反省的开始。

东 京

东京都，简称东京，位于北纬 35°41′，东经 139°44′，日本列岛中央的关东地区南部，是日本的首都。东京意为"东方的京都"，明治维新后，明治政府迁都江户，并改名为东京。而江户之名则源于豪族江户氏在此修建城堡并以江户命名。江户一词意为"江之门户"，隅川和荒川等河流恰好流经这里汇入东京湾。900 多年前，东京是名为千代田的村庄。1457 年，太田道灌构筑了江户城。1603 年，成为德川幕府的政治中心。1868 年，明治新政府改江户为东京。1889 年，东京市诞生。1943 年，改东京市为东京都。

东京审判（1946 年 1 月 19 日—1948 年 11 月 12 日），是远东国际军事法庭在日本东京对第二次世界大战中日本首要战犯进行的国际审判。

1946 年 1 月 19 日，远东盟军最高统帅部根据 1945 年 12 月 16—26 日莫斯科会议的规定，发表了特别通告，设置远东国际军事法庭，同时颁布了《远东国际军事法庭宪章》，其内容与英美苏法四国在伦敦签署的《欧洲国际军事法庭宪章》基本相同。远东国际军事法庭由中、美、英、法、苏、加拿大、澳大利亚、新西兰、荷兰、印度、菲律宾 11 国指派的 11 名法官组成。首席法官是澳大利亚人威廉·韦伯，首席检察

下
篇

官则由美国人约瑟夫·季南担任。梅汝璈担任中国驻国际法庭法律代表团团长、首席检察官和首席法官。法庭设在原日本陆军省，庭长室则设在东条英机原来的办公室里。

　　首先需要确定的是对日本战犯的起诉起始日。由于包括中国在内的同盟国，都是在日本偷袭珍珠港之后的 1941 年 12 月才对日正式宣战，因此国际检察局有人提议起诉从 1941 年起。不过中国检察官向哲浚坚决反对。因为从 1941 年算开始，有些日本战争罪犯就会重罪轻判，甚至逃脱惩罚。他要求回溯到 1937 年 7 月 7 日的卢沟桥事变，到 1931 年的九一八事变，甚至一直到 1928 年，即张作霖被日军炸死的皇姑屯事件发生年。经向哲浚据理力争，起诉起始日确定为 1928 年 1 月 1 日。4 月 29 日，由 11 国检察官组成的委员会向法庭提出起诉书。被告 28 人，除松冈洋右等 3 人已死亡或丧失行为能力外，实际受审 25 人。起诉书控告被告犯有破坏和平罪、战争罪和违反人道罪。5 月 2 日下午 4 时，在正式开庭之前，法庭进行了一次隆重的预演。当时的庭长，澳大利亚法官韦伯宣布入场顺序为：美、英、中、苏和其他国家。中国法官梅汝璈认为："中国受日本侵略最深，抗日时间最长，付出牺牲最大，审判的又是日本战犯……法官的座次按照受降国签字的顺序排列，实属顺理成章。"因此，梅汝璈"绝不接受这种于法无据、于理不合的安排！"他愤然脱下象征着权力的黑色丝质法袍，欲退出预演，以示抗议。庭长韦伯最终接受了梅汝璈的意见。5 月 3 日，法庭召开第一次公开会议，开始审理东条英机等战犯的罪行。3—4 日，先由首席检察官基南宣读 42 页的起诉书，历数了自 1928 年 1 月 1 日至 1945 年 9 月 2 日期间，被告所犯的反和平罪、战争罪和违反人道罪等。

　　东京审判持续了两年多，到 1948 年 11 月 12 日方才结束。共开庭 818 次，有 419 名证人出庭作证，受理证据 4336 份，英文审判记录达 48412 页。对战犯进行量刑时，法官们发生了激烈的争辩。有的主张对战犯从宽处理；有的则由于国内刑法废除了死刑而不赞成对战犯处以死刑；还有的以人道主义为由，反对处死罪大恶极的战犯。梅汝璈据理力争，主张必须对首恶战犯处以死刑，并在表决中以 6 票对 5 票的微弱优势，把 7 个日本主要战犯送上了绞刑架。1948 年 11 月 4 日，法庭开始宣读长达 1231 页的判决书，直到 12 日才读完。判决书认定日本的内外政策在受审查的时期内都是旨在准备和发动侵略战争。法庭宣布判处东条英机、广田弘毅、土肥原贤二、坂垣征四郎、松井石根、武藤章、木村兵太郎 7 人绞刑，木户幸一等 16 人无期徒刑，另有 2 人被判处有期徒刑。

除东京审判外，盟国还在马尼拉、新加坡、仰光、西贡、伯力等地，对乙级和丙级战犯进行了审判。据统计，被盟国起诉的日本各类战犯总数为 5423 人，被判刑者 4226 人，其中被判处死刑者 941 人。

东京审判惩罚了战争罪犯，维护了国际法的尊严，为人类和平事业的发展作出了重大贡献。但东京审判有巨大的缺憾：没有追究日本天皇的战争责任，没有起诉发动细菌战和化学战的日本战犯。尤其是美国自 1950 年起将被判刑的首要战犯陆续赦免释放，实际上变相地否定了东京审判的判决。

参 考 文 献

1. 崔乃夫主编：《中华人民共和国地名大词典》，商务印书馆 1998 年版

2. 戴均良主编：《中国古今地名大词典》，上海辞书出版社 2005 年版

3. 史为乐主编：《中国历史地名大辞典》，中国社会科学出版社 2005 年版

4. 牛汝辰编：《中国地名由来词典》，中央民族大学出版社 1999 年版

5. 复旦大学历史地理研究所编：《中国历史地名辞典》，江西教育出版社 1988 年版

6. 薛国屏编：《中国古今地名对照表》，上海辞书出版社 2010 年版

7. 贾文毓、李引编：《中国地名辞源》，华夏出版社 2005 年版

8. 张清华、王璐编著：《今县释名增补》，中国社会出版社 2015 年版

9. 中华人民共和国民政部编：《中华人民共和国乡镇行政区划简册·2014》，中国统计出版社 2014 年版

10. 阮家新：《统一的完整的抗日战争之刍议》，《中共党史研究》1993 年第 5 期

11. 王廷科：《试析中国抗日战争的国际性、整体性和复杂性》，《中共党史研究》1995 年第 6 期

12. 李鑫、罗村康：《纪念中国人民抗日战争胜利 65 周年学术研讨会综述》，《抗日战争研究》2010 年第 3 期

13. 郭德宏：《论抗日战争史研究中的若干重大问题》，《历史教学》2005 年第 11 期

14. 苏智良、侯平安：《近十年来抗日战争史研究评述》，《学术月刊》1997 年第 8 期

15. 孙修福：《纪念抗日战争胜利五十周年学术讨论会简况》，《民国档案》1995 年第 4 期

16. 程舒伟：《关于抗日战争开端问题的几点认识》，《社会科学战线》2010 年第 4 期

17. 戴孝庆：《中国共产党在抗日战争中的历史作用》，《探索》1995 年第 6 期

18. 刘为钦、杨家英：《抗日战争起始时间考辨》，《浙江社会科学》2007 年第 4 期

19. 袁成毅、周东华等：《笔谈抗日战争与近代中国社会变迁》，《抗日战争研究》2008 年第 2 期

20. 曹平、王丽娟：《抗日战争时期党的建设一些重要收获——纪念抗日战争胜利 50 周年》，《理论探讨》1995 年第 5 期

21. 王桧林：《第二次世界大战与中国抗日战争之关系的三个问题》，《中共党史研究》1993 年第 3 期

22. 魏风华：《抗日战争的细节》，江苏文艺出版社 2012 年版

23. 张宪文主编：《抗日战争正面战场》，世界图书出版公司 2015 年版

24. 王晓辉：《中国革命战争纪实：抗日战争》，人民出版社 2007 年版

25. 吉林省文物志编委会编写组编：《德惠县文物志》，1983 年 1 月

26. 赵林风：《汪荣宝评传》，南京大学出版社 2012 年版

27. 蒋斌：《民国主席档案》，人民日报出版社 2013 年版

28. 张港：《抗日第一枪：马占山和江桥抗战》，中国青年出版社

2012 年版

29. 党德信、杨玉文主编:《抗日战争国民党阵亡将领录》,解放军出版社 1987 年版

30. 贾鸿彬:《东北教父:从豆腐匠到伪满洲国总理》,中国青年出版社 2013 年版

31. 汪德春:《黄埔名将胡宗南》,东方出版社 2014 年版

32. 刘波、卢兴顺编著:《国民党二级上将花名册》,中国文史出版社 2013 年版

33. 杨玉文、杨玉生、王明主编:《第二次世界大战大词典》,华夏出版社 2003 年版

34. 曹子西主编:《北京史志文化备要》,中国文史出版社 2008 年版

35. 政协北京市昌平区委员会文史资料委员会编:《昌平文史资料·第八辑·纪念南口战役 70 周年专辑》,中国文史出版社 2008 年版

36. 宋国涛:《威猛军团:中国人民解放军为何这么彪悍》,人民日报出版社 2013 年版

37. 中国人民革命军事博物馆编著:《中国战典》下卷,解放军出版社 2008 年版

38. 中国第二历史档案馆编:《抗日战争正面战场》,江苏古籍出版社 2005 年版

39. 陈小功:《抗日战争中的国民党战场》,解放军出版社 1987 年版

40. 军事科学院军事历史研究所编著:《中国抗日战争史画·第 2 卷·山河喋血》,军事科学出版社 2005 年版

41. 孙连仲、刘斐等:《正面战场·徐州会战:原国民党将领抗日战争亲历记》,中国文史出版社 2013 年版

42. 中国人民政治协商会议濮阳市委员会文史资料委员会编:《濮阳文史资料:第五辑》,1989 年 12 月

43. 肖英主编：《国殇志：中华抗日英烈录》，金城出版社 2013 年版

44. 李惠兰、王勇、明道广主编：《七七事变探秘》，中共中央党校出版社 2013 年版

45. 王道平主编：《中国抗日战争史》，解放军出版社 1991 年版

46. 白虹编著：《二战全史》，中国华侨出版社 2013 年版

47. 李德·哈特：《第二次世界大战战史》，钮先钟译，上海人民出版社 2009 年版

48. 《苏联军事百科全书》中译本编辑组编：《外国著名战争战役》，知识出版社 1982 年版

49. 《二战经典战役》编委会编：《二战经典战役纪实》，中国铁道出版社 2014 年版

50. 维娜·艾丽莉：《艾森豪威尔》，公晓燕译，京华出版社 2008 年版

51. 特德里克·杜拉克：《蒙哥马利》，葛业文译，京华出版社 2008 年版

52. 乔西夫米兹：《尼米兹》，高润浩译，京华出版社 2008 年版

53. 亚历山大·热列兹尼科夫：《朱可夫》，邱剑敏译，京华出版社 2008 年版

54. 弗兰茨·梅林：《隆美尔》，郭辉译，京华出版社 2008 年版

55. 《时刻关注》编委会编：《著名海战纪实》，中国铁道出版社 2013 年版

56. 道格拉斯·福特：《太平洋战争》，刘建波译，北京联合出版公司 2014 年版

责任编辑：邵永忠
封面设计：徐　晖

图书在版编目（CIP）数据

印·记 ： 二战重要地名录 ／ 王胜三 主编. --北京 ：
人民出版社，2015.9（2025．7重印）

ISBN 978-7-01-015168-7

Ⅰ.①印… Ⅱ.①王… Ⅲ.①第二次世界大战–地名
–世界–名录 Ⅳ.①K152-61②K91-61

中国版本图书馆CIP数据核字（2015）第189106号

印·记

YINJI

二战重要地名录

王胜三　主编

人 民 出 版 社 出版发行
（100706　北京市东城区隆福寺街99号）

北京汇林印务有限公司印刷　新华书店经销

2015年9月第1版　2025年7月北京第2次印刷
开本:710毫米×1000毫米 1/16　印张:18.25
字数:260千字

ISBN 978-7-01-015168-7　定价:70.00元

邮购地址 100706　北京市东城区隆福寺街99号
人民东方图书销售中心　电话（010）65250042　65289539